NOVO DIREITO
CONSTITUCIONAL EUROPEU

Outros Livros do Autor

Ciências Políticas e Direito Público
O Procedimento Administrativo, Coimbra, Almedina, 1987; *Quadros Institucionais – do social ao jurídico*, Porto, Rés, 1987 (esgotado); refundido e aumentado in *Sociedade e Direito*, Porto, 1990; *Constituição, Direito e Utopia*. *Do Jurídico-Constitucional nas Utopias Políticas*, Coimbra, 'Studia Iuridica', Universidade de Coimbra/Coimbra Editora, 1996 (tese de doutoramento em Direito. Ciências Jurídico-Políticas, na Faculdade de Direito da Universidade de Coimbra); *Res Publica. Ensaios Constitucionais*, Coimbra, Almedina, 1998; *Mysteria Ivris. Raízes Mitosóficas do Pensamento Jurídico-Político Português*, Porto, Legis, 1999; *A Constituição do Crime. Da Substancial Constitucionalidade do Direito Penal*, Coimbra, Coimbra Editora, 1998; *Responsabilité et culpabilité*, Paris, P.U.F., 2001 (esgotado); *Teoria da Constituição*, vol. I. *Mitos, Memórias, Conceitos*, Lisboa/São Paulo, Verbo, 2002; vol. II. *Direitos Humanos, Direitos Fundamentais*, Lisboa/São Paulo, Verbo, 2000; *Direitos Humanos – Teorias e Práticas*, Coimbra, Almedina, 2003 (org.), prefaciado por Jorge Miranda; *Teoria do Estado Contemporâneo*, Lisboa/São Paulo, Verbo, 2003 (org.); *Política Mínima*, Coimbra, Almedina, 2003; 2.ª ed., corrigida e actualizada, 2005; *Miragens do Direito. O Direito, as Instituições e o Politicamente Correto*, Campinas, São Paulo, Millennium, 2003; *Anti-Leviatã. Direito, Política e Sagrado*, Porto Alegre, Sérgio Fabris, 2004; *Repensar a Política. Ciência & Ideologia*, Coimbra, Almedina, 2005

Filosofia do Direito
Pensar o Direito I. Do Realismo Clássico à Análise Mítica, Coimbra, Almedina, 1990; *II. Da Modernidade à Postmodernidade*, Coimbra, Almedina, 1991; *Amor Iuris. Filosofia Contemporânea do Direito e da Política*, Lisboa, Cosmos, 1995 (esgotado); *Lições Preliminares de Filosofia do Direito*, Coimbra, Almedina, 1998, 2.ª ed. revista e actualizada, Coimbra, Almedina, 2002; *Lições de Filosofia Jurídica. Natureza & Arte do Direito*, Coimbra, Almedina, 1999; *Le Droit et les Sens*, Paris, L'Archer, dif. P.U.F., 2000 (esgotado); *Temas e Perfis da Filosofia do Direito Luso-Brasileira*, Lisboa, Imprensa Nacional-Casa da Moeda, 2000; *O Ponto de Arquimedes. Natureza Humana, Direito Natural, Direitos Humanos*, Coimbra, Almedina, 2001; *Mythe et Constitutionnalisme au Portugal (1778-1826) Originalité ou influence française?* (Tese de Doutoramento na Secção de História do Direito, Centro de Filosofia do Direito, na Universidade de Paris II, antiga Faculdade de Direito de Paris), Lisboa, Centro de História da Cultura – Universidade Nova de Lisboa, em publicação); *Filosofia do Direito. Primeira Síntese*, Coimbra, Almedina, 2004.

História Constitucional e das Instituições
Mito e Constitucionalismo. Perspectiva conceitual e histórica, Coimbra, Faculdade de Direito, 1990 – tese de Mestrado em Direito – Ciências Jurídico-Políticas, na Faculdade de Direito da Universidade de Coimbra (esgotado); *História da Faculdade de Direito de Coimbra*, Porto, Rés, 1991, 5 vols., Edição Comemorativa do VII Centenário da Universidade, patrocinada pela Faculdade de Direito de Coimbra, prefaciada por Orlando de Carvalho (com a colaboração de Reinaldo de Carvalho); *Para uma História Constitucional do Direito Português*, Coimbra, Almedina, 1995 (esgotado).

Teoria Jurídica e Introdução ao Direito
Introdução à Teoria do Direito, Porto, Rés, 1988 (esgotado); *Noções Gerais de Direito*, Porto, Rés, 1.ª ed., 1988, várias eds. ulteriores (em colaboração com José Falcão, Fernando Casal, e Sarmento Oliveira). Há edição bilingue português-chinês, aumentada; *Problemas Fundamentais de Direito*, Porto, Rés, 1988 (esgotado); *Direito*, Porto, Asa, 1990; 2.ª ed. 1991; 3.ª ed., 1994 (esgotado); *Direito. Guia Universitário*, Porto, Rés, 1990 (colaboração com Javier Hervada); *Princípios de Direito*, Porto, Rés, 1993; *«Peço Justiça!»*, Porto, Asa, 1995 (esgotado); *Tópicos Jurídicos*, Porto, Asa, 1.ª e 2.ª eds., 1995 (esgotado); *Instituições de Direito. I. Filosofia e Metodologia do Direito*, Coimbra, Almedina, 1998 (org.); II. *Enciclopédia Jurídica*, Coimbra, Almedina, 2000 (org.), prefaciado por Vítor Aguiar e Silva; *Propedêutica Jurídica. Uma Perspectiva Jusnaturalista*, Campinas, São Paulo, Millennium, 2001 (em colaboração com Ricardo Dip).

Metodologia Jurídica
Droit et Récit, Québec, Presses de l'Université Laval, 2003; *Memória, Método e Direito. Iniciação à Metodologia Jurídica*, Coimbra, Almedina, 2004

Estudos Jurídicos Interdisciplinares
Arqueologias Jurídicas. Ensaios Jurídico-Políticos e Jurídico-Humanísticos, Porto, Lello, 1996; *Peccata Iuris. Do Direito nos Livros ao Direito em Acção*, Lisboa, Edições Universitárias Lusófonas, 1996; *Faces da Justiça*, Coimbra, Almedina, 2002; *O Século de Antígona*, Coimbra, Almedina, 2003; *Direito Natural, Religiões e Culturas*, Coimbra, Coimbra Editora, 2004 (org.).

Ensaios
O Tímpano das Virtudes, Coimbra, Almedina, 2004; *Lusofilias. Identidade Portuguesa e Relações Internacionais*, Porto, Caixotim, 2005; *Escola a Arder. Combates e Diálogos*, Lisboa, O Espírito das Leis, 2005

Poesia e Ficção
Tratado das Coisas Não Fungíveis, Porto, Campo das Letras, 2000; *E Foram Muito Felizes*, Porto, Caixotim, 2002; *Escadas do Liceu*, São Paulo, Mandruvá, Prefácio de Gilda Naécia Maciel de Barros, 2004; *Livro de Horas Vagas*, São Paulo, Mandruvá, Prefácio de Jean Lauand, 2005.

PAULO FERREIRA DA CUNHA

NOVO DIREITO
CONSTITUCIONAL EUROPEU

ALMEDINA
1955-2005

NOVO DIREITO CONSTITUCIONAL EUROPEU

AUTOR
PAULO FERREIRA DA CUNHA

EDITOR
EDIÇÕES ALMEDINA, SA
Rua da Estrela, n.º 6
3000-161 Coimbra
Tel.: 239 851 904
Fax: 239 851 901
www.almedina.net
editora@almedina.net

EXECUÇÃO GRÁFICA
G.C. – GRÁFICA DE COIMBRA, LDA.
Palheira – Assafarge
3001-453 Coimbra
producao@graficadecoimbra.pt

Outubro, 2005

DEPÓSITO LEGAL
233634/05

Toda a reprodução desta obra, por fotocópia ou outro qualquer processo,
sem prévia autorização escrita do Editor,
é ilícita e passível de procedimento judicial contra o infractor.

«L'Europe aurait la meilleure organisation possible si toutes les nations qu'elle renferme, étant gouvernées chacune par un parlement, reconnaissent la suprématie d'un parlement général placé au-dessus de tous les gouvernements nationaux et investi du pouvoir de juger leurs différends.»

HENRI DE SAINT-SIMON (1760-1825) –
La Constitution du Parlement européen

ÍNDICE GERAL

Introdução
Nem Penélope nem Pandora: Europa!

Agradecimentos

LIVRO I
DIREITO CONSTITUCIONAL EUROPEU
Introdução e Grandes Linhas

PARTE I
Introdução Geral ao Direito Constitucional Europeu

PARTE II
**Grandes Linhas Constitucionais
do Projecto de Constituição Europeia**

PARTE III
**O Velho, o Novo e o Futuro
no/do Projecto de Constituição Europeia**

LIVRO II
CONSTITUIÇÃO EUROPEIA E CONSTITUCIONALISMO

PARTE I
Constituição Europeia: Um Novo Paradigma Juspolítico

PARTE II
Constituição Europeia e Teoria da Constituição

Bibliografia Citada

INTRODUÇÃO

Nem Penélope nem Pandora: Europa!

O prudente conselho de Horácio, que convida os autores a dei-xarem os seus originais a ganhar pó e lastro, repousando nas suas arcas (ou gavetas) pelo menos durante nove anos, terá tido plausi-velmente altas intenções de estilo e depuração, e encerra também úteis ensinamentos contra a precipitação na tomada de decisões e assunção de posições.

É inegavelmente muito sábio, mas não sabemos se será mesmo prudente[1]; porquanto prudente é o que previdente e inteligente-mente se decide por uma acção, enquanto o imperativo horaciano totalmente cristaliza todo o agir, inviabilizando que se dê à estampa o que é produto da hora e para a hora. Sem dúvida que essa obra escrita na areia é fugaz, mas muitas vezes faz falta, e é necessária para preparar mais acabado estudo. Ter razão tarde de mais pode ser pior que não ter razão na hora.[2]

---

[1] Ainda recentemente o grande especialista sobre a *Prudentia*, Prof. Doutor Jean Lauand, da Universidade de São Paulo, deu à estampa, a sua tradução (enri-quecida com notas e esclarecedora introdução) dos textos fundamentais da *Summa Theologiæ* sobre a matéria: AQUINO, Tomás de – *A Prudência. A Virtude da Decisão certa*, São Paulo, Martins Fontes, 2005. O título é esclarecedor. Cf. ainda LAUAND, Jean – *Prudentia, virtude intelectual: "lições de vida"*, in "Notan-dum", Ano VIII, n.° 12, 2005, p. 37 ss.

[2] Uma idêntica sensação de falta de tempo em colisão com a urgência de tomar posição em matérias juspolíticas, hoje, *v.g. in* KENNEDY, Helena – *Just Law. The Changing Face of Justice – and Why it matters to us all*, Londres, Vintage, 2005, p. IX.

*As questões políticas e jurídico-políticas dos nossos dias são
tão apressadas que quaisquer textos que ficassem retidos, por cautela e a levedar, por todos esses nove anos, perderiam totalmente
sentido e actualidade... que dizemos? Por nove meses, ou semanas... e frequentemente por nove dias apenas, ou até nove horas...*

*Esperar, fingindo laborar, é ofício de Penélope. Tentação aliás
muito actual: fazer Europa de dia, e desfazê-la de noite...*

*Sobre a temática da Constituição Europeia fomos desde o pri-
meiro momento reagindo, ao risco da maré, fiel aos mesmos princípios europeístas de sempre[3], embora evoluindo nas análises:
à medida que as novidades se sucediam, e ao passo que nos íamos
aproximando dos objectos, contornando-lhes as faces e facetas;
quanto mais nos apercebíamos do que realmente representavam,
e quem estava por detrás ou dentro das coisas, e o que tudo signifi-
cava e implicaria. Não foi um desvendamento fácil. Não raro a luta
com o objecto teórico, mas também muito real, assemelhou-se à de
Jacob e o Anjo.*

*O resultado, não final, mas aberto e já mais decantado, é o pre-
sente livro. Cuidamo-lo oportuno. Tudo parece aconselhar a que
devamos aproveitar o tempo presente para reflectir sobre este
momento de viragem, tentando contribuir para que o novo direito
constitucional europeu, anunciado pelo projecto de tratado institui-
dor de uma Constituição para a Europa, venha a corresponder aos
anseios dos Europeus e às necessidades da Europa do nosso tempo.
A vitória do "não" à Constituição Europeia em países-chave dessa
construção, ao moderar o ritmo e o timbre do processo da sua aprovação e obrigar os entusiastas e acríticos a maior ponderação, pro-
piciou aos ponderados defensores do "sim" uma bela oportunidade
para que se venha a concluir uma Constituição melhor.*

*É assim tempo de os europeístas não meterem a cabeça nas
movediças areias dos escombros das ilusões unanimistas: de abri-*

---

[3] Cf. já o nosso ainda "intermédio" desabafo de há mais de um ano atrás:
Tempos de Sancho – A Constituição Europeia e os Ventos da História, in "Videtur", n.° 28, 29 de Junho 2004.

rem a Constituição Europeia e de a relerem: ou seja, é o momento de abrir essa Caixa de Pandora intocável, nas palavras do Presidente da Convenção, Valéry Giscard D'Estaing. Não para espalhar males pelo continente, mas para separar os males dos bens, e ficar apenas com estes.

O título do presente livro, Novo Direito Constitucional Europeu, *pressupõe de imediato que tenha havido (ou esteja ainda a vigorar) um "Direito Constitucional Europeu"* tout court, *o qual será, pelo menos, "menos novo". Tal é o que pensamos, efectivamente.*

Coerentemente com a adesão ao clássico conceito histórico-universal de Constituição, e atenta a pan-constitucionalização típica da contemporaneidade, cremos que não se poderá hoje deixar de considerar que há uma Constituição Europeia, na comunidade política constituída pela União Europeia. Constituição essa que não existe só de agora; e implicando uma tal asserção, obviamente, que também vigora no espaço da União Europeia um verdadeiro e próprio Direito Constitucional[4].

Contudo, a tentativa de um salto da constituição europeia natural, histórica, de sedimentação gradualista, para uma constituição codificada, voluntarista, do tipo das constituições estaduais nacionais modernas, constitui um momento inusitado e até em certa medida traumático, não só na política como na doutrina.

Estamos hoje no centro dessa mudança de paradigma, e se, num primeiro momento, a nossa tendência foi convocar o arsenal do passado para pelo seu crivo fazer passar a novidade, já a uma visão segunda, mais meditada, e a nosso ver mais profunda, se nos afiguraria existirem grandes vantagens (cuja hipótese jamais rejeitáramos liminarmente, aliás) numa codificação constitucional europeia. E, como veremos, acabámos por olhar com outros olhos algumas mais ou menos aparentes heterodoxias do processo constituinte europeu...

---

[4] Não deixam dúvidas sobre o *quid*, mesmo entre nós, títulos como os de PIRES, Francisco Lucas – *Introdução ao Direito Constitucional Europeu*, Coimbra, Almedina, 1997, e, mais recentemente, MARTINS, Ana Maria Guerra – *Curso de Direito Constitucional da União Europeia*, Coimbra, Almedina, 2004.

Neste conciso estudo procuramos a síntese de algumas refle-
xões que foram evoluindo – e muito – ao longo de todo o processo,
e que se baseiam em outras investigações de base de há muitos
anos[5].

Não podemos deixar de experimentar entusiasmo ao vermos
que estudos como os que vínhamos silenciosamente empreendendo,
sem que, muitas vezes, sequer tivéssemos tido ocasião de os mani-
festar em leccionação académica, ganham evidente e profunda uti-
lidade prática, aqui e agora. É por isso com real emoção que vemos
– dir-se-ia "claramente visto" – como, também nesta matéria, uma
boa teoria é a melhor inspiradora da prática[6]*...*

Porto, pausa lectiva de Inverno, Natal de 2004 –
pausa lectiva de Verão, Agosto/Setembro de 2005

---

[5] As nossas principais perspectivas de teoria constitucional poderão buscar-se, além de nas nossas três teses (*Mito e Constitucionalismo. Perspectiva conceitual e histórica,* Coimbra, 1988, Separata do "Suplemento ao Boletim da Faculdade de Direito de Coimbra", vol. XXXIII, Coimbra, 1990; *Mythe et Constitutionnalisme au Portugal (1778-1826) Originalité ou influence française?,* Paris, Université Paris II, 1992, policopiado, edição impressa em curso de publicação em *Cultura. Revista de História e Teoria das Ideias* – 2 vols. publicados, e um no prelo; *Constituição, Direito e Utopia. Do Jurídico-Constitucional nas Utopias Políticas,* Coimbra, 'Studia Iuridica', Boletim da Faculdade de Direito, Universidade de Coimbra/Coimbra Editora, 1996) ainda principalmente nos seguintes livros: *Para uma História Constitucional do Direito Português,* Coimbra, Almedina, 1995; *Arqueologias Jurídicas. Ensaios Jurídico-humanísticos e Jurídico-políticos,* Porto, Lello, 1996; *Res Publica. Ensaios Constitucionais,* Coimbra, Almedina, 1998; *A Constituição do Crime. Da Substancial Constitucionalidade do Direito Penal,* Coimbra, Coimbra Editora, 1998, etc. Mas a principal síntese do nosso pensamento constitucional encontra-se em *Teoria da Constituição,* Lisboa/São Paulo, Verbo, de que se publicaram os primeiros dois volumes, em 2000 e 2002.

[6] Cf., sobre teoria e prática, *v.g.,* GODZICH, Wad – *O Tigre no Tapete de Papel,* prefácio *a A Resistência à Teoria,* de Paul de Man, trad. port. de Teresa Louro Pérez, Lisboa, Edições 70, 1989 (original: *The Resistence to Theory,* Minneapolis, Minnesota, University of Minnesota Press, 1989) p. 14 ss., e, por último, o nosso "Saberes, Interdisciplinaridade e Cidadania", conferência proferida no I Colóquio Luso-Brasileiro de Interdisciplinaridade e Cidadania, Rio de Janeiro, Universidade Federal do Estado do Rio de Janeiro, Dezembro de 2004, no prelo.

AGRADECIMENTOS

Como dissemos na Introdução, este volume é o culminar de muitos trabalhos preparatórios que ao longo dos anos foram sendo dados à estampa, embora de forma esparsa. Pelo que se encontram à vista os seus fundamentos e andaimes.

Sejam-nos porém permitidas duas palavras apenas sobre suas fontes mais próximas.

O presente livro, além do estudo mais sistemático – ainda que muito didáctico e sintético – da matéria constitucional no projecto de Constituição Europeia (Parte II do Livro I) retoma várias inter-venções universitárias públicas mais recentes (em Março, Junho e Setembro de 2005). Forçoso é que, por isso, nele se venha a detec-tar alguma redundância, num ou noutro ponto, e formulações mati-zadas das mesmas ideias.

Recolhemos aqui materiais que resultaram sobretudo das nos-sas conferências sobre "Constituição Europeia" na Faculdade de Direito da Universidade de São Paulo (USP), a clássica academia do Largo de São Francisco, a convite do Instituto Pimenta Bueno, e muito em especial do seu Director, o emérito Prof. Doutor Manoel Gonçalves Ferreira Filho (Partes I e III do Livro I, e Parte II do Livro II), assim como da nossa participação no Colóquio Ibérico "Constituição Europeia", realizado na nossa Alma Mater, *a Facul-dade de Direito da Universidade de Coimbra, a convite do nosso primeiro professor de Direito Constitucional, Prof. Doutor José Joaquim Gomes Canotilho (Parte I do Livro II).*

O texto original da última intervenção encontra-se publicado já no volume "Stvdia Ivridica", n.º 84, e o penúltimo texto referido, tendo servido de base à nossa intervenção no II Ciclo de Estudos Constitucionais – Arquitetura Constitucional Contemporânea, do Instituto Brasileiro de Estudos Constitucionais, a convite do seu Presidente, Prof. Doutor André Ramos Tavares, será editado, por honroso convite do seu Director e da Escola Superior de Direito Constitucional, Prof. Dr. Marcelo Lamy, na prestigiada "Revista Brasileira de Direito Constitucional". A todos, o nosso profundo agradecimento.

Cabe um especial "Obrigado" à Linha de Investigação "Direito Constitucional e Europeu" do Instituto Jurídico Interdisciplinar da Faculdade de Direito da Universidade do Porto, que em Setembro de 2005 organizou um seminário interno sobre este livro, alvo de leitura atenta e debate muito estimulante, em que participaram os Colegas Prof. Doutor António-Carlos Pereira Menaut, Catedrático Jean Monnet da Faculdade de Direito da Universidade de Santiago de Compostela, Dr. Pedro Froufe, professor de Direito Comunitário da Escola de Direito da Universidade do Minho, Dr. João Caetano, nosso doutorando em Direito Comunitário, e Assistente da Universidade Aberta, e os Advogados Dr.ª Sandra Pinto, do Conselho de Gestão do IJI, e Dr. Miguel Primaz, editor de Suo Tempore.

Também o Conselheiro Doutor J. M. Cardoso da Costa, antigo Presidente do Tribunal Constitucional (e nosso Professor de Direito Constitucional no Curso Complementar de Ciências Jurídico-Políticas, na Faculdade de Direito de Coimbra), e o Professor Doutor André-Jean Arnaud, investigador emérito do CNRS, de França, nos confiariam, por escrito, os seus enriquecedores comentários sobre as mais significativas partes deste estudo. Estamos a um e a outro muito gratos.

E – last but not the least – *desejamos finalmente expressar o nosso reconhecimento a tantos Colegas e Estudantes que no Brasil vieram connosco dialogar (por vezes tendo feito longas viagens) aquando das palestras cuja memória aqui também se retém.*

Como é ritual dizer-se, mas continua sempre a ser vero e adequado, nenhuma das Pessoas referidas é responsável pelos inúmeros erros em que certamente aqui incorremos, e até eventualmente perseveramos. Os quais no futuro protestamos contudo ponderar, se no-los comunicarem para _pfcunha@justice.com_.

LIVRO I
CONSTITUIÇÃO EUROPEIA
Introdução e Grandes Linhas

PARTE I

Introdução Geral
A um Direito Constitucional Europeu

CAPÍTULO I
As "Duas" Constituições Europeias

Correspondendo o Constitucionalismo a uma "história apaixonada dos homens", parece que os constitucionalistas deveriam, olimpicamente, ser senhores de uma *tranquilitas animi* capaz de os manter imunes aos choques de grandes alterações jurídicas, mesmo revolucionárias. Mas não é assim. A História parece ter deixado de ser a *magistra vitæ* de Cícero. Se alguma vez o foi.

Com efeito, a Constituição Europeia, aparentemente pela sua enorme originalidade, ainda surpreende muitos juristas, e, no seio destes, não poucos constitucionalistas. O estranhamento face ao seu carácter realmente inusitado deve ser a sensação principalmente experimentada pelos cultores mais clássicos do Direito Constitucional. Na verdade, o modo de surgimento do projecto (que aliás alguns consideram já defunto) não tem contribuído em nada para clarificar a questão: pois se tratou de um processo "não habitual", para não dizermos mesmo "anómalo"[7].

Muitas das discussões sobre a Constituição Europeia residem em mal-entendidos[8]. E os primeiros dos mal-entendidos começam nas palavras. É muito importante haver ideias claras sobre aquilo de que falámos, e um mínimo de acordo relativamente ao sentido das expressões que usamos. Evidentemente que a linguagem jurídica e política é muito menos unívoca que a das ciências naturais, e menos ainda que a rigorosa univocidade da linguagem da matemática ou da

---

[7] Na classificação de FILHO, Manoel Gonçalves Ferreira – *Estado de Direito e Constituição*, 3.ª ed., São Paulo, Saraiva, 2004, p. 109 ss.

[8] http://www.cafebabel.com/fr/dossier.asp?id=179

lógica – que quase completamente podem prescindir de palavras e ser transmitidas por símbolos universais. Pelo contrário, a linguagem política, jurídica (como a das artes e das ciências sociais e humanas) é uma linguagem por vezes fluida, ambígua e polissémica, e o facto é que boa parte das discussões dessas áreas giram afinal em torno de palavras e conceitos. Mais ainda: à simples denotação dos vocábulos, acrescem conotações. E, de algum modo, as conotações transmitem os seus estilos, os seus tiques, os seus preconceitos à própria denotação... As palavras indiciam, convocam, amores e ódios. A neutralidade dos vocábulos não existe nestas áreas.

E, mesmo para as demais, se impõe um trabalho que já foi designado como de *limpeza*. Para Thomas Kuhn, o grande teórico das revoluções científicas, a maior parte do labor dos cientistas naturais é de limpeza... Limpeza conceitual, naturalmente.

Temos assim de começar por esclarecer do que falamos quando dizemos "Constituição Europeia".

Podemos, desde logo, falar de Constituição Europeia em dois sentidos fundamentais e prévios em relação a todos os demais:

a) No sentido natural, histórico, ou material – como a ordenação fundamental das diferentes formas institucionais de integração europeia, culminando na União Europeia.

Neste sentido, a Constituição Europeia é, na polissemia do mito, uma teia de Penélope. Uns vê-la-ão como um cerzir sem fim, feito de dia e desfeito de noite, um não-anda-nem-desanda da construção europeia. Outros a encararão como o símbolo da fidelidade na espera, até que um Ulisses qualquer ponha fim ao longo e lento re-fazer da meada, ou da trama.

b) No sentido codificatório, moderno ou formal – como um código único de direito público político voluntariamente votado à ordenação da União Europeia. E, dentro deste último sentido, ainda poderemos dividir um pouco mais: designadamente, entre a ideia abstracta de uma Constituição Europeia codificada, que encerra várias possibilidades de textos em concreto, por um lado; e, por outro lado, o projecto que está hoje em discussão e submetido a votação parlamentar ou referendária nos Estados-Membros da União Europeia.

Neste sentido, a Constituição Europeia assemelhar-se-á miticamente à Caixa de Pandora. Pela sofreguidão desta, que a abriu antes do tempo, se teriam espalhado os males pelo mundo. A Caixa de Pandora tem também, como a Teia de Penélope, uma polissemia: embora sempre nela haja uma conotação de perigo, e, por isso, de negatividade.

Para uns, a Caixa de Pandora representa a utopia europeia, que procura magicamente, abruptamente, criar uma Constituição sem raízes. Por isso, ela seria fonte de todos os males. Para outros, ela é uma espécie de amuleto mágico, positivo enquanto se mantiver fechado, isto é, enquanto o texto saído da Convenção ou da Conferência Intergovernamental que se lhe seguiu permanecer mais ou menos intocado. Outros ainda chamam a atenção para que, podendo haver grandes ou pequenos males na Caixa (ou na Constituição), contudo nela reside também a Esperança – como no seu mito grego.

Entre a Caixa de Pandora e a Teia de Penélope se joga boa parte do sentido e do destino da Constituição Europeia.

CAPÍTULO II
Constituição Europeia Natural

1. Algumas das primeiras aflorações jurisprudenciais, políticas e doutrinais da ideia de que a Europa tem uma Constituição

Desde muito cedo se começou a falar de "Constituição Europeia", muito antes de estar em discussão o presente "tratado constitucional". Apenas alguns marcos, de entre muitos possíveis, nos planos da jurisprudência, da política e da doutrina: Em 1967, o Tribunal Constitucional Alemão fala de Constituição Europeia; em 1976, Walter Hallstein, primeiro presidente da Comissão Europeia, considera o Tratado de Roma "o primeiro elemento de uma Constituição da Europa"; em 1986, na sentença *Parti écologiste* contra o Parlamento Europeu, o Tribunal de Justiça considera o tratado como "carta constitucional fundamental"; em 1991, Sabino Casesse adere doutrinalmente à ideia da Constituição Europeia; segue-se-lhe, por exemplo, Denys Simon, em1992. E a doutrina espanhola junta-se ao cortejo – entre 1993-1995. Já ainda em 1993, Daniela Obradovic desbrava essas sendas no seio da normalmente avessa doutrina britânica (apesar de uma jurisprudência com marcos europeístas significativos). E em 1991, Federico Mancini (professor e juiz TJCE) considera que a actividade do Tribunal Supremo constitui "erguer uma Constituição para a Europa". Desde então, proliferam as declarações nesse sentido. Poderíamos multiplicar os exemplos, os quais, pela sua profusão e reiteração, indicam uma tendência, que não pode interpretar-se senão como uma forma de *communis opinio*. Um "detector de constitucionalidade" (como diria Pereira Menaut) provavelmente da Constituição Europeia veria indícios em sentenças europeias vinculativas dos Estados, efeito directo e primado não só *de iure* mas *de facto*, eleições directas para o Parlamento Europeu, etc. Estes momentos densos de constitucionalidade europeia não são (salvo o último) proclamatórios, nem com grande publicidade. Mas são vitais saltos qualitativos.

2. Em demanda da Constituição natural

Sente-se que há uma Constituição material, natural, histórica, mas a identificação da mesma, e da sua sede ou fonte, é diversa. Uns, reclamam a fonte dos tratados, outros a jurisdicional. Na verdade, a Constituição Europeia natural será formada por um conjunto de factores: esses dois, e ainda o costume, por exemplo. Sem esquecer a própria normação comunitária e da União. Ou parte dela, evidentemente.

Essa demanda da Constituição natural tem sempre uma deriva positiva. É o caso dos *recueils*, das compilações, das ordenações. E, para a Constituição Europeia não ocorreu diferentemente. Por exemplo, em 2000, o Prof. Pereira Menaut e um conjunto de professores seus colaboradores davam à estampa, em Santiago de Compostela, um pequeno volume azul intitulado: *La Constitución Europea*. E como subtítulo: *Tratados constitutivos y Jurisprudência*[9]. O natural tem a irreprimível tendência em positivar-se, ainda que seja apenas na doutrina, por organização doutrinal. Esse livro, inestimável e pioneiro, constituía, certamente, uma manifestação dessa vontade jurídica natural geral que consiste em o simplesmente jusnatural desaguar no mais sólido do juspositivo. Sem perder, então, toda a dinâmica do natural.

Ou, noutros termos, mais prosaicos – e prescindindo de teorizações mais profundas: as constituições material e natural tendem sempre (como que são uma torrente que aspira sempre) a desaguar na constituição formal, positiva, voluntarista.

---

[9] PEREIRA MENAUT, A.C./BRONFMAN, A./CANCELA OUTEDA, C./HAKANSSON, C. – *La Constitución Europea. Tratados Constitutivos y Jurisprudência, Santiago de Compostela*, Publicacións da Cátedra Jean Monnet, Universidade de Santiago de Compostela, 2000.

CAPÍTULO III
Da Constituição natural à Constituição formal

1. O processo de formalização/codificação no plano nacional

O processo de passagem das constituições naturais às formais no plano estadual resultou sobretudo:

a) Do esquecimento dos velhos direitos e liberdades pelo absolutismo;

b) Da necessidade de, recuperando o mito ou a memória das antigas, criar instituições novas: Passar das Cortes ou Estados Gerais velhos aos novos Parlamentos.

Em Portugal, a primeira razão pró-codificação constitucional é-nos dada por um notável texto de Almeida Garrett[10], e as vicissitudes da segunda razão encontram-se apontadas nas esclarecedoras memórias de José Liberato Freire de Carvalho[11].

---

[10] GARRETT, Almeida – *Obras de...*, Porto, Lello, s/d, 2 vols., vol. I, máx. pp. 932-933.

[11] José Liberato Freire de CARVALHO – *Memórias da Vida de...*, 2.ª ed., Lisboa, Assírio e Alvim, 1982 [1.ª ed., 1855], p. 120: «[...] eu não tinha escrito ao acaso, havia feito um plano, e sobre ele é que dirigi sempre a minha pena. Pedi sempre a restituição das nossas antigas Cortes, porque via, que era o que eu só podia pedir sem passar pelo labéu de revolucionário, e porque não queria assustar o governo que me podia logo desde o princípio impedir a minha marcha; e porque enfim sabia muito bem, que as Cortes velhas traziam no ventre as Cortes novas. Aparecendo as primeiras, não havia muito que não aparecessem as segundas, porque esta era a marcha do espírito humano e a opinião do século.».

A primeira razão é ainda explicitamente invocada nos preâmbulos da primeira constituição francesa escrita, de 1791, na Constituição espanhola de Cádis, de 1812, e na nossa primeira constituição escrita, de 1822.

2. Comparação do Processo de Formalização do Constitucionalismo moderno com o da Constituição Europeia

Na Constituição Europeia não se passou diferentemente do que ocorreu nas constituições nacionais. Alguns mesmo vêem na Constituição codificada apenas um pôr em boa ordem a selva de instrumentos avulsos. Tal como a rainha D. Maria I desejara que se fizesse para as Ordenações Filipinas, nos finais do séc. XVIII – debalde. Tal como os liberais reclamaram cortes velhas, para fazerem as novas, antes de 1820. *Mas não é bem assim...*

Sem dúvida há na Constituição Europeia codificada muitos dispositivos que sucedem quase sem modificação a textos anteriores (como a Carta dos Direitos). Mas... Há um salto qualitativo. Não apenas pela sacralidade acrescentada de um documento solene, novo, indivisível, e de muito difícil revisão (blindado, dizem alguns). Mas porque há, realmente, uma mudança de paradigma. E essa é a questão fundamental.

CAPÍTULO IV
A *Constituição Europeia:*
Uma Mudança de Paradigma

A Constituição Europeia codificada rompe com velhos paradigmas, mas fá-lo de forma muito semelhante (*mutatis mutandis*) ao ocorrido com as Constituições modernas nacionais face à ordem constitucional anterior.

O impulso constituinte da Constituição Europeia é diverso, naturalmente. Num e noutro caso, trata-se de um impulso voluntarista, e necessariamente elitista num primeiro tempo. Não são nunca as massas, nem sequer a mediania das classes políticas, que fazem as constituições.

A concepção de legitimidade pressuposta na Constituição Europeia também é diversa. A Constituição Europeia implicitamente assume uma legitimidade própria, inspirada, sedeada na Convenção[12], sendo os referendos e as aprovações parlamentares consideráveis de algum modo plebiscitárias...

Aqui terá residido um dos seus pecados originais, na medida em que esqueceu nessa sua génese o *acquis* democrático e de legitimação pelo procedimento, vigentes precisamente a partir da implantação dos constitucionalismos nacionais. Mas veremos que este argumento pode comportar limitações, e admitir sanações procedimentais.

---

[12] Sobre a Convenção europeia que engendrou a Constituição, cf. alguns preciosos testemunhos e comentários recolhidos em COHEN-JONATHAN/DE LA ROCHÈRE, Jacqueline Dutheil (dir.) – *Constitution européenne, démocratie et droits de l'homme*, Bruxelas, Bruyllant, 2003.

O "soberano", o protagonista principal do processo, muda também, como mudara nas revoluções constitucionais clássicas. Agora, a maioria das grandes decisões poderá ser da União e não dos Estados.

Mas o próprio paradigma da soberania (*hoc sensu*) é posto em causa, na medida em que o princípio da subsidiariedade é proclamado. Na teoria, "soberania" e subsidiariedade dialogam, e podem propiciar uma dialéctica interessante, do tipo autárcico, de autonomias em rede e múltiplas constitucionalidades e estadualidades (ou seus sucedâneos) em rede[13]... Mas só a prática poderá dizer...

Num livro um tanto ácido e panfletário, o grande escritor português contemporâneo João Aguiar compara uma ficcional (mas demasiado realista) Federação Europeia gigantesca e anuladora dos pequenos Estados (despromovidos a regiões, e Portugal a sub-região da Ibéria) ao *Jardim das Delícias* de Jerónimo Bosch: a delícia horrível. *Jardim das Delícias* é o título do livro. Contudo, outras visões, bem mais optimistas, são possíveis... O livro de João Aguiar aí fica, sobretudo como "aviso à navegação": como a descrição da integração europeia que não desejamos, e da federação que o não é.

---

[13] Cf., *v.g.*, CANOTILHO, José Joaquim Gomes – *Precisará a teoria da Constituição Europeia de uma teoria do estado?*, in "Colóquio Ibérico sobre a Constituição Europeia", Actas, Coimbra, Coimbra Editora/Universidade de Coimbra, Studia Iuridica 84, Homenagem ao Doutor Francisco Lucas Pires, 17 e 18 de Março 2005, p. 674.

CAPÍTULO V
Prospectivas

A Constituição Europeia codificada não renega, como as primeiras constituições nacionais revolucionárias, o legado do passado, mas dá um salto para algo de profundamente novo. É nessa perspectiva que terá de ver-se o conjunto de soluções que passa a consagrar. Não interessa tanto compará-las com as passadas, porque são soluções dirigidas a realidades já verdadeiramente distintas. Não apenas pelo alargamento da União, mas pelo salto qualitativo simbólico.

Por isso também é que o "Não" francês e o "Não" holandês à Constituição europeia nova só podem constituir uma catástrofe do ponto de vista psicológico, e do fracasso de um método e de um modelo (entre vários possíveis) para o aprofundamento da União. Há sempre a hipótese de repensar o processo constituinte e de melhorar o conteúdo institucional e programático. Encarar sem dramatismo os "nãos" é o primeiro passo para uma atitude realista sobre o problema.

No plano jurídico, "seria preciso que houvesse mais de 20% de "nãos" para que esta Constituição ficasse em apuros" – dizem ou sugerem alguns, formalistas, mas cremos que confundem as coisas... Pelo menos no plano político, seria avisado repensá-la desde já. Repensá-la mesmo, não pura e simplesmente adiá-la, ou dela desistir. O marasmo europeu que se segue às vitórias do "não" é deprimente. Impunha-se alguma imaginação renovadora. Não de voluntarismo *à outrance*, mas de capacidade de interpretar os ventos da História, que continuam a soprar pela Europa.

Já a atitude tomada pelo Conselho de 17 de Junho de 2005, cimeira dominada pela questão da partilha dos fundos, foi tímida, e derrotista. Limitou-se a adiar, quando o que seria positivo seria um rasgo de vontade política, capaz de dar aos cidadãos europeus uma esperança, e não uma fechada Caixa de Pandora.

CAPÍTULO VI
Procedimento Constituinte: brevíssima síntese

A história das causas próximas da Constituição Europeia codificada são muito semelhantes, como aflorámos, às do chamado Código de Direito Público, no tempo de D. Maria I – Código aliás abortado pelas críticas tradicionalistas/liberais de António Ribeiro dos Santos[14].

Tal como este código, o cometimento ou mandato não era de fazer "obra nova", mas dar melhor ordem, actualização, e síntese à velha. Mas quem tem em mãos matéria constitucional tem tendência a querer fazer uma Constituição – nova, claro.

Vejamos muito rapidamente os antecedentes mais imediatos da Constituição Europeia Codificada.

A dois momentos de sucesso ou aprofundamento da União (Acto Único e Maastricht) parecem suceder-se dois momentos de um certo impasse (Tratados de Amesterdão e Nice). Entre ambos,

---

[14] CUNHA, Paulo Ferreira da – *Mythe et Constitutionnalisme au Portugal (1778-1826) Originalité ou influence française?*, Paris, Univ. Paris II, 1992, em publicação na revista "Cultura", Centro de História da Cultura da Universidade Nova de Lisboa, 3 vols. editados; Idem – *Para uma História Constitucional do Direito Português*, Coimbra, Almedina, 1995, pp. 237-268; Idem – *Temas e Perfis da Filosofia do Direito Luso-Brasileira*, Lisboa, Imprensa Nacional – Casa da Moeda, 2000, pp. 87-207; MALTEZ, José Adelino in ALBUQUERQUE, Ruy de/ALBUQUERQUE, Martim de, com a colaboração de J. Artur A Duarte Nogueira, José Adelino Maltez, Mário Leite Santos – *História do Direito Português*, vol. II, Lisboa, 1983, policóp.; PEREIRA, José Esteves – *O Pensamento Político em Portugal no Século XVIII. António Ribeiro dos Santos*, Imprensa Nacional – Casa da Moeda, Lisboa, 1983.

novo ponto alto de integração, com a Carta dos Direitos. E, sucedendo-se a Nice, novo impulso no Conselho Europeu de Laeken. Assim, para uma primeira síntese:

1986 – Acto Único Europeu – Reforçando os poderes do Parlamento Europeu e determinando o aprofundamento decisivo do mercado comum interno.

1992 – Tratado da União Europeia (de Maastricht) – Instituindo um aprofundamento institucional no rumo de uma plena *União Económica e Monetária.* Com a criação da "moeda única", que seria baptizada *Euro*, mais política externa comum, e institucionalização da cooperação (ainda que meramente intergovernamental) para a Justiça e os Assuntos Internos.

1997 – Tratado de Amesterdão – Tentativa de reforma institucional da União, não tendo porém alcançado consenso sobre inúmeras questões essenciais da "agenda" do momento, tais como: a composição da Comissão Europeia; um reforço da operacionalidade decisória, com o possível aumento dos casos de votações por maioria qualificada no Conselho e ponderação de votos no mesmo; o aprofundamento da democracia na União, com a modificação da composição e reforço dos poderes do Parlamento Europeu; uma reforma do *Contencioso Comunitário.*

2000, Dezembro – Aprovação em Conferência Intergovernamental da *Carta dos Direitos Fundamentais da União Europeia*, que viria a ser integrada como II parte do Projecto constitucional.

2001, Fevereiro – Tratado de Nice – Tratado que ainda se encontra em vigor, e por tempo indeterminado, dada a suspensão do processo da Constituição europeia codificada no Conselho de 17 de Julho de 2005. É uma continuidade do Tratado de Amesterdão, sem resolver os principais problemas aí deixados em aberto. Centra-se, como novidade, sobretudo na prevenção das violações dos Direitos do Homem, reforçando timidamente

Introdução Geral – A um Direito Constitucional Europeu   33

a cooperação judiciária e preocupando-se com a PESC (política europeia de segurança comum), além de reafirmar a intenção do alargamento. A Declaração Anexa número 23 permitirá que a Cimeira de Laeken aprove a *Declaração sobre o Futuro da União Europeia*, que está na base da convocação da Convenção europeia de que viria a sair o projecto constitucional europeu, embora, como se sabe, excedendo o seu mandato jurídico (e político)[15].

2001 Conselho de Leiken – Assim, em Dezembro de 2001, o Conselho Europeu de Laeken decidiu quebrar com a tradição elitista de construção europeia (apenas até então moderada pela forma também convencional de preparação da Declaração dos Direitos), e convocar uma Convenção (com 105 membros, representando instituições comunitárias, governos e parlamentos de países membros e países candidatos), para que apreciasse "as questões essenciais levantadas pelo futuro desenvolvimento da União e procurar as possíveis soluções". Deveria, antes de mais, simplificar e sistematizar os tratados existentes.

A Convenção, presidida pelo antigo Presidente da República francês Valéry Giscard D'Estaing e por um *Præsidium* restrito, iniciou os trabalhos em 28 de Fevereiro. O Presidente apresentou o projecto em 20 de Junho de 2003, no Conselho Europeu de Tessalónica.

Em 10 de Julho, deram-se por findos os trabalhos da Convenção, e um projecto de "tratado constitucional" seria apresentado à presidência italiana em 18 de Julho de 2003.

---

[15] Que a Convenção Europeia não estava investida de poderes constituintes, parece que ninguém tem dúvidas. Entre nós, muito incisivo, MARTINS, Guilherme d'Oliveira – *O Novo Tratado Constitucional Europeu. Da Convenção à CIG*, Fundação Mário Soares/Gradiva, 2004, p. 111: "A Convenção para o Futuro da Europa tinha um mandato – preparatório e não substitutivo da Conferência Intergovernamental (CIG). Cumpriu-o. Não estava investida de poderes constituintes, que são dos Estados".

Além das críticas à falta de legitimidade democrática directa e expressa para tal função assacadas à Convenção, a actividade do seu presidente e do *præsidium* seriam também alvo de muitos reparos. A própria forma de decisão sobre o texto final, por consenso, e não por votação, levantaria enormes clamores – tanto maiores quanto o afastamento dos respectivos sectores políticos face às soluções encontradas, naturalmente. Do mesmo modo, organizações como a *Democracy International* acolheriam campanhas referendárias, que foram somando apoios, muito diversificados. Sendo tal pressão muito legítima, e expressão da vitalidade das forças vivas europeias (tanto pró-europeias, como contrárias à integração: pois ambas se associariam na reivindicação referendária) avaliava-se contudo uma revolução com os parâmetros de uma normalidade democrática...

Tal daria lugar aos maiores mal-entendidos. E os juristas seriam dos primeiros (*mea culpa*) a cair na armadilha tecida pelos seus próprios esquemas teóricos, totalmente desajustados à compreensão de um fenómeno sobretudo político, de política pura, e por isso em boa medida livre das amarras teóricas e do Direito.

CAPÍTULO VII
Síntese das Dimensões Constitucionais

Em grande medida, a doutrina jurídica obriga a alguma construção, que implica, necessariamente, arrumação. Em boa parte, ela não é senão nominalista, comunicacional e pragmática[16] (e daí o também se dizer "dogmática") – não correspondendo a matérias substanciais, mas a utilidades, de ordem ou didácticas. Mas noutra medida pode mesmo espelhar realidades mais profundas.

Não nos querendo embrenhar agora por esse tema filosófico, dos mais agudos, e sem pretensões de exaustividade, poderíamos analisar a Constituição Europeia codificada (CE) em diversos aspectos, ou dimensões.

Por analogia com o que ocorre para as constituições nacionais, tais dimensões podem por vezes ser designadas como "constituições" de facetas específicas, ou da "constituição" vista sob a mira de certas categorias. Por exemplo, fala-se de "constituição económica", mas também de "constituição formal".

De seguida, faremos uma breve apresentação da CE, seguindo as seguintes dimensões:

a) Dimensão formal – Constituição formal – estrutura externa do próprio texto do dito "Tratado": Partes constituintes, títulos, paratextos (preâmbulos antes da I Parte e no início da II Parte), etc.

---

[16] Cf. a justificação do uso destas perspectivas para o estudo da política, *in* BERTEN, André – *Philosophie politique*, trad. port. de Márcio Anatole de Souza Romeiro, *Filosofia Política*, São Paulo, Paulus, 2004, p. 6 ss.

b) Dimensão simbólica – Constituição simbólica – Dimensão axiológica – Constituição axiológica

c) Dimensão teleológica – Constituição teleológica

d) Dimensão institucional – Constituição institucional (com uma sub-dimensão funcional/decisória – atinente ao procedimento).

e) Dimensão económico-financeira e social – Constituição económica, *lato sensu.*

f) Dimensão jurídica (*stricto sensu*) – actos normativos e actos jurídicos em geral.

g) Dimensão subjectiva – compreendendo o papel da União e sua personalidade jurídica, e os Estados membros, além da cidadania europeia.

h) Dimensão espacial – território da União.

i) Dimensão temporal – limites temporais (entrada em vigor, vigência, etc.).

CAPÍTULO VIII
A *Constituição*

Qualifique-se como "tratado" *tout court*, ou "tratado constitucional", a já normalmente chamada "Constituição Europeia" (e é assim já chamada correntemente ainda antes da sua aprovação: os usos linguísticos têm significado!) é, de pleno direito, uma Constituição. E tal não implica necessariamente que a União Europeia seja um super-estado por isso. Pode haver constituições que não sejam de Estados, nem sequer o Estado é a quintessência das formas políticas. A forma adoptada é que foi a do tratado. O conteúdo é constitucional.

A Constituição Europeia hoje em apreço é um texto codificado, tendencialmente único (na verdade ficam pequenos aspectos de fora – mas tal ocorre com todas as constituições codificadas), que substitui quase todos os anteriores sobre matéria constitucional europeia. Divide-se esta Constituição em quatro partes: as duas primeiras são claramente constitucionais – questões fundantes e direitos fundamentais; e as duas últimas revelam-se menos constitucionais – políticas e funcionamento da união e disposições gerais e finais.

A Constituição engloba, assim, a Carta de Direitos Fundamentais, proclamada em 2000, na cimeira de Nice. Para alguns, aplicar-se-ia exclusivamente no âmbito da União em si, mas já não aos Estados, seguindo uma exigência britânica. Resta saber, todavia, se tal restrição se revelará mesmo possível, atenta a porosidade, efeito lateral e universalidade dos direitos e das suas proclamações, e a aguda sensibilidade jushumanista da jurisprudência da União Europeia... Além dos efeitos colaterais da própria opinião pública e comunicação social no caso de alguma violação de direitos não vir a ser acolhida por um Estado nacional com a invocação da inaplicabilidade da Carta dos Direitos Fundamentais na sua jurisdição.

Por outro lado, o Preâmbulo, ao contrário do que foi dito, não é verdadeiramente lacunoso, seja qual for a perspectiva por que se encare. Não figuram aí nem Deus nem o Cristianismo, explicitamente, mas é muito duvidoso que tal, só por si, pudesse produzir milagres. Entretanto, é feita uma justa alusão, entre outras, aos legados religiosos da Europa. Uma nota de menos bom gosto é porém o auto-agradecimento dos membros da Convenção, que posam narcisicamente para a História. Tal nota é um sinal, embora de tom duvidoso, da consciência dos convencionais de haverem levado a cabo obra significativa e... constitucional. Mais: no seu caso, *constituinte*. Para esta avaliação e juízo, não importa muito se o produto final ou acabado da Convenção foi positivo, medíocre, ou mesmo negativo. Importa é que, avalie-se como se avaliar no seu valor ou valia, se verifica que tem significado e papel relevantes.

CAPÍTULO IX
As Instituições

No plano puramente institucional, revelam-se algumas importantes novidades. Integra-se agora o Conselho Europeu no sistema de órgãos da União (deixando de ser uma plataforma superior, intergovernamental). Cria-se nessa sede o cargo de Presidente do Conselho Europeu, que actua como coordenador, factor de continuidade e criador de consensos, e representante da UE ao nível de chefes de Estado e de Governo, agindo em vez das presidências rotativas semestrais, com um mandato de dois anos e meio, renovável por uma vez e com a interdição de acumular o cargo com qualquer outro.

Passa a existir um Ministro dos Negócios Estrangeiros europeu, por inerência vice-presidente da Comissão, que conduz a política externa e de segurança europeia, chefia um novo serviço diplomático da União Europeia e preside ao Conselho das Relações Externas. Contudo, a política de integração europeia em matéria de segurança e defesa parece ainda tímida, e muito estadualizada, além de em algumas matérias remeter para uma coordenação com a NATO. Isto apesar da criação da Agência Europeia do Armamento, Investigação e Capacidades Militares, sob a autoridade do Conselho, da nova cláusula de solidariedade entre os Estados-membros, ante um ataque terrorista a qualquer deles (ou de uma catástrofe natural ou humana) e da promessa de uma cooperação mais estruturada na defesa, contando para tal com os Estados militarmente mais preparados e que entre si venham a firmar compromissos mais exigentes.

CAPÍTULO X
A Democracia Europeia

Procura-se na nova Constituição Europeia combater o endémico *deficit* democrático da Europa comunitária, com várias medidas que visam dar mais voz aos cidadãos e aos seus representantes. Apesar de o processo constituinte da Convenção ter sido alvo, como dissemos, de muitas críticas de representatividade e até de democraticidade na condução dos trabalhos, que encerraram, como vimos, com deliberações "por consenso".

Assim, na nova formulação constitucional, o Parlamento Europeu passa a ser envolvido em todo o processo legislativo normal da União e elege o Presidente da Comissão a partir de proposta do Conselho Europeu, o qual, perante recusa parlamentar, terá que reconsiderar e apresentar novo nome. Acresce que o Parlamento Europeu pode apresentar a sua censura à Comissão como um todo. Não é, entretanto, incompatível com este aumento de poderes do Parlamento Europeu, mas mera afirmação do princípio da subsidiariedade, a nova possibilidade de intervenção dos Parlamentos nacionais: podendo suster uma proposta de lei da Comissão que, no seu entendimento, fira o referido princípio da subsidiariedade.

Além do reforço, ainda que para alguns muito tímido ainda, da democracia representativa, alguns passos de democracia directa são dados: além das ratificações por referendo deste texto em alguns países, admite-se o direito de iniciativa popular, mediante o qual um mínimo de um milhão de cidadãos, suficientemente representativos da diversidade da União (não concentrados: de um só país, por exemplo) podem solicitar à Comissão a tomada de uma dada iniciativa legislativa.

CAPÍTULO XI
A Dialéctica União/Estados

Seguindo o normal modelo das federações, o novo texto delimita as competências entre a União Europeia e os Estados-membros, fixando designadamente as competências exclusivas da UE e as competências partilhadas com os Estados-membros. Contudo, a União pode exercer um papel muito activo, desenvolvendo muitos poderes, e nisso conta com vários princípios que lhe permitem o alargamento do seu âmbito de actividade (desde logo, o da cooperação leal dos Estados). Compensando esta tendência decerto mais centralizadora, sublinhem-se a taxatividade tendencial da técnica constitucional da enumeração das competências e o princípio da subsidiariedade. Pode não vir a ser fácil estabelecer-se, nem teórica nem praticamente, a zona de fronteira entre o *proprium* e o *commune*, entre o nacional e o europeu.

Já a aludida tendência para a democratização por vezes parece confundida com uma representatividade meramente demográfica, e contada Estado a Estado. O que contribui para, por outro lado, alguns temerem que venham a emergir hegemonias (a dita Europa de directório), que, não são nem soberanistas nem federalistas, e poderiam tornar-se apenas nacionalistas sob manto comunitário europeu. O critério demográfico é, na proposta, certamente exagerado, e não federalmente corrigido de forma suficiente, apesar de se ter fixado um máximo de 96 deputados e um mínimo de 6 por país no Parlamento Europeu. Trata-se de um abismo enorme, apesar de tudo. E tal agrava-se com a forma de votação noutras instâncias. Passa a adoptar-se um sistema de dupla maioria de número de Estados e de população dos Estados para as votações no Conselho. A aprovação de uma lei exige pelo menos 55 por cento dos Estados membros a que correspondam 65 por cento da população geral da União somando a dos Estados votantes, estabelecendo-se uma válvula de segurança: uma minoria de bloqueio terá de integrar, pelo menos, 4 países.

Também a representatividade na Comissão é afectada por essa tendência de não parificar os mais pequenos, o que constitui um desvio ao federalismo que, por outro lado, certos tanto temem. Na primeira Comissão eleita depois da entrada em vigor da Constituição Europeia, ainda seria mantida a óbvia e necessária paridade do número de comissários entre os Estados: um por Estado. Mas, a partir de 2014, a Comissão teria apenas dois terços do número de Estados da União, aí tomando assento por "rotação igualitária". Contudo, admite-se ainda uma diferente decisão do Conselho Europeu. O que é uma cláusula em aberto, para permitir uma negociação mais apurada – certamente.

O equilíbrio é complexo. O veto é ainda um último recurso de igualdade entre Estados. Se terminam os vetos nacionais em algumas matérias, são mantidos, porém, na fiscalidade, política social, política externa, defesa e orçamento plurianual. Contudo os vetos, sendo garantia estadual, também podem representar o bloqueio do conjunto europeu.

Um aspecto que fará decerto correr rios de tinta é a consagração expressa na Constituição do primado do Direito da União sobre o Direito dos Estados, mas apenas no princípio geral, e sem explicitações que talvez se impusessem pela clareza e se desaconselhassem pela correcção política. Já, por exemplo, na sentença Costa *vs.* ENEL (*Ente Nazionale di Energia Elletrica*), em 15 de Julho de 1964, o Tribunal do Luxemburgo havia declarado esse primado do Direito europeu. Mas agora a situação tem um diverso valor: valor sobretudo simbólico e de publicidade.

Princípio típico de uma ordem federal, tem causado muito desconforto doutrinal, sobretudo quanto à prevalência do direito da União sobre os direitos constitucionais dos Estados-Membros. E, obviamente, terá sempre que ser pensado dentro de um diálogo integrado e coordenado ou hierarquizado entre ordens normativas, sendo inconcebível que um acto administrativo ou um regulamento da ordem superior possam invalidar uma lei ou a constituição da ordem inferior. A hierarquia tem de ser integrada, assim como as ordens jurídicas dialogantes.

Reconhece-se, por fim, e explicitamente, o que é óbvio até em qualquer federação propriamente dita: o direito de secessão, pelo qual qualquer Estado-membro pode sair da União, embora o procedimento não seja fácil.

CAPÍTULO XII
O Programa

A Constituição europeia tem sido muito qualificada como neo-liberal, por uns, ou por socialista (concentracionária, burocrática, etc.) por outros. Ora, apesar de ter de reconhecer-se que a tradição da União Europeia tem sido sobretudo de mercado livre, e tal a coloca muito na órbita do legado liberal, a verdade é que a entrada no *corpus* constitucional de Direitos Fundamentais de várias gerações, designadamente sociais e afins, não apenas na Parte II, como na Parte I, nos Preâmbulos, e um pouco por todo o texto, é, entre outros, um factor de equilíbrio. É, pois, possível, uma leitura social da Constituição Europeia. Os fins e valores da Constituição Europeia, apesar de alguns choques filosóficos e de sistematização (nomeadamente entre as classificações do Preâmbulo geral e do Preâmbulo da Carta dos Direitos) são efectivamente os do nosso tempo, sem descurarem legados fundamentais – e dando-lhes a tradução na linguagem moderna, para poderem ser bem entendidos.

Não terá sido por acaso que a maioria dos socialistas europeus se tem manifestado favorável à Constituição Europeia. Não se poderá certamente dizer-se que se terão convertido em bloco ao liberalismo. Pelo contrário, no domínio simplesmente ideológico, parece haver, isso sim, uma subtil, profunda e vasta influência do liberalismo social e do socialismo liberal nas diversas forças políticas europeias mais moderadas. O que contribuirá para uma liberalização do socialismo e uma socialização do liberalismo... Processos que, contudo, tanto podem ocorrer como aprimoramento de um e de outro, como de descaracterização, e cuja avaliação depende, evidentemente, da paixão política de cada um.

CAPÍTULO XIII
Balanço e Prospectiva

Apesar de estarmos perante um texto longo e complexo, é verdade que foi feito um esforço de legibilidade (que por vezes redunda em pior técnica jurídica) e que a sistematização encontrada é muito mais simples e ágil que a da situação anterior, de constituição natural, histórica, sedimentar, mas dispersa por muito vastas e heteróclitas fontes.

No plano dos princípios, dos valores, do programa constitucional, apesar do alerta de alguns críticos de alguma esquerda e sobretudo da extrema-esquerda, realmente conseguiu-se uma síntese, sem dúvida perfectível, mas razoável e sujeita à modelação interpretativa futura, entre o socialismo democrático/social democracia e o liberalismo social, provavelmente até sem esquecer a dimensão social e democrática da democracia cristã e seus herdeiros.

Mais complexa é a avaliação das inovações institucionais. Se há um esforço para inverter a tendência do *deficit* democrático, contudo o "pecado original" da Convenção indispôs desde logo muitos contra ela (não compreendendo as subtilezas da legitimidade do poder constituinte em momentos revolucionários, ainda que pacíficos, como este[17]). E, mais ainda, uma certa hegemonia dos grandes Estados e dos poderes da União parecem acentuar-se com o presente

---

[17] Um interessante contributo para a compreensão das agruras de uma legitimidade «legitimista», chamando a atenção para a mudança de paradigmas, na "pós-modernidade", é o estudo, imbuído de "entusiasmo europeísta", de REBELO, Marta – *Constituição e Legitimidade Social da União Europeia*, Coimbra, Almedina, 2005.

texto. Pese embora o princípio da subsidiariedade e a separação de poderes complexa que leva a uma metodologia comunitária propiciadora de consensos, e do *aller de concert*, de que falava Montesquieu no seu célebre capítulo sobre a Constituição de Inglaterra, n'*O Espírito das Leis*.

Os referendos da França e da Holanda, com resultado negativo para esta Constituição, parece terem aconselhado os Estados a uma pausa para reflexão. Esperemos que essa pausa não signifique adiamento da Europa e das reformas constitucionais que se impõem. Entretanto, compreendendo-se embora o problema que constitui rever um tratado já aprovado em tantos Estados-membros, afigura-se-nos que o veto de dois importantes membros da União Europeia o impõe... porque muito pior seria uma repetição dos referidos referendos, como já se fez na Irlanda e na Dinamarca anteriormente. A Europa tem de credibilizar o seu respeito pela vontade popular, ainda que tal vontade possa ser meramente aritmética e resultado de falta de informação e de reflexão...

A solução referendária é muito arriscada para a construção constitucional de um *novum*, sobretudo envolvendo tantos Estados. Sendo embora completamente favorável ao referendo como forma de legitimação democrática directa acrescida, sobretudo dada a génese da Constituição, desde há muito que tínhamos manifestado também a nossa preferência pela convocação de uma Convenção Constitucional, Assembleia Constituinte, ou Parlamento Europeu com poderes constituintes, a que acresceria uma outra instância, também directamente eleita de preferência, que representaria paritariamente os Estados.

Não vemos que sem um rasgo no sentido da confiança e da democratização da União se possa ultrapassar o impasse criado pelo "não" – que é, afinal, uma grande favor feito à integração europeia. Pois tivemos a possibilidade da detecção precoce de um mal-estar que, a ter-se calado, poderia, mais tarde, ser-nos a todos fatal. Veja-se a advertência, sombria e caricatural, mas oportuna, da citada ficção de João Aguiar.

Podemos e devemos ter uma Constituição codificada e progressiva e muito plausivelmente federal. Talvez que as ambiguidades devam, numa nova versão, terminar. Sob pena de os "não" virem de uma banda e da outra, e, querendo agradar a todos, se acabe por agradar a não suficientes.

A linha recta nem sempre é a distância mais curta entre dois pontos. Muito melhor que uma unanimidade falsa é a clareza resultante da pluralidade de posições. Giscard D'Estaing, decerto orgulhoso da sua obra, e por prudência, considerou que a Constituição teria que ser aprovada em bloco, sob pena de qualquer alteração fazer perigar o equilíbrio complexo do todo. Comparou-a, assim, à Caixa de Pandora. E a metáfora tem feito fortuna em alguma doutrina.

Mas muito mais salutar é abrirmos agora a "Caixa de Pandora": porque se dela podem sair muitos males, não há dúvida que a esperança permanece e continuará lá dentro.

PARTE II

Grandes Linhas Constitucionais da Constituição Europeia

CAPÍTULO I
A Constituição formal

1. Descrição

A CE formal apresenta-se num extenso e complexo texto, dividido em IV partes, 36 protocolos (os protocolos têm relevância jurídica vinculante, o que não sucede com as simples declarações), 2 anexos e uma acta final.

A primeira parte, que constitui o cerne definitório da CE, e a II, que contém a Carta dos Direitos Fundamentais, são precedidas por Preâmbulos, ricos na aproximação a uma filosofia política da UE.

Em rigor, a Primeira Parte é precedida pelo Preâmbulo (geral) de Constituição, e a II Parte contém em si própria, a abrir, o Preâmbulo da Carta dos Direitos Fundamentais.

2. Constituição formal – estrutura externa

A CE, no seu corpo principal, está assim dividida em IV partes:

I. Parte – Sem título, sobre questões fundantes

II. Parte – Carta dos Direitos Fundamentais
III. Parte – Políticas e Funcionamento da União
IV. Parte – Disposições gerais e finais

CAPÍTULO II
A Constituição Simbólica

1. História e Mito

O art. 16 da Declaração dos Direitos do Homem e do Cidadão francesa, redigida no auge da revolução, estabelece simbolicamente (mas com carácter definitório claro, solene e com unânime posteridade) o núcleo de uma constituição: direitos do homem e separação dos poderes. Mas implicitamente remete para outro elemento mítico: a sacralidade textual. Ou seja, pela sua própria proclamação num texto constitucional com um particular peso, com um especial relevo, converte-se nesse *sacred instrument* (nas palavras do Constitucionalismo americano para a Constituição codificada mais longeva do mundo).

A CE codificada ganha essa dimensão mítica, não pelo simples facto de existir, certamente, mas porque lhe é imediatamente associada uma função demiúrgica. Não podemos esquecer-nos da função mágica ou de todo o modo sacral da palavra, do "verbo", nas nossas civilizações, nem da importância vital e histórica da cultura do livro como coisa sagrada. De algum modo pode dizer-se que a veneração textual constitucional substitui (ou coexiste ainda), nas nossas sociedades secularizadas, com a veneração da Bíblia. A Constituição não é senão uma bíblia laica, na qual, pelas interpretações das escolas e dos mestres, plurais e até desavindos, podemos encontrar soluções para muitas tendências e gestos.

2. Símbolos stricto sensu

A UE dota-se de uma bandeira (com as XII estrelas da Virgem do Vitral de Estrasburgo: mas sem fazer referência a essa fonte, que contudo parece certa), de um hino (*Hino da Alegria*, da IX Sinfonia de Beethoven), de uma divisa – «Unida na diversidade» –, já tem uma moeda (o *euro*) e estabelece um dia da Europa, 9 de Maio.

Afirma-se com personalidade jurídica própria, distinta da dos estados-membros. Assim, pode a União Europeia autonomamente celebrar tratados internacionais.

Reforçam o simbolismo as figuras do Presidente e do Ministro dos Negócios Estrangeiros Europeu – aproximando simbolicamente a organização de um Estado, ou Federação...

Todo o Preâmbulo da Parte I é profundamente mítico e simbó-lico. Assim como o da Carta de Direitos Fundamentais, que consti-tui a Parte II.

3. Mito e Simbolismo do Preâmbulo geral da Constituição Europeia

No início, o Preâmbulo chocou. Era encimado por uma mal escolhida citação grega não muito democrática, continha um nar-císico auto-agradecimento dos/aos convencionais (que se mantém), e, para alguns, nele faltava a invocação de Deus ou das raízes cris-tãs da Europa. Parecia a alguns estar impregnado de uma excessiva mitologia jacobina, e falta de outra, mais moderada, e judaico-cristã.

Contudo, após a saída da epígrafe, e uma vez submetido a uma releitura mais a frio, salvo o narcisismo que continua a chocar, pa-rece um texto muito aceitável, para a função que realmente tem de desempenhar. Realmente, um texto com alguma sabedoria, evitando escolhos.

No Preâmbulo se invoca o património cultural, quer religioso, quer humanista, da Europa, em que assentam os valores e os direi-tos (afinal naturais: embora a palavra não figure lá) da pessoa, assim como a liberdade, a democracia, a igualdade e o Estado de Direito – que não se fica a saber o que sejam, mas (o que é mais importante) figuram na Constituição. Não compete aos textos legislativos definir: *omnis definitio (...) periculosa est* – diziam já os Romanos.

Do mesmo modo que se estabelece um equilíbrio entre o orgulho nacional pelos passados dos diversos estados e o respeito pelos seus direitos, de um lado, e a utilidade em forjarem um destino comum, por outro, prosseguindo a obra integradora dos Tratados na continuidade do acervo comunitário. O lema da "unidade na diversidade" está aqui bem espelhado.

Em conclusão: tudo o que se deveria esperar que estivesse no preâmbulo lá se encontra; suficientemente matizado, para não chocar.

CAPÍTULO III
Constituição Axiológica

1. Essencialidade do axiológico na Constituição Europeia

Os valores são reputados essenciais – como devem ser, aliás – na CE.

A entrada para a UE está condicionada a que os estados candidatos respeitem os valores constitucionalmente reconhecidos e se comprometam a promovê-los em comum (I-1.°, 2).

Contudo, jamais a CE poderia assumir um qualquer fundamentalismo valorativo, nem esquecer a pluralidade ética que reina hoje na democracia europeia. É precisamente em atenção a esse pluralismo salutar, que a CE traça os seus valores olhando para a realidade do presente e suas promessas para amanhã... O que também não significa qualquer tipo de capitulacionismo ético-normativo, ou sociologismo... O fundamental são valores políticos, porque, num assumido laicismo que é legado da nossa própria civilização, o que para o caso interessa são realmente valores políticos: e não outros, de outra ordem, sobre os quais a política e o direito político não se podem nem se devem pronunciar.

Contudo, esta lucidez constitucional quanto à escolha axiológica fundamental nem sempre seria acompanhada de rigor e coerência na enunciação e esclarecimento das relações entre os valores políticos que assume.

2. Constituição Axiológica: Os Valores (I-2.º)

O art. I – 2.º explicita expressamente a relação da EU com os valores políticos.

São considerados valores fundantes da EU entidades do mundo mental/espiritual que podem ser consideradas quer valores, quer princípios, quer ainda atitudes e cumprimento de deveres fundadas nuns e noutros (como o *Respeito dos direitos*, incluindo os das pessoas pertencentes a minorias).

Assim, indiscriminadamente se consideram valores a liberdade e a igualdade, que o são, mas também aspectos ou desenvolvimentos de uma e de outra (e também da Justiça, outro valor, que não é considerado expressamente como tal): como a democracia, e o Estado de Direito (além do referido respeito pelas pessoas pertencentes a minorias).

Neste aspecto, a CE tem no seu seio uma contradição classificatória patente: se a democracia e o Estado de Direito se encontram no elenco muito vasto de "valores" no art. I-2.º, já no Preâmbulo da Carta dos Direitos Fundamentais da União, da Parte II, integrado de pleno direito e com total valor jurídico na Constituição, com muito mais acerto se afirma que a democracia e o Estado de Direito são antes princípios. Embora ainda excessivamente abrangente na classificação, o Preâmbulo é mais comedido que o referido artigo I-2.º, considerando "valores indivisíveis e universais" apenas a dignidade do ser humano, a liberdade, a igualdade e a solidariedade. A afirmação, no Preâmbulo da Carta dos Direitos, de que a instituição da cidadania da União e a criação de um espaço de liberdade, segurança e justiça colocaram o ser humano no cerne da acção da mesma União pode parecer tautológica, mas tem o significado muito útil e pedagógico de arredar as visões puramente economicistas de uma Europa dos *trusts* ou dos comerciantes.

Mas voltemos ao art. I-2.º. De forma algo redundante, mas evocativa (com má técnica jurídica mas talvez boa comunicação), acrescenta-se a caracterização da sociedade resultante da aplicação destes valores, comuns aos Estados-membros. É a descrição abreviada da eutopia realizável da CE: uma sociedade "caracterizada pelo pluralismo, a não discriminação, a tolerância, a justiça, a solidariedade e a igualdade entre mulheres e homens". Todos aspectos que desenvolvem, mas se poderiam reconduzir, à tríade valorativa que referimos. A "justiça" ultimamente enunciada deixa a dúvida se tem dimensão axiológica ou apenas se invoca como resultado...

Seja como for, a forma impressionista do artigo não põe em causa a sua bondade intrínseca.

O art. I-4.º sublinha alguns aspectos concretos da aplicação do valor da Liberdade: 1. A livre circulação de pessoas, serviços, mercadorias e capitais, e liberdade de estabelecimento; 2. Proíbe-se qualquer discriminação em razão da nacionalidade. Com ressalvas que remetem para um argumento sistemático, assim acautelando visões mais primárias e literalistas (politicamente correctas) e maximalistas dos direitos, que descortinam ou desencantam discriminação em tudo... É uma cedência da boa técnica jurídica à clareza e legibilidade pelos leigos...

Há, realmente, muitas discriminações, e por vezes formas subtis e refinadas de discriminação, mas nem sempre aquelas que certos dedos em riste sempre desejam "denunciar". Aliás, as modalidades e as "especialidades" discriminatórias variam até, por vezes, não só no tempo, como de país ou região para país ou região, etc., etc. E já nos foi dito, por exemplo por observadores políticos e autarcas, que por vezes parece que há *media* e outros *opinion makers* votados a qualificar certas realidades segundo modelos ou "cardápios" gerais, que nem sempre têm a ver com as realidades concretas, mas são sensacionalistas. Veja-se o alegado "arrastão", em 2005, ao que parece...

CAPÍTULO IV
Constituição teleológica

1. Questões gerais (I-3.°); teleologia e axiologia

Os objectivos da UE são explicitados logo no art. I-3.°.

As dúvidas conceptuais avolumam-se à medida que se vão juntando sintagmas de alto valor conotativo positivo, mas que se não consideram valores. A justaposição frásica (logicamente disjuntiva no plano conceitual) do n.° 1 do art. I-3.° é paradigmática: no único normativo com a formulação mais clara quanto ao objectivo (no singular) da EU, a teleologia é, na verdade plural: paz, valores da EU e bem estar dos seus povos. Se a democracia e o respeito pelos Direitos são valores, porque não a paz e o bem-estar dos povos europeus?

Decididamente, não busquemos na Constituição europeia uma teoria dos valores, ou sequer uma sistematização dos entes juspolíticos.

2. A Dialéctica Fins/Meios (I-3.°)

Explicitado o "objectivo" tríplice da UE, (I-3.°, 1), deverão considerar-se fins/meios os restantes, que afinal são instrumentais relativamente aos três primeiros. Tal parece ser corroborado pelo número final do artigo (n.° 5), que liga precisamente o prosseguimento dos objectivos aos meios a eles adequados, em função das competências atribuídas à União pela CE.

Os fins da União também são fins dos estados-membros? Ou poderá haver incompatibilidade de objectivos? Não parece possível. Assim sendo, os fins da União (todo) deveriam certamente ser também os dos Estados (partes). E disso não deveria haver algum eco no texto? Algo haverá no art. I-5-.° 2, estabelecendo o princípio da cooperação leal entre a União e os Estados-Membros, como veremos.

3. Tipologias (I-3.°)

É possível e desejável encontrar algumas tipologias no conjunto complexo de fins e meios em presença:

3.1. *Fins supremos:*

- a) Paz,
- b) Valores da CE,
- c) Bem estar dos povos europeus (n.1)

Provavelmente, seria mais rigorosa uma hierarquia dos fins que começasse com os valores. A própria paz pode ter de se subordinar aos valores. E talvez deva. Pelos valores *se faz a paz e se faz a guerra*. Ou assim deveria ser.

3.2. *Fins instrumentais ou fins/meios:*

3.2.1. *Espaço livre, seguro e justo e mercado livre, sem fronteiras internas* (n. 2)

3.2.2. *Modelo económico, social e cultural* (n. 3)
a) Economia social de mercado
b) Altamente competitiva (há quem critique o pretenso "neo-liberalismo" da CE com base neste ponto – mas veremos que é uma leitura reducionista)
c) Tendo como meta o pleno emprego e o progresso social (expressão outrora eufemismo para "socialismo" – e também

Grandes Linhas Constitucionais da Constituição Europeia 67

por isso há quem critique, no sentido oposto à crítica anterior, um pretenso socialismo burocrático da CE – de forma igualmente reducionista)

- Com protecção e melhoramento do ambiente
- Fomento do progresso científico e tecnológico
- Combate a várias discriminações
- Promoção da coesão económica, social e territorial
- Solidariedade entre estados membros
- Respeito pela diversidade cultural e linguística
- Salvaguarda e desenvolvimento do património cultural europeu

3.2.3. *Política Internacional* (n. 4)

- *a*) *Valores e Interesses*: Promoção dos seus valores nas relações com o resto do mundo, mas também pelos seus interesses. Indo certamente em busca, *mutatis mutandis*, de "Cristãos e canela", como os velhos Portugueses nas suas andanças pelo Mundo...
- *b*) *Legado progressista*, com tinturas pós-modernas (especificação das crianças, e porque não das mulheres, ou dos idosos?): "Contribui para: paz, segurança, desenvolvimento sustentável do planeta, solidariedade e respeito mútuo entre os povos (...) erradicação da pobreza, protecção dos direitos do Homem, e em especial do das crianças".
- *c*) *Legado liberal*: contribui para "comércio livre", porém, com uma correcção social: o texto não deixa de acrescentar – " e equitativo".
- *d*) *Legado jurídico*: Contribui para a "rigorosa observância e o desenvolvimento do direito internacional, incluindo o respeito dos [deveria ser dito "pelos"] princípios da Carta das Nações Unidas".

CAPÍTULO V
Constituição Institucional

1. Relações União/Estados – I-5.°

1.1. *Os Princípios*

1.1.1. *Princípio da Cooperação Leal, art. I-5.°, 2*

A União e os Estados-Membros devem respeitar-se e assistir-se mutuamente no cumprimento das missões (objectivos, afinal, ainda que possam ser mais concretos) decorrentes da CE. Algo, neste último ponto, faz lembrar os deveres jurídicos entre cônjuges...

Mas os Estados membros parece terem mais obrigações. Devem tomar medidas para executar as obrigações decorrentes da CE ou dos actos das instituições da UE. E sobretudo:

> "Os Estados-Membros facilitam à União o cumprimento da sua missão e abstêm-se de qualquer medida susceptível de pôr em risco a realização dos objectivos da União".

O que é uma cautela óbvia para um empreendimento conjunto que não se quer ver traído no terreno... Mas que também é por outros encarado como uma imposição totalitária da União... Resultando numa espécie de pacto leonino em benefício dela, ou dos seus principais protagonistas.

1.1.2. Igualdade perante a Constituição

Embora não sendo referido como um princípio, devemos considerar ainda, no âmbito do n.º 1 deste art. I-5.º, o princípio da igualdade. Interessante se torna que não se fala de princípio, nem sequer de igualdade entre os Estados entre si, mas de igualdade perante a Constituição (reactualizando o problema iluminista/liberal da igualdade perante a lei). O problema é que, uma verdadeira igualdade perante a Constituição implicaria uma igualdade entre os Estados entre si, entendida, evidentemente, em termos hábeis.

1.1.3. Identidade Nacional/Identidades Nacionais

A Identidade nacional de cada Estado membro é um outro princípio, não afirmado como tal. E que se compreende, segundo a CE, pelo pressuposto (não explícito) respeito pelas estruturas políticas e constitucionais de cada um dos Estados-membros (incluindo autonomias regionais e locais respectivas) – o que poderia ser uma frincha entreaberta para a ideia de alguma "reserva de constituição" nacional.

1.1.4. O Núcleo funcional estadual

A CE parece entender que os Estado nos Estados tem um núcleo essencial, que parece caber-lhes, como reduto mínimo (e que é, de algum modo, mais restrito que as clássicas funções liberais do estado guarda-nocturno): garantia da integridade territorial, manutenção da ordem pública e salvaguarda da segurança nacional. São todas mais ou menos (se entendidas estritamente) militares ou de polícia. E contudo uma aplicação real do princípio da subsidiariedade pareceria indicar que pelo menos a função de defesa, num mundo globalizado, essa sim, deveria sobretudo caber à União.

A pergunta é todavia necessária: e o que ficaria para os Estados? Há uma mudança de paradigma...

1.2. *Constituição Institucional – As Relações União/Estados – O Direito (I-6.°)*

Múltiplas interpretações tem sugerido este artigo I-6.°:

"A Constituição e o direito adoptado pelas instituições da União, no exercício das competências que lhes são atribuídas, primam sobre o direito dos Estados-Membros".

É a explicitação do velho princípio do primado do direito comunitário que os juscomunitaristas esgrimiam de há muito, e que tinha a estribá-lo jurisprudência significativa, como os acórdãos Costa vs. ENEL, *Internationale Handelsgesellschaft, Simmenthal*, etc.

O colocá-lo em letra de forma numa Constituição tem todo um outro impacto, porém. Mas em que termos entendê-lo? Um primado de todo o direito europeu sobre todo o nacional? Ou com reserva das constituições nacionais, ou pelo menos algo delas? E primado em todas as direcções e sentidos, sem ter em atenção a hierarquia dos actos normativos, ou estabelecendo-a paralelamente, horizontalmente, de acto a acto? Ou seja: um acto regulamentar ou administrativo europeu prevalece sobre os limites materiais (ou cláusulas pétreas) de uma Constituição nacional? Não seria lógico.

Outra questão é saber se não haverá um princípio da especialidade desta supremacia. Alguns defendem que só valeria no âmbito de matéria europeia. Poderia ser um álibi contra um primado excessivo. Mas não parece proceder, não dizemos que teoricamente, mas decerto na maioria dos casos da prática. Pelo conjunto de competências que, de uma forma ou de outra, acabam por incumbir à UE, pode vir a ser residual o que não é europeu, ou não é susceptível de vir a ser como tal considerado.

De qualquer sorte, veremos *infra*, em sede de dimensão jurídica, que o princípio do primado se relaciona com o da subsidiariedade, e com o reconhecimento pela CE da especificidade e independência dos Estados-Membros, designadamente plasmada nas suas instituições constitucionais fundantes, como tal tendo que ser aplicado; e ainda que o primado não invalida, pelo contrário pressupõe

72 *Constituição Europeia – Introdução e Grandes Linhas*

e se aplica nos moldes da teoria geral do direito e da metodologia dominantes, que hoje são, ainda, a hierarquia das normas, pelo que há primado, sem dúvida – e pelo texto da CE sem sombra de dúvida – no respeito pela geral hierarquia normativa. Parece líquido considerar-se um primado horizontal da Constituição Europeia, pelo menos ao nível infra-constitucional, e um primado vertical da fonte europeia de nível superior sobre a fonte nacional de nível inferior. Mas talvez não chegue dizê-lo… Voltaremos ao problema.

2. As Instituições da União

2.1. *Enunciação das Instituições da União (I-19.°, 1):*

A enunciação do quadro institucional da União é explícita (I-19.°, 1):

    a) O Parlamento Europeu;
    b) O Conselho Europeu;
    c) O Conselho de Ministros, depois abreviado como "Conselho";
    d) A Comissão Europeia, depois abreviada como "Comissão"
    e) O Tribunal de Justiça da União Europeia

Refiram-se outras instituições e órgãos consultivos da EU (arts. I-30.° a I-32.°):

    a) Banco Central Europeu (I-30.°)
    b) Tribunal de Contas (I-31.°)
    c) Comité das Regiões, Comité Económico e Social (I-32.°)

Embora os órgãos referidos como constituindo o "quadro institucional" sejam os de mais evidente relevância, seria estulto pensar-se que o Banco Central Europeu não é um dos mais importantes esteios orgânicos e decisórios da União.

2.2. *Complexidade, Sentido, Limites e actuação institucionais (I-19-.°, 1 e 2):*

A Constituição Europeia estabelece uma rede de instituições, mas não o faz sobre uma tábua rasa, antes baseada na experiência comunitária. Se há algumas inovações, como o Presidente do Conselho Europeu e o Ministro dos Negócios Estrangeiros da União, a maioria dos elementos da rede institucional baseia-se num método de equilíbrio e consenso que foi dando frutos ao longo dos anos, e de uma separação de poderes profundamente complexa, em que os freios e contrapesos clássicos passam a colaborações necessárias, a procedimentos conjuntos, a partilha de poderes e funções, etc. Um dos mais complexos e inusitados aspectos constitucionais é a repetida remissão para decisões futuras, e, mais ainda, sobretudo a admissibilidade de excepções pontuais a regras gerais, no seio da própria Constituição. Por vezes, pela simples leitura, fria e desgarrada, da dinâmica real da Europa, fica-se com a apreensão não de que o poder possa travar o poder, como classicamente recomendou Montesquieu, mas de que tão complexos procedimentos possam bloquear a Europa. E contudo ela tem-se movido...

A CE não se limita a enunciar órgãos e as respectivas competências. Começa com uma disposição que estabelece objectivos para o quadro institucional (n.1), e que lhes impõe limites de competências atribuídas e procedimentos estabelecidos pela CE, bem como um relacionamento institucional ditado pela cooperação leal (n. 2). Os objectivos visados são, naturalmente: promover os seus valores; prosseguir os seus objectivos; assegurar a coerência, a eficácia e a continuidade das suas políticas e das suas acções. E ainda, numa delimitação com uma formulação inusitada, mas decerto realista: "servir os seus interesses, os dos seus cidadãos e os dos Estados--Membros". A possibilidade de haver conflitos de interesses entre estas três "partes" e a forma de os dirimir dá, sem dúvida, que pensar.

2.3. *O Parlamento Europeu (I-20.°)*

2.3.1. *Composição*

a) Eleição directa, secreta, universal e livre pelos cidadãos da União.

b) Mandato dos deputados: 5 anos.

c) Número de deputados: não superior a setecentos e cinquenta.

d) Representação nacional degressivamente proporcional à população dos Estados-membros, entre um limite mínimo de seis e um máximo de noventa e seis lugares por Estado-membro. Composição a determinar concretamente pelo Conselho Europeu, por unanimidade, por iniciativa do Parlamento e com a aprovação deste.

2.3.2. *Poderes* (máx. I-20.°, 1)

O Parlamento Europeu é o cerne da cidadania europeia na União. Eleito directamente pelos cidadãos europeus, reflecte a sua vontade europeia mais directamente que quaisquer outras instituições. Exerce já bom número de poderes e funções, embora a componente estadual e inter-governamental da União com ele compita e partilhe atribuições. Tem, assim, as seguintes incumbências:

a) Função legislativa (em conjunto com o Conselho de Ministros)

b) Função orçamental (em conjunto com o Conselho de Ministros), que, em boa verdade, é tradicionalmente um aspecto (fundamental, aliás) da primeira, embora com implicações diversificadas.

c) Controlo político, nos termos da CE

d) Consulta, nos termos da CE

e) Eleição do Presidente da Comissão Europeia

f) Eleição do seu Presidente e da sua Mesa (I-20.°, 4).

2.4. *O Conselho Europeu (e o Presidente do Conselho Europeu)*

2.4.1. *Composição e Funcionamento* (I-21.°, 2 a 4)

O Conselho Europeu tem características de cimeira ao mais alto nível na perspectiva dos Estados-membros. É formado pelos Chefes de Estado ou de Governo dos mesmos, pelo seu Presidente, e pelo Presidente da Comissão Europeia. Nos trabalhos, embora não sendo membro, participa o Ministro dos Negócios Estrangeiros da União.

Reúne-se trimestralmente, a convocatória do seu presidente, podendo haver reuniões extraordinárias, sendo possível, se exigido pela ordem de trabalhos, que cada membro do Conselho seja assistido por um ministro, e o Presidente da Comissão por um outro dos seus membros.

Salvo disposição em contrário da Constituição, o Conselho "pronuncia-se por consenso", o que induziria a pensar-se que verdadeiramente nem "deliberaria" ou "decidiria"... Contudo, não é assim: porque explicitamente os n.°s 3 e 4 do art. I-25.° assinalam situações de votação no Conselho Europeu: O primeiro, considerando comuns ao Conselho Europeu e ao Conselho de Ministros as regras da maioria qualificada dos números 1 e 2 do mesmo artigo, quando o Conselho Europeu delibere por maioria qualificada. O segundo, excluindo das votações do Conselho Europeu quer o seu Presidente, quer o Presidente da Comissão.

2.4.2. *Poderes* (I-21.°, 1)

Os poderes do Conselho em geral são muito vagos, pela sua generalidade. É sintomático de algum platonismo de funções, que logo se afirma a negação do poder legislativo, prescrevendo-se, numa formulação mais *souple*, que o Conselho Europeu "não exerce a função legislativa". A formulação encontrada para encontrar funções para este Conselho, de algum modo sobrevivência dos tempos inter-estaduais, é muito nebulosa, sobretudo se tivermos em atenção que não pode legislar: "dá à União os impulsos necessários ao seu desenvolvimento e define as orientações e prioridades políticas gerais da União". *Quid*, se os demais órgãos, com poderes, não desejarem navegar nas águas pelo Conselho Europeu determinadas?

2.4.3. *Presidente do Conselho Europeu* (I-22.°)

Uma das grandes inovações institucionais da CE é a criação de Presidente com um mandato reforçado, de dois anos e meio, renovável uma vez. É um desses casos em que só a prática constitucional pode dizer sobre o carácter real do cargo.

A constituição real é aqui determinante, independentemente da constituição formal, não se podendo fazer intervir qualquer ideia de constituição natural ou constituição material, porque haver ou não haver um presidente europeu, com esta ou aquela função, será de direito positivo apenas. Relevando apenas quiçá o limite jusnatural (mas na verdade também juspositivo) de que tal presidência (como aliás qualquer órgão) não extravase os seus poderes, e não o faça num sentido não-democrático e não europeu.

Os poderes e funções do presidente, sendo naturalmente mais precisos que os do Conselho em geral, permitem uma latitude muito vasta de actuações "no terreno", dependendo muito do perfil do escolhido e da correlação concreta de poderes que se venha a estabelecer em cada mandato.

a) *Independência e controlo*

São criadas expressamente cláusulas que pretendem acautelar um exercício abusivo do poder, em geral, ou na dependência, subordinação, ou favorecimento de algum estado em particular. Assim, o Presidente não é inamovível: prevê-se, além da possibilidade de impedimento, a de falta grave, que implica que o Conselho ponha termo ao mandato do Presidente, por maioria qualificada (n.1). Por outro lado, o Presidente do Conselho Europeu está impedido de exercer qualquer mandato nacional, para que fique bem clara a sua como que "Supranacionalidade" (n. 3).

b) *Problema das competências na representação externa*

Não fica muito clara a delimitação de competências entre o Presidente e o Ministro dos Negócios Estrangeiros quanto à política externa e de segurança comum. A do Presidente, é dita "ao seu nível e nessa qualidade", o que pode tanto apontar para uma representação honorífica de alto nível, ou para uma representação em última instância, ou mais forte e empenhada ainda que a do Ministro (concebido, nesta última hipótese, como mero chefe da diplomacia, mas não vero condutor da mais alta política). O artigo procura ainda clarificar, afastando das funções do Presidente as do Ministro ("sem prejuízo das atribuições do Ministro dos Negócios Estrangeiros").

c) *Competências*

Neste caso, mais que de verdadeiros poderes, podemos falar de competências. O Presidente sobretudo apresentado como um coordenador, um dinamizador, um construtor de pontes e propiciador de consensos. Assim, o Presidente do Conselho Europeu: Preside e dinamiza os trabalhos do Conselho Europeu; assegura a preparação e continuidade dos trabalhos do mesmo, em cooperação com o Presidente da Comissão, e com base nos trabalhos do Conselho dos Assuntos Gerais; procura facilitar a coesão e o consenso no órgão; apresenta ao Parlamento europeu um relatório após cada reunião do Conselho (n.º 2).

2.5. *O Conselho de Ministros*

2.5.1. *Composição e Funcionamento*

O Conselho de Ministro é constituído por um representante de cada Estado-Membro (normalmente um ministro) dotado de poderes de vinculação do governo do respectivo Estado-membro, e podendo exercer o seu direito de voto (I-23.º, 2).

Salvo disposição em contrário da CE, o Conselho de Ministro delibera por maioria qualificada (I-23.º, 3). O caso mais normal parece ser o de que o Conselho de Ministros tome as suas decisões sob proposta da Comissão ou do Ministro dos Negócios Estrangeiros da União. Nesse caso, apenas se considera, para este efeito, maioria qualificada, a resultante da expressão do voto de um mínimo de 55% dos membros do Conselho, num mínimo de quinze representantes de Estados-Membros, desde que, cumulativamente, tais estados reúnam em conjunto pelo menos 65% da população da União. Em contrapartida, a chamada "minoria de bloqueio" que a uma maioria se poderá com êxito opor, deverá ser composta por, pelo menos, quatro membros do Conselho. Caso não se atinja este número de oponentes, considera-se alcançada a maioria qualificada (I-25.º, 1).

Há contudo uma situação em que esta regra é derrogada: quando o pressuposto de deliberação sob proposta da Comissão ou do Ministro dos Negócios Estrangeiros se não verificar. Aí, exige-se uma maioria qualificada reforçada: 72% dos membros do Conselho, mantendo-se apenas a correspondência demográfica exigida nos casos normais: que os Estados-Membros favoráveis à decisão representem 65% da população da União (I-25.º, 2).

O Presidente do Conselho Europeu e o Presidente da Comissão não participam nas votações do Conselho Europeu (I-25.º, 4).

As reuniões do Conselho são divididas em duas partes, sendo pública aquela em que se aprecie(m) projecto(s) de acto(s) legislativo(s) (I-25.º, 6).

Um aspecto não descurável da estrutura funcional do Conselho de Ministros é o da sua divisão por formações, que reúnem separadamente (I-24.º, 1), e são presididas, salvo a dos Negócios Estrangeiros (com presidência óbvia – do Ministro dos Negócios Estrangeiros da União – I-28.º, 3), rotativamente, por representantes dos Estados-Membros (I-24.º, 7).

Assim, o Conselho dos Assuntos Gerais prepara as reuniões do Conselho Europeu e assegura a continuidade e acompanhamento (o texto diz "o seu seguimento"), em articulação com o Presidente do Conselho Europeu e com a Comissão (I-24.°, 2). Mas a preparação dos trabalhos do Conselho surge na CE como da responsabilidade do Comité de Representantes Permanentes dos Governos dos Estados-Membros. Será necessária, assim, uma estreita articulação entre o Conselho dos Assuntos Gerais e este Comité.

O Conselho dos Negócios Estrangeiros, por seu turno, "elabora a acção externa da União", no respeito pelas linhas estratégicas, mais gerais, que incumbem ao Conselho Europeu. Mas se neste especifico aspecto seu parece ser apenas uma entidade de desenvolvimento de uma política geral do Conselho Europeu, já uma outra competência lhe vem agregada que suscita algumas dúvidas, pela sua latitude: a de assegurar a coerência da acção da União. Sem dúvida que é um poder muito vasto o que pode aqui transparecer. E em que medida não colidirá com outros?

Outros Conselhos especializados (outras "formações" do Conselho, se preferirmos) são possíveis, mediante uma decisão europeia que decida de uma lista dos mesmos. A competência para tal decisão incumbe ao Conselho Europeu.

2.5.2. *Poderes*

O Conselho de Ministro partilha com o Parlamento Europeu a função legislativa e a função orçamental. Define políticas e coordena. Assim, além de tais definições poderem caminhar no sentido legislativo (enquanto a legislação é decisão e regulação de políticas), do mesmo modo serão susceptíveis de serem assimiladas a algum poder executivo. Obviamente em conformidade com a regras da Constituição.

2.6. A Comissão Europeia

2.6.1. Composição: De Transição e Futura

A Comissão Europeia é, tal como o Parlamento Europeu, um órgão tipicamente comunitário. Mas a Comissão é um órgão mais inovador ainda, porquanto o Parlamento Europeu é apenas (o que não é contudo pouca coisa) uma transposição para a cidadania europeia da representação da cidadania já existente ao nível nacional. Pelo menos por enquanto, dada a sua composição e modo de eleição, apesar do grande passo que é já a eleição nacional directa.

A Comissão Europeia é, por assim dizer, ao nível executivo, a presença do factor do todo, de integração, enquanto os Conselhos serão certamente, pelo menos em parte e de momento, factores de ponderação que podem propender para o equilíbrio que as partes equilibram com o todo. Daí que seja muito significativa a normação desta instituição, que em dois momentos diferentes sublinha a autonomia e independência dos comissários, além da sua competência geral e empenhamento europeu (I-26.°, 4 e I-26.°, 7).

A CE prevê uma composição de transição para a Comissão Europeia (no primeiro mandato de cinco anos), e uma outra, definitiva. Assim, na transição, a primeira Comissão Europeia a constituir na vigência da CE, é constituída por um nacional de cada Estado--Membro, incluindo o seu Presidente e o Ministro dos Negócios Estrangeiros, que será um dos Vice-Presidentes (I-26.°, 5). Findos os primeiros cinco anos, e embora ao Conselho Europeu sejam dados poderes para eventualmente alterar esta regra, o número total de comissários será de 2/3 do número dos Estados membros, estabelecendo-se um sistema apelidado como de "rotação igualitária", num processo a desenvolver pelo Conselho Europeu, por decisão europeia (que requer, naturalmente, unanimidade) que se baseia no princípio da *não disparidade do número de mandatos* exercidos entre quaisquer dois Estados-Membros (cuja diferença entre o número total de mandatos efectivamente exercidos não pode ser superior a um – I-26.°, 6, a)) e o equilíbrio regional ("posição geográfica")

Grandes Linhas Constitucionais da Constituição Europeia 81

e demográfico de cada Comissão. É uma satisfação ao princípio da igualdade dos Estados membros. Embora a formulação deste último princípio pareça ambígua, ou rebarbativa: "a composição de cada uma das sucessivas Comissões deve reflectir de forma satisfatória a posição demográfica e geográfica relativa dos Estados-Membros no seu conjunto" (I-26.°, 6, b). Estes diferentes aspectos podem resumir-se num geral *princípio de equilíbrio e equidade* na distribuição dos mandatos.

2.6.2. *Legitimidade Mista Acrescida da Comissão*

A Comissão Europeia é sujeita à aprovação do Parlamento Europeu, mas não se pode dizer que seja directamente eleita. Algo nos faz naturalmente lembrar a própria formação dos Governos em Portugal, com as devidas acomodações. Na verdade, o Conselho Europeu (tal como o Presidente da República Portuguesa) tendo em conta os resultados eleitorais (só que, *in casu*, para o Parlamento Europeu), e depois de ter procedido a consultas, propõe ao Parlamento (após decisão interna sua, tomada por maioria qualificada) um candidato a Presidente da Comissão. Se este não tiver maioria de votos (como, *mutatis mutandis*, se o Primeiro Ministro em Portugal), dentro de um mês, e pelo mesmo método, o Conselho Europeu proporá outro candidato (I-27.°. 1).

O mesmo Conselho Europeu, deliberando por maioria qualificada, e com o acordo do Presidente da Comissão, nomeia o Ministro dos Negócios Estrangeiros da União, que é mandatário desse Conselho, e nessa qualidade conduz a política externa e de segurança comum da União. Assim sendo, é compreensível que seja o Conselho a poder pôr fim ao seu mandato por idêntico procedimento ao da nomeação (I-28.°).

Por comum acordo entre o Presidente da Comissão eleito e o Conselho Europeu, tendo em atenção as personalidades sugeridas por cada Estado-Membro, e no respeito pelos princípios da competência, europeísmo e independência (I-26.°, 4) e do equilíbrio

82   *Constituição Europeia – Introdução e Grandes Linhas*

e equidade dos mandatos (por Estado-Membro, por região, e por população/Estado – I-26.°, 6), é apresentada uma lista conjunta de Presidente, Ministro dos Negócios Estrangeiros e demais Comissários, que em bloco se submetem ao voto do Parlamento Europeu. Uma vez aprovada a Comissão, ela é nomeada pelo Conselho Europeu, que dispõe de mais um momento de controlo, na medida em que tal nomeação depende de deliberação por maioria qualificada (I-27.°, 2). Presume-se que, não havendo aprovação parlamentar ou do Conselho Europeu, o processo retorna à estaca zero.

Por todo este complexo processo de equilíbrios e sucessivas aprovações, a Comissão tem uma legitimidade mista, mas acrescida. Porquanto deve passar sucessivas e até redundantes barreiras (como a final decisão do Conselho Europeu).

2.6.3. *O Presidente da Comissão, o Ministro dos Negócios Estrangeiros; Política Externa, Segurança, Defesa*

O Presidente da Comissão determina as orientações gerais para a Comissão, a organização interna desta, de modo a que seja coerente, eficaz e colegial, e nomeia os vice-presidentes da mesma, salvo o Ministro dos Negócios Estrangeiros (I-27.° 3). São vastas as competências do referido Ministro no âmbito da Comissão:

"Assegura a coerência da acção externa da União. Cabem--lhe, no âmbito da Comissão, as responsabilidades que incumbem a esta instituição no domínio das relações externas, bem como a coordenação dos demais aspectos da acção externa da União" (I-28.°, 4).

Parece, assim, que é competência se não reservada pelo menos fundamental e hegemónica do Ministro dos Negócios Estrangeiros toda a matéria das relações externas, que acaba por ser como que destacada das demais competências da Comissão, e até da própria alçada do Presidente da Comissão. O que é, evidentemente, à partida susceptível de provocar conflitos.

O Presidente da Comissão tem, contudo, uma ampla capacidade de actuação, apesar dessa sombra muito significativa do Ministro dos Negócios Estrangeiros, que, além das muitas e essenciais competências (I-28.°), acaba por chegar à Comissão já aurido de uma legitimidade redobrada, pela sua nomeação pelo Conselho e o seu lugar cativo de Vice-Presidente (I-28.°, 1). É complexo o que possa ocorrer se o Presidente da Comissão pedir ao Ministro dos Negócios Estrangeiros para se demitir. O último parágrafo do n. 3 do art. I-27.° prescreve que este o fará, mas acrescenta que tal será feito nos termos do n. 1 do art. I-28.°: querer-se-á apenas dizer que este pedido representa tão-só uma insubsistência do acordo (ou da confiança) do Presidente da Comissão, que é requisito da nomeação do Ministro em causa pelo Conselho? E que, realmente, a sua legitimidade se encontra sobretudo ancorada neste último? A questão é que o normativo para que a remissão é feita não parece indicar quaisquer "termos" em que a referida demissão possa ser apresentada, de modo particular ou específico.

O art. I-26.°, 7 parece indiciar uma supremacia do Ministro dos Negócios Estrangeiros face à Comissão, nas matérias da sua competência (pela remissão para I-28.°, 2), o que terá o risco de representar uma diminuição da componente europeia e federativa da política externa da UE, privilegiando ou uma política simplesmente ou primacialmente inter-governamental, ou, pior ainda, o que seria já uma perversão inconstitucional – tudo dependendo da pessoa em concreto, e da sua ligação ou independência face ao país de que seja originário ou de pressões ou ligações que o comprometessem – um desenvolvimento comunitário sob a hegemonia de algum ou alguns países.

Contudo, a acção do Ministro dos Negócios Estrangeiros não é, constitucionalmente, assim tão vasta, sobretudo na vertente da defesa e segurança, pois se encontra balizada por relativamente extensas disposições (na economia geral da CE) específicas (I-40.° a I-43.°), em que o principal protagonista é o Conselho Europeu. Tais normativos específicos apontam para uma política de integração no âmbito da defesa muito cautelosa e, para alguns, até minimalista, porquanto, designadamente, ela é normalmente definida por unani-

84   *Constituição Europeia – Introdução e Grandes Linhas*

midade no Conselho (I-40.°,6), e sobretudo não pode contrariar a especificidade das políticas de defesa nacionais, respeitando ainda os compromissos de alguns dos Estados-Membros com a NATO,

"que consideram que a sua defesa comum se realiza no quadro da Organização do Tratado do Atlântico Norte" (I-41.°, 2, segundo parágrafo).

2.6.4. *Fins e Poderes da Comissão Europeia* (I-26.°, 1-2)

O primeiro fim da Comissão é vastíssimo e muito geral: não se utiliza a expressão de sabor medievo "Bem comum", mas a ideia é de algum modo semelhante, embora numa formulação mais moderna, e algo utilitária: "promove o interesse geral da União" (n. 1). Presumindo-se que se fala da União-comunidade e não, obviamente, da União-aparelho. Para tanto, tem os poderes instrumentais que o permitam: "toma as iniciativas adequadas para esse efeito" (n.1). Trata-se de um oceano de possibilidades, bem próprio do lugar dinâmico, propulsor e tipicamente europeu da instituição.

Do mesmo modo, a Comissão é a guardião da Constituição e do Direito da União, o que terá obviamente de fazer de uma forma por assim dizer política, já que a defesa jurídica de ambos está sob a alçada do Tribunal de Justiça da União Europeia.

No mais, tem funções sobretudo executivas ou – arrisquemo-nos a dizê-lo, sem complexos – "governamentais", embora gerais e com limitações: desde logo, vastas limitações no plano da política externa e da segurança comum, e também da representação exterior *tout court*, que contudo residualmente mantém.

São significativas as funções recortadas pelos n. 1 e 2 do art. I-26.°: Execução de programas e gestão do orçamento; coordenação, execução e gestão, segundo as condições da CE; iniciativa da programação anual e plurianual da União visando acordos interinstitucionais (n.1); e proposta de actos legislativos, que lhe incumbe normalmente (salvo casos expressos em contrário na própria CE), e ainda a proposta de outros actos, em casos especificados na CE (n.2).

2.7. *O Tribunal de Justiça da União Europeia (I-29.°)*

2.7.1. *Estrutura e Composição*

O Tribunal de Justiça da União Europeia não é uma instituição singular ou monista; pelo contrário, é composto por vários tribunais: o Tribunal de Justiça (composto por um juiz por cada Estado-Membro; e assistido por Advogados-Gerais, que melhor se houvera traduzido por "Procuradores" ou algo afim), o Tribunal Geral (formado por, pelo menos, um Juiz por cada Estado-Membro) e tribunais especializados (I-29.°, 1 e 2, primeiro e segundo parágrafos).

A nomeação dos Juízes e Advogados-Gerais é feita de entre personalidades que dêem garantias de independência, e possuam capacidades que habilitem para o exercício das mais altas funções jurisdicionais (nos termos dos arts. III-355.° e III-356.°), por comum acordo dos Estados-Membros, tendo cada um mandatos de seis anos, com possibilidade de nova nomeação. E, ao que parece (*a silentio*), sem limite de mandatos.

2.7.2. *Fim, Poderes e Funções*

A teleologia do poder judicial está expressa de uma forma original e muito interessante, que pode prestar-se a várias interpretações, ou variantes interpretativas:

> "O Tribunal de Justiça da União Europeia garante o respeito do direito na interpretação e aplicação da Constituição" (I-29.°, 1).

Assim, o Tribunal de Justiça da União Europeia terá, antes de mais, como finalidade que a Constituição Europeia, na sua interpretação e aplicação, respeite o Direito. E, numa outra interpretação, mas que conduz a resultados semelhantes, é a garantia ou o garante, pela interpretação/aplicação da Constituição, do respeito pelo (ou do) direito. Por mais voltas que se dê ao texto, parece que o ponto central e o valor dos valores que defende é o Direito (que melhor teria sido grafado com maiúscula), instituindo-se como garantia pelo seu respeito. E muito bem andou o legislador constituinte ao não identificar direito com lei, nem sequer com a própria Constituição. Na interpretação e aplicação da Constituição requer a União, e garante o Tribunal, o respeito por um valor superior à Constituição em si (de que ela é um reflexo, uma positivação, mas parcial e datada, naturalmente): o Direito. Podemos mesmo interrogarmo--nos se este Direito não é mesmo mais que si próprio, e se não é a própria Justiça, aqui expressa por sinédoque...

Num plano mais concreto, os poderes e funções que são adstritos ao Tribunal para prosseguir o seu fim, são a decisão jurisdicional sobre (além de outros casos previstos pela CE):

a) Recursos interpostos por um Estado-Membro, por uma instituição, ou por pessoas singulares ou colectivas, havendo aqui, a nosso ver, de interpretar-se, no contexto, "instituição" como instituição da União;

b) A título prejudicial, a pedido dos órgãos jurisdicionais nacionais, sobre a interpretação do direito da União, ou sobre a validade dos actos adoptados pelas instituições (I-29.º, 3).

É potencialmente um volume enorme de trabalho, que exigirá a dotação de meios muito vultuosos, tendo nomeadamente em vista a babel linguística europeia, da qual, porém, não se poderia prescindir, em benefício de uma língua ou poucas línguas oficiais, sobretudo em matéria jurídica, dada a ligação íntima entre palavra e pensamento e conceito na *scientia ivridica*.

CAPÍTULO VI
Dimensão Funcional/Decisória da Constituição

1. Os Princípios da "Vida Democrática da União"

1.1. *Princípio da Igualdade dos Cidadãos (I-45.°). Importância fundante da Cidadania Europeia*

O título (VI) consagrado à "vida democrática da União" muito eloquente e positivamente logo se inicia por considerar os cidadãos como principais protagonistas e objecto da normação. Poderia ter-se falado no iní io da igualdade entre os Estados, ou da transparência das instituições da União. Mas não: com esta primazia dos cidadãos se vai ao cerne da legitimação e da vivência democráticas. E não havendo Povo europeu, mas vários povos, o elemento pessoal que releva é o dos cidadãos europeus, pertencendo a diversos povos, mas entre si iguais. É essa igualdade entre os cidadãos da União que desde logo se pretende sublinhar – em todas as actividades da União ela respeita o princípio da igualdade dos cidadãos europeus, e a mesma atenção é a todos e cada um prestada por parte de instituições, órgãos e organismos.

Evidentemente que essa igualdade entre cada um e todos os cidadãos europeus pode, numa certa interpretação, pôr em risco a igualdade entre os Estados. Designadamente quando se reivindique para tal igualdade de cidadania o princípio "um homem, um voto": obviamente em favor dos estados mais populosos. Pelo que a conciliação dos dois princípios obrigará, certamente, à mútua limitação.

1.2. Princípio da Democracia Representativa

A União funda-se, no seu funcionamento, no princípio da democracia representativa. Esta democracia representativa assenta, na estrutura e funcionamento da União, numa dupla base: por um lado, baseia-se directamente, na cidadania europeia, e por outro, repousa, indirectamente, na representação dos poderes dos Estados-Membros (eles próprios representando os respectivos cidadãos democraticamente).

Assim, os cidadãos estão directamente representados no Parlamento Europeu e indirectamente no Conselho Europeu pelos respectivos chefes de Estado ou de Governo, e no Conselho de Ministros pelos respectivos Governos (I-46.°, 2). Estas instâncias estaduais são, obviamente, responsáveis perante os respectivos cidadãos. O texto da CE refere que o são também perante os respectivos parlamentos (I-46.°, 2): mas é uma generalização excessiva, porquanto sobretudo as relações dos chefes de Estado com os parlamentos muitas vezes não relevam do princípio da responsabilidade, sobretudo quando assentem em legitimidades autónomas (dinásticas, na monarquia, ou eleitorais directas, especialmente quando o sistema não seja puramente parlamentarista).

Embora o articulado não o expresse, na verdade todas as instituições da União têm um cunho representativo, embora mais ou menos directo, conforme a sua natureza. O Tribunal de Justiça, que como todo o poder judicial tem sempre um certo cunho "aristocrático" e depende em boa medida da competência "técnica", é constituído por juízes repartidos pelos Estados-Membros; e o mesmo se diga do processo complexo de constituição da Comissão Europeia, em que múltiplas regras e requisitos de equilíbrio e aprovação concorrem para uma representatividade mais profunda, porque tendo em conta as diversíssimas variáveis, interesses e sensibilidades em jogo.

Mas a democracia representativa não se limita à representatividade das instituições. Ela implica, por um lado, o princípio da subsidiariedade, consagrado já em sede de competências (I-11.°), e desenvolvido no Protocolo anexo 2: por isso, as decisões da União

Grandes Linhas Constitucionais da Constituição Europeia   89

são tomadas da forma o mais próxima possível dos cidadãos (I-46.°, 3). Por outro lado, elas são participadas por esses mesmos cidadãos (o que releva também do princípio da democracia representativa), e tomadas de forma aberta, ou seja, transparente e com suficiente publicidade (I-46.°, 3).

A participação dos cidadãos desenvolve-se de múltiplas formas no mundo plural e atomizado de hoje. Contudo, há instâncias já tradicionalmente representativas de agregações de perspectivas e projectos (e de interesses) que contribuem para a formação e expressão da vontade política dos cidadãos: os partidos políticos (I-46.°, 4), que se europeízam em grande medida, agrupando os contributos nacionais por grandes famílias, de que se destacam, como se sabe, pela sua maior representatividade eleitoral, os Socialistas, Social-Democratas e Trabalhistas (Partido Socialista Europeu), os Conservadores, Democratas Cristãos e afins (Partido Popular Europeu) e os Liberais e afins.

1.3. *Princípio da Democracia Participativa (I-47.°)*

Como ficou já aflorado, alguns dos aspectos considerados numa democracia representativa dos nossos tempos são já de índole participativa. Hoje pode mesmo dizer-se que elas mutuamente se implicam, ultrapassadas que estão quer as perspectivas elitistas da representação, com os seus preconceitos ou apreensões quanto à capacidade de discernimento e liberdade das massas, quer a dissolução do poder em fórmulas basistas desarticuladas e mais ou menos anárquicas e multitudinárias.

A democracia participativa é acolhida no funcionamento da União na medida em que as suas instituições dão voz pública aos cidadãos e suas associações representativas (n.1), estabelecem com elas e com a sociedade civil um "diálogo aberto, transparente e regular" (n. 2), a Comissão procede a amplas consultas dos interessados para assegurar a coerência e transparência das suas actividades (n. 3), e é possível a petição, por um milhão de cidadãos europeus, provindos de um significativo número de Estados-Membros (cremos que não poderão ser apenas dois ou três), no sentido de que a Comissão apresente uma proposta de acto legislativo. Esta última questão será regulada por lei europeia (n. 4).

Contribuem ainda para a democracia participativa a promoção, pela União, do papel dos parceiros sociais, e a facilitação do diálogo entre eles, respeitando a sua autonomia (I-48.°), identicamente sucedendo com a promoção do diálogo com as igrejas e organizações filosóficas e não confessionais (assim também apartando estas últimas, e bem, das seitas, pelo menos na conotação negativa da expressão) (I-52.°). Relevante neste domínio é ainda a instituição do Provedor de Justiça Europeu, que recebe queixas a propósito de casos de má administração nas várias instâncias da União, e sobre elas emite relatórios (I-49.°). Refira-se ainda, neste âmbito, o estabelecimento, com injunções aos vários níveis, do princípio da abertura, designadamente pela realização de sessões públicas e acesso dos particulares à documentação (I-50.°), com o correlato da protecção dos dados pessoais (I-51.°).

2. Repartição das Competências entre a União e os Estados

2.1. *Princípios sobre as Competências da União Europeia*

O Funcionamento da União, porejado dos princípios de democraticidade representativa e participativa, transparência, diálogo, etc., concretiza-se num conjunto de decisões (*latissimo sensu*) que implicam partilha de poderes entre as várias instâncias envolvidas. Mas mesmo esta partilha de competências é balizada por princípios. Os quais são fulcrais para a cabal interpretação/aplicação das simples normas gerais e abstractas sobre distribuição de competências.

2.1.1. Princípio da Atribuição (I, 11.°, 1) e Cláusula de Flexibilidade (I, 18.°)

a) *Princípio da Atribuição, aspecto da Subsidiariedade*

O princípio da atribuição rege a delimitação das competências da União. Estabelece uma necessidade de prévia atribuição, pelos Estados-Membros, das competências que à União desejam comunicar, através da Constituição (que assim se revela como mero fruto deles, o que para alguns não será totalmente exacto, e para outros completamente desejável como processo constituinte). Encontrando-se estas competências explicitamente votadas ao atingir dos objectivos pela Constituição fixados, é de crer que, em função desses mesmos objectivos, possam acrescer competências não explícitas, mas necessárias à prossecução daqueles.

De qualquer forma, o princípio da atribuição estabelece uma taxatividade ou *numerus clausus* de competências da União, que são exclusivamente as atribuídas pela Constituição, embora a modulação "para alcançar os objectivos por esta fixados" (I, 11.°, 2) possa levar, como acabamos de dizer, a um seu acréscimo, tantos e tão complexos são os objectivos enunciados. Não deixa, porém, a CE de assinalar explicitamente que as competências que não forem atribuídas à União permanecem nos Estados-Membros. Na verdade, o texto poderia referir-se a uma transferência de poderes dos Estados para a União "explicitamente" ou "expressamente" acolhida na Constituição, e tudo ficaria mais claro. Mas pode bem ser que o não tenha querido dizer, e daí que talvez devamos alargar a malha interpretativa, não restringindo – segundo o clássico princípio *ubi lex non distinguit nec nos distinguere debemus*. Cuja aplicação, contudo, pode não ser líquida, atento o contexto.

b) *Cláusula de Flexibilidade e Reserva de Segurança*

Tais angústias podem, pelo menos em parte, dissolver-se (para alguns, sem dúvida, agravar-se: depende da confiança nas instituições e em quem as encarne) na medida em que existe uma cláusula

92 *Constituição Europeia – Introdução e Grandes Linhas*

(I-18.°), ao mesmo tempo de flexibilidade e de segurança, a qual se aplica a estas questões. Efectivamente, prevê-se que, no caso de não estarem previstos poderes que permitam uma acção da União visando, no quadro da Parte III da CE, atingir um dos objectivos constitucionais, a Comissão Europeia proporá ao Conselho, depois de aprovação no Parlamento Europeu, as medidas adequadas, que deverão ser aprovadas pelo Conselho (de Ministros), por unanimidade. Alertando a Comissão Europeia os Parlamentos nacionais para as mesmas propostas (nos termos do n. 3 do art. I.11.°), e não podendo tais disposições implicar harmonização legislativa ou regulamentar de Estados-Membros nos casos em que a CE exclua tal harmonização. São vastos e complexos requisitos para evitar que, sob o manto de poderes implícitos, instrumentais, e executórios, tudo acabe por caber na esfera dos actos da União, sem o devido procedimento normativo e o respeito pela balança dos poderes.

2.1.2. *Princípio da Subsidiariedade*

a) *Do Princípio da Subsidiariedade em geral e seus problemas de aplicação*

O princípio da subsidiariedade significa, fundamentalmente, desde os seus primórdios, que o poder e a competência devem estar o mais próximo possível dos problemas e dos directamente interessados neles, e que os estratos mais elevados, e mais longínquos devem tratar de questões sobretudo gerais, devendo deixar para instâncias de poder mais próximas dos cidadãos (das pessoas, em geral) tudo aquilo que, por essa proximidade, melhor possam resolver. Assim, os poderes nacionais, e muito mais ainda os europeus, em muitas matérias deverão ceder aos poderes locais, a vários níveis – sendo o regional e o nacional também, nesta acepção, "locais".

Contudo, o princípio, como todos, deverá ser aplicado com um sentido inteligente e prático: porquanto pode parecer à primeira vista que uma matéria melhor se resolve a um nível local, e, por razões da sua complexidade, necessidade de alta preparação técnica, ou até mesmo pelo jogo da política de campanário, provincianismo e caciquismo, melhor acabaria por se remeter a matéria para um nível em que a igualdade e a competência melhor fossem garantidas. Os exemplos esclarecedores poderiam repetir-se, logo na subsidiariedade ao nível interno dos estados-membros.

Há um vai-vém nesta problemática. De um lado, a burocracia, o centralismo, o desconhecimento dos problemas de certos poderes mais altos; de outro lado, o compadrio, o nepotismo, a visão estreita, e a falta de competência de certos poderes mais locais.

Aliás a questão complica-se mais ainda se pensarmos que os actores em presença não são apenas a União e os Estados-Membros, mas também as autarquias e as regiões destes Estados-Membros, que, porém, se encontram numa situação de muito pequena intervenção em sede constitucional europeia, sendo quase sempre apenas representadas pelos respectivos Estados.

b) *O Princípio da Subsidiariedade na Constituição Europeia*

A aplicação do princípio da subsidiariedade, ao contrário do que pode parecer inferir-se da redacção do n. 3 do art. I-11.º, não pode limitar-se (seria a negação do próprio princípio) às matérias que extravasem do âmbito da competência exclusiva da União. A própria Constituição deve interpretar-se como resultado da aplicação dos próprios princípios que consagra, e sendo assim, terá sido de acordo com o princípio da subsidiariedade que terá sido estabelecida a repartição de competências. Do mesmo modo que, na interpretação de eventuais conflitos de competências, se deverá fazer uma leitura das mesmas à luz do princípio, não como paradigma teórico, mas como operador e vector prático.

O texto da CE é claro em relação aos restantes aspectos. Mas citemo-lo todo, para mais evidentemente poder avaliar-se do possível mal-entendido:

> "Em virtude do princípio da subsidiariedade, nos domínios que não sejam da sua competência exclusiva [é aqui que reside o busílis], a União intervém apenas se e na medida em que os

objectivos da acção considerada não possam ser suficientemente alcançados pelos Estados-Membros, tanto ao nível central como ao nível regional e local, podendo contudo, devido às dimensões ou aos efeitos da acção considerada, ser melhor alcançados ao nível da União" (I. 11.°, 3, primeiro parágrafo).

Contudo, este princípio não pode deixar de ser comparado com o regime concreto da partilha de competências, que com ele pode ser, pelo menos em parte, considerado contraditório, pelo que, entendendo-se que o legislador desejou a consagração de ambos, e atenta a caracterização da subsidiariedade como princípio (portanto de valor certamente mais abrangente e superior, ao menos como instrumento de interpretação) haverá que, na prática, caminhar para uma concordância ou composição...

Na verdade, como veremos já de seguida, a última parte do n. 2 do art. I-12.° pode inculcar a ideia de que a competência dos Estados é que é subsidiária... O que seria uma subversão do princípio – a menos que esteja a ser dada por assente a falência dos Estados para melhor resolverem as questões que lhes são mais próximas. Explicação que provavelmente hoje, dadas as dificuldades e desilusões com vários governos europeus, não poucos decerto subscreveriam, aliás, mas que não nos parece entrar em linha de conta na *ratio legis* do articulado. E restaria, nesta lógica, saber se o poder europeu "central" seria mais competente ou mais justo... tudo certamente incógnitas ainda, ao menos por falta de experiências, de dados.

Porém, o aparente rigorismo sobre a competência exclusiva da União desvanece-se, transformando-a realmente numa competência sobretudo prevalecente, ou normal, porquanto é possível aos Estados-Membros, nos termos da Constituição, adoptar actos juridicamente vinculativos nos domínios da competência exclusiva da União, desde que para tanto por ela habilitados, ou a fim de dar execução aos seus actos: tal é a expressa lição do art. I-12.°, 1, *in fine*. Contudo, pelas mesmas razões de coerência com a abrangência do princípio da subsidiariedade, um requisito material se deve juntar aos referidos requisitos formais (e este está pressuposto, sem

Grandes Linhas Constitucionais da Constituição Europeia   95

dúvida, pela CE): o de que tal habilitação ou tal situação de execução de actos da União sejam feitas no respeito pelo princípio.
Devem, pois, proceder razões de aplicação do princípio para a excepção à regra no domínio das competências exclusivas da União.

O Protocolo 2, anexo à CE, é muito exigente quanto à aplicação do princípio da subsidiariedade. Ressaltaremos apenas alguns
aspectos mais salientes. No Preâmbulo, as Altas Partes Contratantes
reiteram, com clareza, desejar "assegurar que as decisões sejam
tomadas tão próximo quanto possível dos cidadãos da União", e o
art. 1.º comete a cada instituição o assegurar continuamente o respeito por tal princípio (bem como o da proporcionalidade). Todo o
processo legislativo envolve amplas consultas, e as várias instituições acabam por "ouvir" outras entidades a propósito da subsidiariedade. O mais significativo parece ser por um lado a fundamentação dos actos legislativos europeus quanto à subsidiariedade (e à
proporcionalidade) (art. 5.º) e a possibilidade de os parlamentos
nacionais (ou qualquer das suas câmaras), no prazo de seis meses
a contar da data de envio de um projecto de acto legislativo, se poderem pronunciar no sentido da violação dos princípios referidos (art.
6.º), podendo haver lugar a uma votação com a participação dos Parlamentos nacionais (dois votos por parlamento, ou um por câmara)
(art. 7.º). Além de competir ao Tribunal de Justiça da União o controlo da constitucionalidade, por violação dos princípios referidos
(art.8.º).

É um sistema complexo, certamente moroso e eventualmente
árduo, mas inegavelmente engenhoso e que procura dar efectivas
garantias da aplicação de um princípio fundante.

2.1.3. *Princípio da Proporcionalidade*

O princípio da proporcionalidade consiste na procura perma-
nente da medida exacta da intervenção da União, estritamente sujeita, no conteúdo e na forma, ao realmente necessário para alcançar
os objectivos da Constituição. Não podendo exceder essa medida.

O princípio da proporcionalidade representa, na verdade, uma das possíveis especificações do princípio da subsidiariedade. Estaria, em bom rigor, nele contido. Mas, como sabemos, a tendência actual da técnica legislativa, mesmo constitucional, vai no sentido de alguma redundância, substituindo o explícito ao implícito, a enumeração à lógica e à cláusula geral, no fundo, afinal, a lei à doutrina que a enquadra, explica, interpreta.

Mas a homologia de sentido e de situações entre este princípio e o anterior leva a que, com razão, tenham sido tratados em conjunto no Protocolo 2.

2.2. *Competências*

2.2.1. *Enumeração e Filosofia Implícita das Competências*

As competências são, no texto da CE, classificadas (I-12.°) como partilhadas (entre a União e os Estados-Membros) ou exclusivas da União. Aparentemente não há designação para as competências que remanesçam para os Estados. Elas são, *prima facie*, residuais. Parece que pouco fica de próprio a cada Estado-Membro, sobretudo se virmos as enormes listas das competências partilhadas e exclusivas da União. Contudo, não será assim totalmente, por exemplo em matéria de defesa, segurança, e nalgumas questões mais. Embora a União tenha competência para uma política externa e de segurança comum, e mesmo para a definição gradual de uma política de defesa (I, 12.°, 4; I-16.°), e os estados a devam apoiar e se devam abster de acções prejudiciais a tais políticas (I-16.°, 2), havendo nomeadamente solidariedade dos Estados-Membros contra ataques terroristas (I-43.°) ou agressões armadas de tipo clássico (I-41.°, 7) a qualquer um deles, vimos já que prevalecem as maiores cautelas nestes domínios (I-40.° a I-43.°).

E a situação de ausência de explícita enumeração das competências dos Estados-Membros não deve chocar. Trata-se de ver o problema por outra perspectiva: se encararmos a União apenas

Grandes Linhas Constitucionais da Constituição Europeia 97

como um mercado em que os egoísmos vão negociar, e em que funciona apenas o utilitarismo interesseiro do *do ut des*, que é o princípio da ideia soberanista, então é muito preocupante que não haja um reduto nacional de competências absolutamente claro.

Mas precisamente o paradigma mudou. Os Estados-Membros consideram (isso se deduz com evidência do próprio Preâmbulo da Constituição), que melhor prosseguem os seus próprios interesses pondo em comum, forjando o seu "destino comum" por "laços cada vez mais estreitos". Por isso, não é necessário estabelecer *a priori* um núcleo duro daquilo a que mal se chamaria "soberania residual" (que é uma contradição nos próprios termos). Os Estados reservam para si aquilo que, concreta ou abstractamente, não transmitiram para a União. Isto significa, em grande medida, que ela é um grande projecto de todos eles, que obriga a um grande empenhamento, e que a barreira psicológica da dicotomia do poder entre "nós" e "eles" se tem de esbater. Doravante, não se poderia pensar na presunção da bondade nacional contra a presunção da maldade (invasora) extra-nacional, seja dos vizinhos, seja da União. Se os Estados, pequenos e grandes, assim raciocinarem, movidos pelo particularismo nacionalista, então uma Constituição como esta, que aprofunda os referidos laços, subvertendo-se no seu espírito, semearia conflitos, e o futuro da Europa seria o preciso contrário do que deseja construir. A questão está sempre em saber (retomando o nosso clássico Amador Arrais) se há bons homens que sejam, para as boas leis, leis vivas... Sendo certo que, nos nossos dias complexos, nem com excelentes homens poderíamos prescindir de boas leis... Essa uma das grandes novidades dos tempos hodiernos, e aliás uma das grandes justificações da própria existência de uma Constituição codificada como esta.

Em todo o caso, com um certo pragmatismo que perpassa pelo audacioso texto, a CE não deixa de tranquilizar os mais conservadores em matéria de teoria do Estado e da Constituição, explicitamente declarando, além, do seu respeito pela igualdade dos Estados (perante a Constituição apenas: as outras poderiam ser mesmo quiméricas – e tal coisa prejudica a credibilidade e força normativa da

Constituição), da respectiva identidade nacional, reflectida nas estruturas políticas e constitucionais fundamentais de cada um, incluindo as autonomias, a sua adesão a (pelo menos) uma concepção mínima de Estado e das suas funções, ditas essenciais (portanto admitindo outras, mais subsidiárias): "nomeadamente as que se destinam a garantir a integridade territorial, a manter a ordem pública e a salvaguardar a segurança nacional" (I-5.°, 1). Já o víramos.

2.2.2. Dialéctica do proprium e do commune

Se, como dissemos, a competência exclusiva da União pode ceder, mercê de razões de subsidiariedade, também, em contrapartida, as competências partilhadas não colocam os sujeitos em presença numa posição totalmente idêntica. Ou antes, acabam por assim os colocarem, mas de forma não muito evidente. O que se passa é que, se pertence aos Estados-Membros tudo o que não transferiram constitucionalmente para a União, também, mesmo o domínio das competências partilhadas se não deixa completamente sem protagonista (ou sujeito principal). Aí acaba por ser a União a prevalecer, desde que, como é de esperar, seja activa e empreendedora, na medida em que "Os Estados-Membros exercem a sua competência [partilhada] na medida em que a União não tenha exercido a sua ou tenha deixado de a exercer" (I-12.°, 2, *in fine*). Parece verificar-se uma como que *elasticidade* do direito de exercer competências (como no homónimo princípio dos Direitos Reais).

Mas, na prática, o que significa este preceito? Afigura-se-nos que sobretudo se refere não à primeira adopção de actos jurídicos num determinado domínio (porque tal, a verificar-se, implicaria uma subordinação total dos Estados-Membros à União, que não está em causa), mas ao respeito por parte dos Estados pelo espaço jurídico previamente preenchido ou ocupado pela União Europeia. É fundamentalmente este o sentido que vemos no preceito. Mas será um dever recíproco, ainda que em termos hábeis? Se num domínio de competência partilhada, um Estado-Membro por exemplo legisla, em que medida não será uma violação desta "repartição de poderes" se a União vier a legislar? A questão, aí, é muito menos líquida, porque os Estados-Membros possuem em muitos casos já um acervo normativo significativo nessas matérias, e ainda que lacunoso, poderia sempre vedar-se a acção da União nessas questões invocando a suficiência, ainda que minimalista, do ordenamento jurídico estadual. Contudo, terá que encontrar-se um equilíbrio e um sentido útil para esta "partilha". A jurisprudência virá a decidi-lo, em última instância.

2.2.3. *Enunciação das Competências*

a) *Competências Exclusivas da União Europeia (I-13.°):*

São competências exclusivas da União: União aduaneira; regulamentação da concorrência sobre o funcionamento do mercado interno; política monetária para os Estados-Membros que adoptaram o euro; conservação dos recursos biológicos do mar, no âmbito da política comum das pescas; política comercial comum (n.1); celebração de acordos internacionais quando prevista num acto legislativo da União, quando necessária ao exercício da sua competência interna, ou se for susceptível de afectar regras comuns ou de alterar o alcance das mesmas.

b) *Competências de Apoio, Coordenação ou Complemento exercidas pela União Europeia (I-17.°)*

Não se trata, nestas competências, de um poder decisório, de um verdadeiro *imperium*, mas de algo como que de um *auxilium* reforçado aos Estados-Membros.

Os domínios em que a União Europeia pode desenvolver acções de apoio, coordenação ou complemento das acções dos Estados-Membros, e no estrito nível da sua finalidade europeia (presumindo-se, *a contrario*, que as demais são exclusivas dos Estados-Membros) são: protecção e melhoria da saúde humana; indústria; cultura; turismo; educação, juventude, desporto e formação profissional; protecção civil; cooperação administrativa.

c) Coordenação e Orientação de Políticas dos Estados-Membros na União (I, 15.°)

A União não é apenas espaço de distribuição de competências entre si e os Estados-Membros, mas também de cooperação, coordenação e orientação de políticas. Assim, a coordenação da política económica segue as orientações gerais do Conselho de Ministros (n.1), e a União define directrizes sobre a política de emprego (n.2), podendo também tomar iniciativas para "garantir a coordenação das políticas sociais dos Estados--Membros" (n. 3). Esta zona chamada de coordenação de políticas, sobretudo económico-sociais, está sujeita assim a uma intervenção activa da União, e, em alguns casos, a uma sua força vinculante (como no caso das orientações determinadas em Conselho de Ministros). Trata-se, pois, de uma coordenação que não é, como é óbvio, simplesmente *inter partes* e *inter pares*, mas com o enquadramento e o impulso da União e das suas instituições.

d) *Competências partilhadas entre a União e os Estados-Membros (I-14.°)*

Estas competências partilhadas são apresentadas na perspectiva dos poderes da União. Para esta, efectivamente, surgem quando tenha uma competência que se não inclua nas exclusivas ou nas de apoio, coordenação, etc. De alguma maneira, as competências implicadas pela coordenação de políticas não aparecem aqui expressamente. Acautelando a possibilidade de haver outros, o n. 2 do art. I-14.° considera-as aplicadas a um conjunto de domínios que não pretende esgotar o leque, pois são apenas os "principais": mercado interno; política social, quanto aos aspectos da Parte III; coesão económica, social e territorial; agricultura e pescas, com excepção da conservação dos recursos biológicos do mar (que é matéria de competência exclusiva da União); ambiente; defesa dos consumidores; transportes; redes transeuropeias; energia; espaço de liberdade,

Grandes Linhas Constitucionais da Constituição Europeia 101

segurança e justiça; problemas comuns de segurança em matéria de saúde pública, no tocante aos aspectos referidos na parte III (n. 2, a) a k)).

Em ainda dois grupos de questões pode a União desenvolver acções, mas sem prejuízo de uma competência por assim dizer "concorrente" dos Estados-Membros: investigação, desenvolvimento tecnológico e do espaço; e cooperação para o desenvolvimento e ajuda humanitária (n.os 3 e 4).

CAPÍTULO VII
Dimensão política

Toda a Constituição é Constituição Política, a menos que consideremos que as partes não materialmente constitucionais da Constituição, mais pormenorizadas e mais regulamentadoras, sem rasgo dos grandes valores, sem a dimensão dos princípios e a fundamentalidade das instituições-pessoa mais essenciais, são uma "constituição administrativa". Na verdade são direito administrativo da União, aqui reunido por uma razão histórica (o mandato da Convenção) e por um motivo sistemático, prático e utilitário. Constituem, a nosso ver, parte da constituição formal, mas limitam-se a isso.

Cremos dever considerar-se cerne, núcleo essencial, constituição material, sobretudo a Parte I e a II: ou seja, a determinação dos grandes valores, princípios, instituições, regras procedimentais básicas, e direitos fundamentais. Essa é, assim, num primeiro sentido, a vera "Constituição Política".

Noutro sentido, teremos que reconhecer que tudo na Constituição é, de um modo ou de outro, político. Mas isso retiraria especificidade à noção de "dimensão política".

Mas há ainda, num outro entendimento, uma dimensão política mais particular da Constituição. Prende-se ela com as políticas fundamentais da União, com assento constitucional.

Essas políticas desenvolvem os objectivos da União, nos quais, como vimos já, se encontram significativas aportações de princípio no plano económico. Assim, o artigo I-3-.°, 3, é muito esclarecedor de um projecto que o grande obreiro da nossa adesão europeia, Doutor Mário Soares, teria ocasião de sintetizar, aquando da sua participação na campanha pelo "Sim" em França: a Constituição, no plano económico-social é, na verdade, um compromisso entre socialismo e liberalismo. Esperamos que seja um compromisso que na prática aproxime o socialismo democrático, já de si um socialismo algo "liberal" *hoc sensu*, com o liberalismo moderno e clássico, ou seja, democrático e social. Nessas águas de síntese parece navegar a CE:

"3. A União empenha-se no desenvolvimento sustentável da Europa, assente num crescimento económico equilibrado e na estabilidade dos preços, numa economia social de mercado altamente competitiva que tenha como meta o pleno emprego e o progresso social, e num elevado nível de protecção e de melhoramento da qualidade do ambiente. A União fomenta o progresso científico e tecnológico.

A União combate a exclusão social e as discriminações e promove a justiça e a protecção sociais, a igualdade entre homens e mulheres, a solidariedade entre as gerações e a protecção dos direitos das crianças.

A União promove a coesão económica, social e territorial, e a solidariedade entre os Estados-Membros." (I-3.°, 3).

Julgamos que esta transcrição comprova até que a balança pende mais para um socialismo democrático e liberal do que para qualquer neo-liberalismo anarco-capitalista, apesar da "alta competição" ser claramente um sintoma de uma cedência a essa lógica de lucro e obsessão do sucesso, e a tudo o que lhe anda normalmente associado no plano espiritual, mental, cultural, social, etc. – ou seja, a confusão de valores, e até o culto da incultura suficiente e agressiva.

CAPÍTULO VIII
Constituição económica

A Constituição económica da Constituição Europeia, ou na Constituição Europeia, tem sido um dos maiores pomos de discórdia e de conflito de interpretações, e deve constituir para o homem da rua um verdadeiro mistério. Já fomos aflorando antes a questão.

Misteriosa matéria. Porquanto uns criticam a Constituição por ser excessivamente liberal, mesmo neo-liberal, e lhe pressagiam vir a acabar com o Estado social (comunistas, esquerdistas, alguns socialistas ditos "mais à esquerda", etc.), e já outros a consideram uma barreira contra os excessos neo-liberais, como a directiva Bolkestein, mas num equilíbrio do social com a iniciativa privada (socialistas democráticos moderados), e outros ainda entendem que por via dela se cria um Estado socialista, burocrático e centralizador, não só institucionalmente, mas também social e economicamente (algumas correntes situáveis, na classificação ideológica tradicional, entre a direita e a extrema-direita).

Alguém tem de estar necessariamente errado.

Não sendo este estudo apropriado, quer pelo seu objecto, quer pela sua extensão e aprofundamento, a que se entre em grandes congeminações económicas, sociais e financeiras, afigura-se-nos contudo que é importante, do ponto de vista político e constitucional, identificar o cerne do projecto da Constituição Económica europeia.

Apesar de a verdade nem sempre (e é provável que até raramente) se encontrar toda do mesmo lado, sobretudo quando os lados são muito opostos e extremos, não se errará muito se se disser que há alguns traços-chave deste projecto.

Por um lado, eles são os balizados já pelo artigo definidor dos Objectivos da União Europeia. Já vimos que ele pode ser lido e treslido, mas que deve ser lido na sua integralidade, com os freios e contrapesos que aí se incluem.

Acresce ainda que o primeiro artigo da III Parte da CE especificamente sobre matéria económica, o artigo III-178.°, é muito eloquente, e em especial quanto à vigência na União Europeia de um princípio da economia de mercado: não de uma economia de mercado qualquer, muito menos de uma "teologia de mercado", mas de uma economia de mercado social, que acarinha as liberdades económicas e favorece a redistribuição da riqueza. Afirma, nomeadamente, na sua parte final, o referido normativo:

"Os Estados-Membros e a União actuam de acordo com o princípio de uma economia de mercado aberta e de livre concorrência, favorecendo uma repartição eficaz dos recursos, e em conformidade com os princípios enunciados no artigo III-177.°."

E é explicitamente considerada uma política social europeia (um dos mais evidentes correlatos da política económica), em termos também muito esclarecedores, que devem fazer desvanecer-se os reducionismos. Citemos o artigo III-209.°:

"A União e os Estados-Membros, tendo presentes os direitos sociais fundamentais, tal como os enunciam a Carta Social Europeia, assinada em Turim, em 18 de Outubro de 1961, e a Carta Comunitária dos Direitos Sociais Fundamentais dos Trabalhadores, de 1989, têm por objectivos a promoção do emprego, a melhoria das condições de vida e de trabalho, de modo a permitir a sua harmonização, assegurando simultaneamente essa melhoria, uma protecção social adequada, o diálogo entre parceiros sociais, o desenvolvimento dos recursos humanos, tendo em vista um nível de emprego elevado e duradouro, e a luta contra as exclusões".

CAPÍTULO IX
Dimensão jurídica (máx. I-33.° a I-39-.°)

1. Princípio Fundante de Garantia do Direito

O mais importante princípio sobre a dimensão jurídica da CE encontra-se na definição dos fins do Tribunal de Justiça da União Europeia, como vimos. Ao assinalar o "direito" (e realmente com propriedade, pois se trata de decidir concretos litígios, encontrando, pois, a *ipsa res justa*, o devido, ou *jus* – o direito) como o objecto da interpretação/aplicação da Constituição, e instituindo o Tribunal como seu garante.

Entretanto, a União opera no plano não apenas patológico (como o Tribunal), mas primacialmente fisiológico. E fá-lo através de actos jurídicos. O Direito é o meio normal de actuação de uma comunidade de Direito, que respeita, aliás, o princípio (também elevado a valor) do Estado de Direito.

A dimensão jurídica da Constituição subordina-se naturalmente ao princípio do Estado de Direito. O que implica que é uma normatividade porejada do ideal ou do valor da Justiça, e não uma mera mecânica decisionista.

A CE colocou em boa ordem a confusão, sobretudo terminológica, que até então reinava, sobre os actos normativos. Assim, passa a haver muito mais clara correspondência entre os nomes e as coisas designadas.

2. Relações entre o Direito da União e o Direito dos Estados- -Membros

Uma questão nada simples e sempre muito controvertida, é – como aflorámos já *supra* – a das relações entre os vários níveis jurídicos da União e os dos Estados-Membros. Infelizmente, a Constituição, tão generosa no tratamento de tantas matérias de duvidosa dignidade constitucional material, foi lapidar e parca em palavras a este respeito. Possuímos, na verdade, sobretudo três disposições para a interpretação do delicado e complexo problema de saber que direito vale, e que direito vale mais, nas diferentes situações.

Aparentemente, lendo o art. I-6.°, nem haveria margem para dúvidas:

"A Constituição e o direito adoptado pelas instituições da União, no exercício das competências que lhe são atribuídas, primam sobre o direito dos Estados-membros".

É a consagração explicita e simbólica do já antigo principio do primado, que opunha classicamente comunitaristas a alguns constitucionalistas nacionais. Se a sua aceitação tácita, surda, acabou por se lograr em teoria e como que por habituação (sobretudo porque os casos de sua aplicação não pareciam a muitos juristas nacionais nada próximos), esta firmeza de traços passou a chocar e a incomodar. A fazer estremecer, mesmo.

O problema não é de simples provincianismo: é um problema real, que se prende com a natureza ao mesmo tempo universal, civilizacional mas também estatal, nacional e local do direito. No direito, como muito bem reconheceu e proclamou esta mesma Constituição, sobretudo nos seus reflexos constitucionais fundamentais, se vê a idiossincrasia de um povo, de uma nação, de um Estado. Recordemos, pois, o já aludido art. I, 5.°, n. 1, que é o segundo pólo da nossa navegação sobre esta temática.

Não vemos outra forma de interpretar o art. I-6.° senão à luz do que o precede. E não por mera ordem de razões de lógica formal, ou de sequência sistemática. Mas por motivos de razoabilidade, e de

Grandes Linhas Constitucionais da Constituição Europeia 109

conhecimento da *natura rerum*. Ora a natureza do direito não é, pelo menos por agora, completamente cosmopolita. Necessita de uma reserva local, que espelhe idiossincrasias culturais próprias, que se analisam, aliás, em verdadeiros direitos fundamentais.

Assim, sem dúvida que o direito cuja fonte sejam as instituições da União prima sobre o nacional. Esse é o princípio; mas, desde logo no respeito pelos seus próprios princípios, ou seja, jamais se sobrepondo a direito nacional contra os princípios do direito da União: como seria o caso de qualquer violação da Carta dos Direitos por via de direito da União... E depois, qual o sentido da expressão "no exercício das competências que lhe são atribuídas"? Não pode ser uma expressão supérflua em tão ático preceito. Cremos que precisamente significa um princípio de razoabilidade na aplicação do princípio do primado, precisamente indicando uma remissão para um esquema de comunicação entre os sistemas da União e dos Estados-Membros capaz de assegurar o equilíbrio.

Hoje em dia, o sistema ainda teoricamente prevalente (e parece sábio que a Constituição nada tenha dito a tal propósito, explicitamente, dada a possibilidade de mudança de paradigma) é o da hierarquia normativa, da pirâmide normativa kelseniana. No fundo, a quintessência lógica do paradigma positivista[18]. Ora, nesse sentido, sendo a atribuição de competências à união feita de forma hierarquizada e piramidal também, tudo parece indicar (para mais com a nova organização dos actos jurídicos europeus na CE) que o primado se verifica dentro do mesmo patamar hierárquico de juridicidade – a já referida forma de primado horizontal ou vertical segundo a hierarquia das fontes. Ou seja, a Constituição europeia material (porque ela tem parte formal, sobretudo nas Partes III e IV) sobrepõe-se a todos os actos jurídicos dos Estados-Membros, incluindo as Constituições nacionais, no respeito pela integralidade dos princípios dessa mesma CE. Mas já não se poderá dizer que um acto jurí-

---

[18] Sobre este paradigma, e a procura de paradigmas alternativos, precisamente a propósito de matéria europeia, ARNAUD, André-Jean – *Pour une pensée jurique européenne*, Paris, PUF, 1991, p. 214 ss.

dico avulso de um qualquer funcionário anónimo de Bruxelas possa sobrepor-se às Constituições, ou mesmo às leis e regulamentos nacionais.

Vimos já anteriormente, em rápido sumário dos problemas, que poderia ainda pôr-se a questão de uma reserva de constituição nacional. Como cautela para os Estados-Membros, como reduto simbólico do mito da soberania, seria prudente defendê-la. Se teria grande efeito prático, duvidamos muito, desde que o primado constitucional europeu respeite rigorosamente os requisitos de uma aplicação holística da CE, a qual garante, sem dúvida, pelo menos nos seus princípios, tudo o que de mais importante e sagrado qualquer Estado-Membro gostaria de acautelar. Em grande medida, a reserva nacional de constituição está acautelada pelo próprio primado, e seria supérflua. Mas será muito perigoso afirmá-lo, porque se está a pôr em causa mitos. E com mitos tem de lidar-se com a maior das precauções.

De qualquer modo, a própria CE admite implicitamente uma reserva de constituição dos Estados-Membros, e por isso também é que nela figura uma disposição que, em princípio, se poderia considerar supérflua, à luz dos princípios gerais e da natureza das coisas: a da possibilidade de saída de um Estado da União (I-60.°).

Esta simples disposição significa que, na realidade, a alienação da soberania política (a que reste...), mesmo num grau muito elevado, é um acto voluntário e susceptível de arrependimento... Contudo, obviamente que seria no plano político psicológico muito traumática sempre, para todas as partes envolvidas, a ocorrência de tais situações. O que importa é a confirmação, pela CE, com este artigo, de que os Estados-Membros se não diluíram, mas como que obnubilaram. E, do mesmo modo, as Constituições nacionais como que também vivem através da Constituição Europeia. Antes deste processo de codificação, era normal dizer-se que a Constituição Europeia natural também era composta, entre outras fontes, por partes de constituições nacionais. E é óbvio que a CE é delas tributária. Portanto, ao afirmar-se o primado da CE sobre as Constituições nacionais, e do restante direito europeu sobre o demais direito dos

Estados-Membros, antes de mais se espera estar a declarar a super-vivência europeia do melhor direito dos Estados membros. Seria catastrófico que mau e inadequado direito europeu prevalecesse sobre bom e adequado direito nacional. Ora não nos esqueçamos, a este propósito, do princípio da subsidiariedade, que é um outro conjunto de disposições a ter em conta na aplicação do princípio do primado (além do da proporcionalidade, que em boa verdade é uma sua faceta).

Em síntese, pois: o primado do direito europeu (I-6.°) tem de harmonizar-se com o princípio da identidade nacional dos Estados--membros, explicitamente reflectido nas estruturas políticas e cons-titucionais fundamentais respectivas (I-5.°, 1) e com o princípio da subsidiariedade (I-11.°), que inclui também o da proporcionalidade (*ibidem*).

3. Actos Jurídicos

3.1. *Vantagens da nova sistematização e denominações*

Uma aportação muito positiva da CE é, como dissemos, a cla-rificação e sistematização dos actos jurídicos da União, e a utiliza-ção de uma linguagem mais próxima da técnica e tradição jurídicas aceites, que também contribui mais para a sua comparação (essen-cial para a aplicação cabal do princípio do primado) com os direitos dos Estados-Membros, pelo menos de muitos deles.

3.2. *Enunciação e Classificações dos actos jurídicos europeus*

São actos jurídicos, ou, como menos tecnicamente diz o n. 1 do art. I-33.°, "instrumentos" jurídicos votados ao exercício das competências da União, os seguintes: lei europeia, lei-quadro eu-ropeia, regulamento europeu, decisão europeia, recomendação, e parecer.

Constituição Europeia – Introdução e Grandes Linhas

Não vemos por que razão estes dois últimos tipos de actos devam figurar na Constituição no plural, e os primeiros no singular. O singular tem toda a razão de ser, desde logo sistemática.

Podemos, seguindo as determinações constitucionais, dividir facilmente os actos jurídicos da União em dois grupos de categorias.

No primeiro grupo, consideram-se os actos quanto à sua natureza jurídica essencial ou intrínseca, podendo ser: legislativos, compreendendo a lei europeia e a lei-quadro europeia, e não legislativos (na verdade administrativos), em que se contam o regulamento europeu, a decisão europeia, e a recomendação e o parecer.

No segundo grupo, analisam-se os actos conforme o seu carácter vinculativo: nesta perspectiva, de um lado, estão todos os actos com alguma forma de vinculatividade, desde a lei, a lei-quadro, o regulamento e a decisão, e do outro lado figuram a recomendação e o parecer.

3.3. *Definições dos actos jurídicos europeus (I-33.°)*

3.3.1. *Lei Europeia*

Tal como a lei ao nível nacional, a lei europeia é um acto legislativo, naturalmente possuindo um carácter geral (e pressupõe-se que abstracto), coercitivo e imperativo ("obrigatória em todos os seus elementos", diz o 2.° parágrafo do n. 1 do art. I-33.°) e directamente aplicável em todos os Estados-Membros.

3.3.2. *Lei-Quadro*

A Lei-quadro europeia é, tal como a Lei europeia, um acto legislativo, e por isso se reveste das características gerais de tais actos (apesar de tal não ser expressamente referido no parágrafo terceiro do art. I-33.° que de tais actos cura: mas tal não é necessário, bastando a invocação da qualidade legislativa do acto). Impõe a Lei-

Grandes Linhas Constitucionais da Constituição Europeia 113

-Quadro europeia a um Estado-Membro destinatário uma obrigação de resultados, mas não uma obrigação de meios, deixando assim às instâncias nacionais a eleição das formas de alcançar o resultado pretendido.

3.3.3. *Regulamento Europeu*

O Regulamento Europeu é considerado um acto não legislativo (também normalmente tido nas doutrinas nacionais como acto de índole administrativa, manifestação da função administrativa, embora com carácter normativo e não meramente decisório pontual) mas com carácter geral, visando dar execução aos actos legislativos originários e constitucionais.

Pode comungar, quanto aos destinatários e às obrigações impostas, ora das características da lei europeia, ora das da lei-quadro europeia. Ou seja: tanto pode vincular todos os Estados-Membros e ser neles directamente aplicável, como pode apenas vincular algum deles ou alguns, deixando-lhe(s) ainda a competência para determinar os meios que tendam para o fim que o regulamento visa alcançar. Apenas no caso de vinculação individual de um Estado-Membro é que pode perigar a simetria de situações com a generalidade dos regulamentos a que nos habituámos ao nível nacional, aproximando-se do acto administrativo, ou "decisão", no plano europeu.

3.3.4. *Decisão Europeia*

Eventualmente inspirada nas denotações laterais da designação do clássico acto administrativo na Áustria (*Bescheid*) e não no *Verwaltungsakt* (expressão para a mesma realidade na Alemanha), a decisão europeia em tudo se assemelha, em geral, *mutatis mutandis*, aos actos administrativos nacionais. É definida constitucionalmente como um acto não legislativo obrigatório em todos os seus elementos. Quando designa destinatários, só é obrigatório para estes.

3.3.5. Recomendação e Parecer

Recomendação e parecer são actos não definidos pela CE, entendendo-se que a pré-compreensão do sentido de tais expressões basta para os reconhecer. Assinala-se-lhes apenas o seu carácter não vinculativo, como vimos. Estes actos são importantes, e obrigatoriamente citados na fundamentação, também necessária, dos demais actos jurídicos (I-38.º. 2)

3.4. **Procedimento legislativo (I-34.º)**

3.4.1. *Abstenção imposta por submissão de projecto legislativo (I-33.º, 2)*

O legislador constituinte considerou importante precisar, na sede de enunciação dos actos, uma regra procedimental:

"Quando lhes tenha sido submetido um projecto de acto legislativo, o Parlamento Europeu e o Conselho abster-se-ão de adoptar actos não previstos pelo processo legislativo aplicável no domínio visado."

3.4.2. *Procedimento Legislativo Ordinário (III-396.º)*

Dado o melindre, diversidade e complexidade das realidades, sujeitos, valores e interesses em presença, o próprio procedimento (dito no texto "processo", como corre também em alguma doutrina nacional) legislativo ordinário é muito estruturado, faseado e participado. E torna-se particularmente complexo e moroso, caso não haja, logo numa primeira fase, acordo entre o Parlamento e o Conselho. Mas como poderia ser de outro modo, de molde a garantir a manifestação e a intervenção de todos os factores relevantes e atendíveis em presença?

Grandes Linhas Constitucionais da Constituição Europeia 115

A adopção de leis e leis-quadro, no processo legislativo ordinário, seguem, assim, os trâmites que a seguir sumariamos (n. 1):

Antes de mais, a Comissão começa por apresentar uma proposta ao Parlamento Europeu e ao Conselho (2).

Passa-se então à fase procedimental da Primeira leitura. Nesta, o Parlamento Europeu estabelece a sua posição e comunica-a ao Conselho (n. 3).

O prosseguimento do procedimento depende da posição do Conselho: caso o Conselho aprove a posição do Parlamento Europeu, o acto em apreço é adoptado na formulação correspondente à posição do Parlamento Europeu (n.4). Se, porém, o Conselho não aprovar a posição do Parlamento Europeu, estabelece a sua posição, em primeira leitura, transmitindo-a ao Parlamento Europeu (n.5), informando cabalmente o Parlamento Europeu das razões que o conduziram a adoptar tal posição. De igual sorte, a Comissão informa plenamente o Parlamento Europeu da sua posição (n.6). Esta divergência de posições conduzirá, então à fase da Segunda leitura.

A matéria fica agora dependente de nova apreciação (ou da passividade) do Parlamento Europeu. Com efeito, se, passados três meses após a referida comunicação do Conselho, o Parlamento Europeu vier a aprovar a posição do Conselho em primeira leitura, ou se não se tiver pronunciado, o acto em apreço tem-se por adoptado na formulação dada pela posição do Conselho.

Pode porém o Parlamento não se conformar com a versão do Conselho. Assim, é-lhe dado expressamente rejeitar a posição do Conselho, decidindo por maioria dos seus membros; considera-se nesse caso que o acto proposto não foi adoptado.

Uma posição intermédia é a das emendas à posição adoptada pelo Conselho, em primeira leitura. Decidindo por maioria dos membros que o compõem, o Parlamento Europeu pode proceder a alterações no texto proveniente do Conselho, que são transmitidas ao Conselho e à Comissão, a qual emite parecer sobre essas emendas (n.7).

Passa então a acção para o nível do Conselho, e tudo se processa simetricamente ao ocorrido já antes.

Se, no prazo de três meses após a recepção das emendas do Parlamento Europeu, o Conselho, deliberando por maioria qualificada, aprovar a integralidade das referidas emendas, considera-se que o acto em apreço foi adoptado.

Se o Conselho não der a sua anuência a todas as emendas avançadas pelo Parlamento Europeu, o Presidente do Conselho, de acordo com o Presidente do Parlamento Europeu, convoca o Comité de Conciliação no prazo de seis semanas (n.8). Entretanto, o parecer da Comissão vai ter uma ponderação importante na deliberação do Conselho. Pois este deve deliberar por unanimidade sobre todas negativamente (n.9).

Avança-se, então, para a fase procedimental da Conciliação.

O Comité de Conciliação reúne os membros do Conselho ou os seus representantes e outros tantos representantes o Parlamento Europeu. Deve promover o acordo entre as "partes", consubstanciando-o num projecto comum. Para tanto, delibera por maioria qualificada dos membros do Conselho ou dos seus representantes e por maioria dos membros representando o Parlamento Europeu, dentro de seis semanas a contar da sua convocação. E tem como bases de trabalho as posições do Parlamento Europeu e do Conselho em segunda leitura (n.10).

A Comissão também participa nos trabalhos do Comité de Conciliação, agindo com o fito de promover uma aproximação das posições do Parlamento Europeu e do Conselho (n. 11).

Nem sempre, porém, o acordo será possível, apesar de todos os esforços. Assim, se no prazo de seis semanas após a sua convocação o Comité de Conciliação não conseguir aprovar um projecto comum, considera-se que o acto proposto não foi adoptado (n. 12).

Mas admitamos que a conciliação surtiu efeito. Passa-se à fase da Terceira leitura. Então, o Parlamento Europeu e o Conselho disporão cada um de um prazo de seis semanas a contar dessa aprovação, para adoptar o acto em causa de acordo com o projecto comum. O Parlamento Europeu delibera por maioria dos votos expressos e o Conselho por maioria qualificada.

Grandes Linhas Constitucionais da Constituição Europeia   117

Se tal não acontecer, considera-se que o acto proposto não foi adoptado (n.13). Há contudo a possibilidade de prorrogação dos prazos, como que para salvar ainda tanto trabalho e tanto tempo de uma última dificuldade e demora: tais prazos de três meses e de seis semanas são prorrogáveis, respectivamente, por um mês e por duas semanas, no máximo, por iniciativa do Parlamento Europeu ou do Conselho (n.14).

A este procedimento acrescem, e parcialmente o derrogam, disposições específicas sempre que, nos casos previstos na Constituição, uma lei ou lei-quadro europeia seja submetida ao processo legislativo ordinário por iniciativa de um grupo de Estados-Membros, recomendação do Banco Central Europeu, ou solicitação do Tribunal de Justiça. Nesses casos, não são aplicáveis o n.° 2, o segundo período do n.° 6 e o n.° 9 (n.15). Para estas situações de diverso acto procedimental propulsivo, o Parlamento Europeu e o Conselho transmitem à Comissão o projecto de acto, bem como as respectivas posições em primeira e em segunda leituras.

O Parlamento Europeu ou o Conselho podem, seja em que fase for do processo, solicitar o parecer da Comissão, podendo esta igualmente emitir parecer *ex officio*. É-lhe ainda possível, se o considerar necessário, participar no Comité de Conciliação, nos termos do n.° 11.

O art. I-34.°, dentro aliás de uma metodologia e sistemática usual na CE, estabelece a síntese do Procedimento legislativo, constituindo como que a verdadeira *tête de chapitre* desta matéria. Vale a pena citá-lo na íntegra:

"1. As leis e leis-quadro europeias são adoptadas, sob proposta da Comissão, conjuntamente pelo Parlamento Europeu e pelo Conselho de acordo com o processo legislativo ordinário estabelecido no artigo III-396.°. Se as duas instituições não chegarem a acordo, o acto não será adoptado.

2. Nos casos específicos previstos pela Constituição, as leis e leis-quadro europeias são adoptadas pelo Parlamento Europeu, com a participação do Conselho, ou por este, com

Constituição Europeia – Introdução e Grandes Linhas

a participação do Parlamento Europeu, de acordo com processos legislativos especiais.

3. Nos casos específicos previstos pela Constituição, as leis e leis-quadro europeias podem ser adoptadas por iniciativa de um grupo de Estados-Membros ou do Parlamento Europeu, por recomendação do Banco Central Europeu ou a pedido do Tribunal de Justiça ou do Banco Europeu de Investimento".

3.5. *Procedimento Administrativo (I-35.° a I-37.°)*

Adoptamos, até por exclusão de partes (pelo seu carácter não legislativo, nem jurisdicional, nem tipicamente político) a qualificação de administrativa para a actividade da União que se analisa designadamente em actos não legislativos, regulamentos europeus delegados, e actos de execução.

3.5.1. *Actos não legislativos (I-35.°)*

Os regulamentos europeus e as decisões europeias podem ser adoptados por várias instâncias. O Conselho Europeu emite decisões europeias nos casos previstos pela Constituição. Quer ele, quer a Comissão, designadamente nos casos previstos nos artigos I-36.° e I-37.°, quer ainda o Banco Central Europeu, nos casos específicos previstos pela Constituição, aprovam regulamentos europeus ou decisões europeias.

O Conselho, a Comissão, e, em certos casos constitucionalmente determinados, o Banco Central Europeu, têm poder de emitir recomendações.

O Conselho decide sob proposta da Comissão em todos os casos em que a Constituição o determine. E decide por unanimidade nos domínios em que esta é exigida para a aprovação de um acto da União.

3.5.2. *Regulamentos europeus delegados (I-36.º)*

Em condições muito estritas e determinadas, a Comissão Europeia pode ver na prática os seus poderes de intervenção acrescidos se, através de uma lei ou lei-quadro, lhe forem delegadas competências para aprovar regulamentos europeus delegados que completem ou alterem determinados elementos da lei ou lei-quadro europeia, posto que elementos não essenciais. Aliás, se visasse elementos essencialíssimos, perderia o próprio carácter regulamentar.

Tais leis e leis-quadro europeias de delegação delimitam explicitamente os objectivos, o conteúdo, o âmbito de aplicação e o período de vigência da delegação de poderes em causa. Assim sendo, os elementos essenciais de cada domínio ficam, pois, reservados à lei ou lei-quadro europeia e não podem, consequentemente, ser objecto de delegação de poderes (n.1).

São determinadas explicitamente pelas leis e leis-quadro europeias as condições a que a delegação fica sujeita, que podem ser: O Parlamento Europeu ou o Conselho podem decidir revogar a delegação; o regulamento europeu delegado só pode entrar em vigor se, no prazo fixado pela lei ou lei-quadro europeia, não forem formuladas objecções pelo Parlamento Europeu ou pelo Conselho.

Em ambos os casos, o Parlamento Europeu delibera por maioria dos membros que o compõem e o Conselho delibera por maioria qualificada (n.2).

3.5.3. *Actos de execução (I-37.º)*

Na medida em que os Estados-Membros devem tomar todas as medidas de direito interno necessárias à execução dos actos juridicamente vinculativos da União, podem revelar-se necessárias algumas condições uniformes de execução dos ditos actos. Nesse caso, os Estados-Membros conferirão competências de execução à Comissão, Definindo *ex ante* a lei europeia as regras e princípios gerais relativos aos mecanismos de controlo que os Estados-Membros podem aplicar ao exercício das ditas competências.

Em casos específicos, devidamente justificados, e nos casos de política comum de segurança e defesa (I-40.°) não será à Comissão, mas ao Conselho, que tais competências podem ser transferidas.

Os actos de execução da União revestem a forma de regulamentos europeus de execução ou de decisões europeias de execução.

3.6. *Princípios Comuns dos Actos Jurídicos da União (I-38.°)*

3.6.1. *Princípio da Fundamentação dos Actos*

Constitui um princípio essencial e requisito fulcral da sua perfeição a fundamentação de todos os actos jurídicos da União, designadamente (mas não apenas) fazendo referência às propostas, iniciativas, recomendações, pedidos ou pareceres consagrados na CE (n. 2).

3.6.2. *Princípio da proporcionalidade*

Apesar da grande taxatividade imposta em muitas disposições da CE, a profusão de situações pode levar a que esta não determine, num caso concreto, o tipo de acto a adoptar. Nesse caso, as instituições atenderão à situação em concreto, respeitando, como é óbvio, quer os procedimentos aplicáveis quer – e isso é muito relevante – o princípio da proporcionalidade (I-11.°, 2), determinante na escolha dos meios a adoptar (I-38.°,1). Tal princípio dirige-se, sublinhe-se, quer à escolha da forma do acto (desde logo a forma que se confunde com a sua qualificação, dentro da tipologia constitucionalmente prevista), mas essencialmente se vocaciona para a substância do mesmo acto. De nada valendo, evidentemente, uma justa avaliação da qualificação do acto jurídico a adoptar a par de uma errónea determinação do seu conteúdo. Quer de forma minimalista, quer maximalista, quer por via de qualquer outro tipo de desconformidade.

3.7. *Perfeição Procedimental dos Actos (I-39.°)*

No âmbito do processo legislativo ordinário, as leis e leis-quadro europeias adoptadas são assinadas pelo Presidente do Parlamento Europeu e pelo Presidente do Conselho. E nos demais casos, são assinadas pelo Presidente da instituição que as aprovou. As leis e leis-quadro europeias são publicadas no *Jornal Oficial da União Europeia*. A CE estabelece uma *vacatio legis* para ambos estes actos normativos: se não entrarem em vigor na data por elas fixada, supletivamente se determina que iniciarão a sua vigência no vigésimo dia seguinte ao da sua publicação (n.1).

Se não contiverem indicação de destinatário, os regulamentos europeus, e as decisões europeias são assinados pelo Presidente da instituição que os aprovou, e são publicados no *Jornal Oficial da União Europeia*, entrando em vigor na data por eles fixada ou, na falta desta, no vigésimo dia seguinte ao da sua publicação (n.2). Já as decisões europeias com destinatário(s) são notificadas ao(s) mesmo(s), produzindo efeitos mediante essa mesma notificação (n.3).

CAPÍTULO X
Dimensão subjectiva

1. Cidadãos, Instituições da União, Estados-Membros

Há múltiplas aflorações e implicações da dimensão subjectiva da CE. Alguns aspectos já foram focados a propósito de outras temáticas. Limitar-nos-emos a alguns traços mais relevantes, de que falta ainda falar.

Na dimensão subjectiva da CE há a considerar os sujeitos actores jurídicos e políticos no seu âmbito. E potencialmente parece não haver quem esteja excluído, seja pessoa singular ou colectiva, privada ou pública, do seu âmbito e da sua acção. Relevam, neste capítulo, sobretudo os cidadãos, a dimensão institucional/orgânica da União e os Estados-Membros.

2. A Personalidade Jurídica da União (I-7.°)

No plano institucional, e na perspectiva muito sintética que adoptámos, não haverá mais precisões a fazer a acrescentar ao já referido. Deve porém recordar-se um aspecto muito relevante, já assinalado em sede simbólica, mas que é antes de mais jurídico, e com consequências jurídicas: é que a União Europeia, ela própria, se dota de personalidade jurídica (I-7.°), independentemente dos seus Estados-Membros.

3. A Cidadania Europeia (I-10.°)

Já falámos um pouco sobre a importância dos cidadãos europeus na democracia representativa e participativa na União. Com este aspecto se prendem, além das matérias dos **Direitos Fundamentais** (I-19.° e desenvolvidos na Parte II da CE), as da cidadania europeia (I-10.°), que, acrescendo e não substituindo a cidadania nacional, é reconhecida (ou atribuída – eventualmente) a qualquer pessoa que possua a nacionalidade de um dos Estados-Membros.

Será que um cidadão a perde se o Estado-Membro a que pertence se retirar da União? O lógico é que sim, porquanto o próprio facto de a cidadania europeia acrescer à nacional lhe dá um carácter adjectivo, seguindo quer a sorte do Estado que lhe dá origem, aderindo e permanecendo na União, quer a das relação do cidadão com o seu Estado de origem. Assim, se alguém for privado da sua cidadania de origem num Estado-Membro, julga-se que será natural que, *ipso facto*, a menos que tenha dupla cidadania de um outro Estado--Membro, perderá a qualidade de cidadão europeu.

Os cidadãos europeus ficam sob o regime de direitos e deveres da CE, sublinhando-se, neste estrito plano da cidadania, os seguintes direitos (I-10.°, 2, a) a d)): de livre circulação e permanência no território dos Estados-Membros (note-se que não se fala de território da União – I, 10.°, 2, a); capacidade eleitoral activa e passiva para o Parlamento Europeu e para as eleições municipais do Estado-Membro em que tenha a sua residência; de, em país terceiro à União, usufruir de subsidiária assistência diplomática ou consular de qualquer Estado-Membro, caso o seu Estado aí não disponha de representação; de petição ao Parlamento Europeu, recurso ao Provedor de Justiça Europeu e às instituições e órgão consultivos da União numa das línguas da Constituição e obter resposta na mesma língua.

Direitos que, obviamente, se exercem de acordo com as condições e limites da Constituição e das medidas de aplicação das mesmas – sublinha o texto da CE (I-10.°, 2, *in fine*), sempre com cautela excessiva contra leitores primários, que infelizmente começam a proliferar, e até a pleitear... Como poderia ser de outra forma, razoavelmente?

4. Os Direitos Fundamentais

Se a Carta de Direitos Fundamentais, integrada na Constituição Europeia (e muito bem aí colocada, por serem tais direitos, de pleno, direitos constitucionais), poderá ainda impressionar alguns pela magnitude da sua protecção ou pela generosidade das suas prescrições, tal não acontecerá, certamente, com os Portugueses, que se dotaram de um longo e muito bem nutrido acervo de disposições desse tipo, já em 1976. Por outro lado, as instâncias jurisdicionais já aplicavam a Convenção Europeia dos Direitos do Homem, outra fonte de reconhecimento de vastos direitos. Daí que o nosso entusiasmo por este texto não resida tanto na novidade como na consagração constitucional.

Não seria fácil nem proveitoso um tentâme de resumo dos direitos.

Atente-se nesta sede apenas em alguns aspectos fundamentais, muito sumariamente.

Parece antes de mais muito positivo, e de algum modo pouco usual nas constituições ocidentais (embora mais frequente nas dos países do antigo Bloco de Leste, desde logo na da ex-RDA), que o Preâmbulo desta Parte sublinhe a correlação entre direitos e deveres (normalmente, estes últimos são esquecidos), e o faça com uma formulação bastante lata, abrangendo um conjunto de sujeitos pouco usual, mas rigorosamente exacto:

> "O gozo destes direitos implica responsabilidades e deveres, tanto para com as outras pessoas individualmente consideradas, como para com a comunidade humana e as gerações futuras."

Do mesmo modo, a utilização excessiva e ínvia desta parte da Constituição é proscrita, como abuso do direito (II-114.°): Jamais se validando qualquer interpretação coonestadora quer de uma eventual anulação dos direitos ou liberdades por ela reconhecidos, quer de possíveis restrições desses direitos, quer ainda, segundo nos parece, por hipótese estabelecendo não verdadeiramente liberda-

126 Constituição Europeia – Introdução e Grandes Linhas

des maiores do que as previstas na presente, mas licença(s) mais latas, que se não compaginem nas remissões gerais feitas para outros diplomas que, legitimamente, as possam consagrar.

Já porém ressalta como limitador prescrever-se, logo no Preâmbulo, o deverem ter-se em conta, na aplicação, tanto europeia quanto dos Estados-Membros, as anotações elaboradas sob a autoridade do *Præsidium* da Convenção que redigiu a Carta e actualizadas sob a responsabilidade do *Præsidium* da Convenção Europeia. Simplesmente trata-se não de "interpretação autêntica" mas de observações a ter "na devida conta", o que, em linguagem jornalístico-política dos nossos dias se traduziria pela expressão: essas anotações "valem o que valem", i.e., *valerão o que efectivamente valerem...*

O Preâmbulo da Carta, que agora se propõe plenamente constitucionalizada, expõe as suas fontes, que, naturalmente, nelas próprias, e na jurisprudência que sobre elas se suscitou, hão-se ter um relevantíssimo papel hermenêutico adjuvante futuro: reconhecendo assim

> "no respeito pelas atribuições e competências da União e na observância do princípio da subsidiariedade, os direitos que decorrem, nomeadamente, das tradições constitucionais e das obrigações internacionais comuns aos Estados-Membros, da Convenção Europeia para a Protecção dos Direitos do Homem e das Liberdades Fundamentais, das Cartas Sociais aprovadas pela União e pelo Conselho da Europa, bem como da jurisprudência do Tribunal de Justiça da União Europeia e do Tribunal Europeu dos Direitos do Homem."

Mas a CE estabelece ainda normas de aplicação e hermenêutica desta Parte, que merece a pena referir, e que certamente poderão ser também de alguma importância analógica para a interpretação de outras passagens de todo o texto da Constituição. Assim, desde logo, a Parte II apenas se aplica no domínio da aplicação de Direito da UE, e não de direito dos Estados-Membros, e sempre no respeito pelo princípio da subsidiariedade (II-111.º, 1).

Grandes Linhas Constitucionais da Constituição Europeia 127

Com uma já sublinhada técnica de redundância, toda feita de cautelas interpretativas e a bem da promoção da clareza, a CE reitera:

"A presente Carta não torna o âmbito de aplicação do direito da União extensivo a competências que não sejam as da União, não cria quaisquer novas atribuições ou competências para a União, nem modifica as atribuições e competências definidas por outras partes da Constituição" (II-111.°, 2).

Além de vários outros cuidados, salientem-se: a necessidade de preservação do círculo mínimo de cada direito no caso de restrição por via legal de direitos e liberdades, e sob condição da verificação do requisito da necessidade, conformidade com objectivos de interesse geral da União ou necessidade de protecção de direitos e liberdades de terceiros, e do princípio da proporcionalidade (II-112.°, 1); a proibição *a contrario* de uma interpretação de direitos menos favorável que a que resultaria da Convenção Europeia para a Protecção dos Direitos do Homem e das Liberdades Fundamentais (II-112.°, 3); o princípio de que as legislações e práticas nacionais *singulares* devem ser plenamente tidas em conta na interpretação (II-112.°, 6), pressupomos que nos casos de aplicação atinente aos respectivos Estados-Membros. Já no caso de que nesta Parte II se reconheçam direitos fundamentais decorrentes das tradições constitucionais *comuns* aos Estados-Membros, tais direitos devem ser interpretados em concordância com essas tradições (II-112.°, 4): pressupomos que em toda a União, se tais tradições a toda a União forem comuns, ou mais restritamente a grupos de Estados-Membros mais afins juridicamente em cada concreto domínio, se tal for o caso. Pois não faria sentido que uma tradição jurídica apenas parcialmente comum viesse a valer como critério interpretativo para Estados-Membros a ela alheios. Numa comunidade já tão plural juridicamente (e aberta a alargamentos) acabaria decerto por contemplar um muito vago efeito útil este preceito se apenas tivesse em vista tradições jurídicas comuns a todos os Estados-Membros.

O princípio fundamental de aplicação é sempre o da interpretação mais favorável ao cidadão, jamais podendo haver prejuízo

128 *Constituição Europeia – Introdução e Grandes Linhas*

ou limitação decorrentes da hermenêutica constitucional face ao que resultaria de outros diplomas, quer internacionais (nomeadamente a Convenção Europeia para a Protecção dos Direitos do Homem e das Liberdades Fundamentais), quer nacionais, especificamente, das Constituições dos Estados Membros (II-113.°).

Esta última referência é fundamental, porquanto em boa medida elimina o problema do paradoxo da supra-constitucionalidade da Constituição Europeia. Porquanto é ela própria que se auto-limita, preferindo a solução da Constituição de um Estado-Membro quando possua mais profunda, lata ou eficaz protecção dos cidadãos.

Muito sumariamente, os direitos fundamentais consagrados são considerados direitos, liberdades, ou princípios, e divididos em vários títulos, que curam sucessivamente da dignidade (I), liberdades (II), igualdade (III), solidariedade (IV), cidadania (V), justiça (VI). Um último título, já referido com mais detença, refere-se às normas hermenêuticas.

Relativamente a matérias nem sempre claras na nossa comum cultura jurídico-política (embora a maior parte deles já património constitucional português explícito), o texto introduz algumas precisões importantes, que funcionarão em certos casos como "avanços", de que nos permitimos destacar apenas um punhado:

a) Clara proibição da pena de morte (II-62.°, 2).

b) O consentimento livre e esclarecido em matéria médica e biológica, e a proibição do eugenismo, da mercantilização do corpo ou de suas partes, e da clonagem reprodutiva de seres humanos (II-63.°, 2).

c) O respeito pela *libertas docendi*, ou liberdade académica (II-73.°, *in fine*).

d) O direito ao trabalho (II-75.°) e de participação empresarial (II-87.° ss.), protecção em caso de despedimento sem justa causa (II-90.°) e outros direitos sociais e de segurança social (II-94.° ss).

e) Uma mais generosa forma de encarar o princípio da não-discriminação (II-81.°). Que se analisa, além do mais, em maior atenção às minorias, às diversidades culturais em geral (II-82.°) e de género (II-83.°), etc.

São todos progressos civilizacionais. De dignidade humana e justiça, de limitação de uma perversa aplicação da ciência-tecnologia num sentido inumano e de reconhecimento da liberdade do saber, de sensibilidade social e abertura mental e "tolerância" (embora a expressão seja ainda algo preconceituosa) e convivência com o(s) outro(s). Sem prejuízo do reconhecimento de muitos direitos, liberdades, garantias e princípios mais clássicos, do que se chamou já direitos fundamentais das "primeiras gerações".

5. Os Estados-Membros (máx. I-58.°-I-60.°)

5.1. *Requisitos e procedimento de adesão à União (I-58.°)*

a) *Requisitos (I-58.°,1)*

Há dois requisitos essenciais para poder requerer a adesão à União: o candidato tem de ser um Estado europeu e tem que respeitar os valores da CE (que explicita que são os enunciados no seu artigo I-2.°), comprometendo-se a promover tais valores em comum com os demais.

b) *Procedimento (I-58.°, 2)*

O Pedido de adesão é dirigido ao Conselho, que de tal pretensão informa o Parlamento Europeu e os Parlamentos nacionais dos Estados-membros. O Conselho decide por unanimidade, após consulta da Comissão e dada a aprovação do Parlamento Europeu, o qual delibera por maioria dos membros que o compõem. As condições e normas de admissão são acordadas entre os Estados-Membros e o Estado candidato. Tal acordo é submetido a ratificação por

130   *Constituição Europeia – Introdução e Grandes Linhas*

todos os Estados Contratantes, em conformidade com as respectivas normas constitucionais.

5.2. *Suspensão de certos direitos dos Estados-Membros (I-59.º)*

Havendo a fundada suspeita de existir um risco manifesto de violação grave dos valores europeus por parte de um Estado-Membro, podem desencadear-se mecanismos de sanção, com garantias de audição do Estado-Membro, com tomada de medidas que podem cercear os seus direitos enquanto tal. A matéria é regulada no artigo I-5.º.

5.3. *Saída voluntária da União*

Apresentado por alguns como uma das inovações significativas da CE, o direito de secessão, como dissemos já, não precisava de se encontrar escrito para sempre ter permanecido na disponibilidade dos Estados, pelo menos enquanto existissem. Em todo o caso, a expressa consagração do princípio, se deixa o travo amargo da banalização que quase sempre tem a explicitação do óbvio, não deixa de ser uma prova de que se não deseja por completo (diriam os mais suspeitosos que pelo menos no discurso patente, evidente, visível) acabar com os Estados, mas antes aprofundar a criação de um *novum*, em que eles têm o seu papel. E cremos que é não só uma intenção sincera, como patente em toda a economia do documento.

Assim, qualquer Estado-Membro pode decidir, respeitando os trâmites das respectivas normas constitucionais, retirar-se da União. O que reitera a importância da individualidade constitucional de cada Estado.

O processo de retirada faz-se através da notificação, pelo Estado-Membro, de uma tal intenção ao Conselho Europeu. Esta instituição europeia dará orientações para a negociação e celebração, entre a União e o Estado, de um acordo regulador das condições da

Grandes Linhas Constitucionais da Constituição Europeia 131

sua saída, tendo em atenção o quadro das suas futuras relações com a União (negociado nos termos do n.° 3 do artigo III-325.°).

Tal acordo, após aprovação do Parlamento Europeu, é celebrado em nome da União pelo Conselho, que no caso decidirá por maioria qualificada (de, pelo menos, 72 % dos membros do Conselho, devendo estes representar Estados-Membros participantes que reúnam, no mínimo, 65 % da população desses Estados).

Assim, a CE deixa de ser aplicável ao dito ex-Estado-Membro a partir da data de entrada em vigor do acordo de saída.

No caso de inexistir tal acordo (por morosidade ou dificuldade da negociação, por exemplo) a cessação da relação de pertença à União verifica-se dois anos volvidos sobre a notificação ao Conselho da sua intenção, salvo se o Conselho Europeu houver decidido, por unanimidade, prorrogar esse prazo. Mas, como é óbvio, tal prorrogação só poderá ser válida tendo obtido o acordo do Estado em causa...

Está prevista a possibilidade de uma nova adesão de um Estado que se tenha retirado da União: nenhum procedimento agravado ou de maior complexidade se lhe aplica, seguindo-se simplesmente os passos referidos no artigo I-58.°.

CAPÍTULO XI
Dimensão espacial

Preferimos a ideia de dimensão espacial à tradicional ideia, da Teoria Geral do Estado, da territorialidade.

A União Europeia alegadamente não tem território; apenas os seus Estados-Membros o possuem. Mas que efeitos práticos pode ter um tal preciosismo linguístico-conceitual? Realmente o território é como que virtualmente partilhado por uns e por outra. Porque o poder sobre ele se exerce, como vimos, de forma complexa, mas articulada entre ambas as instâncias.

Apesar de tudo, o âmbito de aplicação territorial da CE teria de ser definido, sobretudo no art. IV-440.º, com muita minúcia, e remetendo ainda para anexos.

Em geral, a Constituição é aplicável ao território do Reino da Bélgica, da República Checa, do Reino da Dinamarca, da República Federal da Alemanha, da República da Estónia, da República Helénica, do Reino de Espanha, da República Francesa, da Irlanda, da República Italiana, da República de Chipre, da República da Letónia, da República da Lituânia, do Grão-Ducado do Luxemburgo, da República da Hungria, da República de Malta, do Reino dos Países Baixos, da República da Áustria, da República da Polónia, de Portugal (embora o texto constitucional fale sempre, nestes casos, de República Portuguesa), da República da Eslovénia, da República Eslovaca, da República da Finlândia, do Reino da Suécia e do Reino Unido da Grã-Bretanha e Irlanda do Norte. (n.1).

Aplica-se ainda ao território de Guadalupe, da Guiana Francesa, da Martinica, da Reunião, dos Açores e da Madeira (bem anda a CE em não dizer que são "regiões autónomas", o que seria simétrico e erróneo procedimento ao de chamar a Portugal "República

Portuguesa", sua *forma* política) e das ilhas Canárias, nestes últimos casos com os benefícios e acomodações do seu estatuto de regiões ultra-periféricas, conforme o artigo III-424.°.

Existindo um regime especial de associação para países e territórios ultramarinos (cuja lista figura no Anexo II), a CE não é todavia aplicável aqueles que mantenham relações especiais com o Reino Unido da Grã-Bretanha e Irlanda do Norte se não mencionados na referida lista. Excluem-se também as Ilhas Faroé.

Mas já é aplicável aos territórios europeus cujas relações externas sejam asseguradas por um Estado-Membro. Estende-se ainda às Ilhas Åland, com certas derrogações. A sua aplicação é parcial em Akrotiri e Dhekelia, consideradas "zonas de soberania do Reino Unido da Grã-Bretanha e Irlanda do Norte em Chipre".

Outro regime de aplicação restrita é o que abrange as Ilhas Anglo-Normandas e a Ilha de Man.

O carácter "provisório" e "imperfeito" de tantas derrogações ao princípio de aplicação universal (aliás tão caro ao constitucionalismo voluntarista em geral – no que se aproxima de um naturalismo racionalista, e daí o seu universalismo) parece detectar-se num preceito que permite que, por iniciativa do Estado-Membro interessado, o Conselho Europeu possa aprovar uma decisão europeia modificadora do estatuto perante a União de um dos países ou territórios dinamarqueses, franceses ou neerlandeses em situação especial. O Conselho Europeu deliberaria então por unanimidade, após consultar a Comissão.

Os problemas complicam-se com os alargamentos possíveis, e os tabus civilizacionais, religiosos e geográficos, que atingem sobretudo a Turquia.

Mas a Europa é, mais do que um espaço, uma ideia. E na medida em que regiões contíguas ao centro Europa dela comunguem, não vemos por que a ela não possam aderir. É o caso de Cabo Verde, cuja adesão foi já solenemente apoiada por importantes vultos políticos, militares, religiosos e académicos nacionais, em sessão pública da Academia Internacional da Cultura Portuguesa, realizada na Sociedade de Geografia, em 16 de Março de 2005. As primeiras personalidades da lista de proponentes são Adriano Moreira e Mário Soares.

CAPÍTULO XII
Dimensão temporal

1. Vocação intemporal da União Europeia

A União não prevê o seu fim, nem sequer o da Constituição. Está vocacionada para a eternidade. O art. IV-446.º afirma com revelador laconismo:

> "O presente tratado tem vigência ilimitada".

Há, porém, evidentemente, regras quanto à entrada em vigor e revisão.

2. Ratificação do Tratado e entrada em vigor da Constituição

A Constituição é formalmente aprovada por tratado. Assim, tem necessidade de ratificação nos diversos Estados-Membros, em conformidade com as respectivas normas constitucionais, sendo os instrumentos de ratificação depositados junto do Governo da República Italiana.

O texto da CE previa a entrada em vigor no dia 1 de Novembro de 2006, tendo sido depositados todos os instrumentos de ratificação ou, não sendo o caso, no primeiro dia do segundo mês seguinte ao do depósito do instrumento de ratificação do Estado signatário que proceder a esta formalidade em último lugar.

Só o futuro dirá quando e se tal será feito… E um futuro sem prazo.

3. Revisão Constitucional

a) *Procedimento ordinário de revisão (IV-443.°)*

O método de revisão ordinária é, essencialmente, o convencional. Mas a Convenção constituinte não actua imediatamente, necessitando de actos propulsivos: assim, o Governo de qualquer um dos Estados-Membros, o Parlamento Europeu, ou a Comissão podem submeter ao Conselho projectos de revisão da CE. Esses projectos são enviados pelo Conselho de Ministros ao Conselho Europeu, sendo também notificados aos Parlamentos nacionais.

Verificando-se que o Conselho Europeu, na sequência de consulta ao Parlamento Europeu e à Comissão, se decida, ainda que por maioria simples, pela análise das alterações propostas, o Presidente do Conselho Europeu convoca uma Convenção. A composição desta Convenção segue a da Convenção fundadora – o que novamente pode suscitar criticas de representatividade, agora mais justificadas ainda, dada a institucionalização democrática entretanto presumivelmente ocorrida. Mas o Conselho Europeu poderá mesmo nem sequer convocar uma Convenção, quando considerar que o alcance das alterações o não justifique: decidindo, por maioria simples, após aprovação do Parlamento Europeu, não convocar uma Convenção, e estabelecendo o mandato de uma Conferência dos Representantes dos Governos dos Estados-Membros.

No caso, porém, de efectiva convocação de uma Convenção, tal Fórum será, assim, constituído por representantes dos Parlamentos nacionais, dos Chefes de Estado ou de Governo dos Estados-Membros, do Parlamento Europeu e da Comissão. E se se estiver perante alterações institucionais no domínio monetário, será consultado também o Banco Central Europeu. Do mesmo modo, o método de trabalho da Convenção não difere da Convenção fundadora, porquanto ela analisará os projectos de revisão decidindo por consenso e não por pluralidade de votos uma recomendação dirigida a uma Conferência dos Representantes dos Governos dos Estados-Membros.

O Presidente do Conselho convocará uma Conferência dos Representantes dos Governos dos Estados-Membros a fim de definir, de comum acordo, as alterações a introduzir na CE, as quais entram em vigor após a sua ratificação por todos os Estados-Membros, em conformidade com as respectivas normas constitucionais. Porém, se, decorridos dois anos desde a assinatura do Tratado que altera a CE (o texto, nestes casos, fala sempre em "tratados"), quatro quintos dos Estados-Membros o tiverem ratificado e um ou mais Estados-Membros o não tiverem feito (o texto recorre ao eufemismo "tiverem deparado com dificuldades em proceder a essa ratificação") o Conselho Europeu analisará a questão (o que é outra fórmula em branco).

b) *Procedimento simplificado de revisão (IV-444.°)*

Relativamente às políticas e acções internas da União, prevê-se ainda um procedimento simplificado de revisão:

O Governo de qualquer Estado-Membro, o Parlamento Europeu, ou a Comissão Europeia podem submeter ao Conselho Europeu projectos de revisão de todas ou de parte das disposições do Título III da Parte III, relativo às políticas e acções internas da União.

O Conselho Europeu pode adoptar uma decisão europeia que altere todas ou parte das disposições do Título III da Parte III, não podendo todavia, dessa forma, aumentar as competências atribuídas à União.

O Conselho Europeu decide por unanimidade, sendo tal deliberação precedida de consulta ao Parlamento Europeu e à Comissão, assim como ao Banco Central Europeu em caso de alterações institucionais no domínio monetário. Essa decisão europeia, contudo, só vigora depois da sua aprovação pelos Estados-Membros, no respeito pelas respectivas normas constitucionais.

c) *Pequeno Balanço e Prospectiva*

Todas estas últimas normas tem um travo mais amargo para os europeístas convictos após o congelamento de facto a que assistimos do processo codificatório constitucional. Não deixam de lembrar o projecto. Decerto, em alguns aspectos, constituiria ele uma utopia. Mas que deveríamos pôr à prova, transformando a quimera em razoabilidade institucional. Seremos capazes?

Ao fecharmos a revisão das provas deste livro, parece proclamado já o epitáfio institucional do projecto. Contudo, mesmo que enterrado pela eurocracia, não deixará de ter uma super-vivência do que nele é Constituição natural e material. A jurisprudência e os Conselhos europeus decerto o irão ressuscitando: não no seu articulado, mas no seu espírito. E eis como uma constituição formal se volverá em material. Ironia do destino.

PARTE III

O Velho, o Novo e o Futuro na Constituição Europeia

CAPÍTULO I
Novidade Formal e Continuidade Substancial da Constituição Europeia

Chame-se-lhe tratado ou tratado constitucional, a Constituição Europeia é, de pleno direito, uma Constituição. E tal não implica necessariamente que a União Europeia seja um super-estado por isso. Pode haver constituições que não sejam de Estados, nem sequer o Estado é a quintessência das formas políticas, enquanto cada forma (comunidade, sociedade) política tem, necessariamente, uma Constituição: tal é a velha lição de Lassale.

A Constituição europeia é Constituição – repita-se. E explique-se: a forma adoptada, discutível, é que foi a do tratado. O conteúdo, esse, é sobretudo constitucional. Embora tenha matérias não substancialmente ou materialmente constitucionais, como todas as constituições.

De qualquer forma, esta novidade, ou relativa novidade, de aprovar uma Constituição desta magnitude por tratado, tem dado pano para mangas e feito correr rios de tinta doutrinais. Já houve constituições que saíram de tratados, como o clássico e quase isolado exemplo puro da Constituição do Império alemão de 1871. Mas são sempre casos pontuais, e, valha a verdade, excepcionais. Não tiremos a regra da excepção, nem queiramos tocar a generalidade do normal com a invocação do exemplo excepcional.

A Constituição Europeia hoje em apreço é um texto codificado, tendencialmente único (na verdade, ficam pequenos aspectos de fora), que substitui quase todos os anteriores nas matérias do vértice da pirâmide normativa da União Europeia. Divide-se esta Constituição em quatro partes, como sabemos: as duas primeiras são claramente constitucionais – questões fundantes e direitos fundamentais; e as duas últimas revelam-se menos constitucionais – políticas e funcionamento da união e disposições gerais e finais. Afora o facto de haver muita matéria administrativística e apenas formalmente constitucional no texto, não há enorme novidade de conteúdo, em abstracto, face ao abstractamente possível em textos constitucionais.

A Constituição engloba, assim, a Carta de Direitos Fundamentais, proclamada em 2000, na cimeira de Nice. Para alguns, aplicar-se-ia exclusivamente no âmbito União em si, mas já não aos Estados, seguindo uma exigência britânica. Resta saber, todavia, se tal restrição se revelará mesmo exequível, atenta a porosidade e universalidade dos direitos e das suas proclamações, e a aguda sensibilidade jushumanista da jurisprudência da União Europeia...

Por outro lado, o Preâmbulo, ao contrário do que foi dito, não é lacunoso. Não figuram aí nem Deus nem o Cristianismo, explicitamente, mas é muito duvidoso que tal, só por si, pudesse produzir milagres. Entretanto, é feita uma justa alusão, entre outras, aos legados religiosos da Europa. Se historicamente conhecemos, mesmo em Portugal, constituições que invocam a divindade, sob várias formas, tal correspondeu a um tempo, de metamorfose secularizadora, em que muitos elementos sacrais e míticos passaram da religião para a crença cívica e a acção política. A laicização do nosso tempo não aconselharia a repristinação de uma tradição interrompida.

Uma nota de menos bom gosto é o auto-agradecimento dos membros da Convenção, que posam narcisicamente para a História – como comentámos já.

CAPÍTULO II
Continuidade e Novidade nas Instituições

No plano puramente institucional, revelam-se algumas importantes novidades. Integra-se agora o Conselho Europeu no sistema de órgãos da União (deixando de ser uma plataforma superior, intergovernamental). Cria-se nessa sede o cargo de Presidente do Conselho Europeu, que actua como coordenador, factor de continuidade e criador de consensos e representante da UE ao nível de chefes de Estado e de Governo, agindo em vez das presidências rotativas semestrais, com um mandato de dois anos e meio, renováveis por uma vez e com a interdição de acumular o cargo com qualquer outro.

Passa a existir um dos Negócios Estrangeiros europeu, por inerência vice-presidente da Comissão, que conduz a política externa e de segurança europeia, chefia um novo serviço diplomático da União Europeia e preside ao Conselho das Relações Externas. Contudo, a política de integração europeia em matéria de segurança e defesa parece ainda tímida, e muito estadualizada, além de em algumas matérias remeter para uma coordenação com a NATO. Isto apesar da criação da Agência Europeia do Armamento, Investigação e Capacidades Militares, sob a autoridade do Conselho, da nova cláusula de solidariedade entre os Estados-membros, ante um ataque terrorista a qualquer deles (ou de uma catástrofe natural ou humana) e da promessa de uma cooperação mais estruturada na defesa, contando para tal com os Estados militarmente mais preparados e que entre si venham a firmar compromissos mais exigentes.

CAPÍTULO III
Tentativas de Renovação e Aprofundamento da Democracia Europeia

Procura-se combater o endémico *deficit* democrático da Europa comunitária, com várias medidas que visam dar mais voz aos cidadãos e aos seus representantes. Apesar de o processo constituinte da Convenção ter sido alvo de muitas críticas de representatividade e até de democraticidade na condução dos trabalhos, que encerraram com deliberações "por consenso".

Assim, na nova formulação constitucional, o Parlamento Europeu passa a ser envolvido em todo o processo legislativo normal da União e elege o Presidente da Comissão a partir de proposta do Conselho Europeu, o qual, perante recusa parlamentar, terá que reconsiderar e apresentar novo nome. Acresce que o Parlamento Europeu pode apresentar a sua censura à Comissão como um todo. Não é, entretanto, incompatível com este aumento de poderes do Parlamento Europeu, mas mera afirmação do princípio da subsidiariedade, a nova possibilidade de intervenção dos parlamentos nacionais: podendo suster uma proposta de lei da Comissão que, no seu entendimento, fira o referido princípio da subsidariedade.

Além do reforço, ainda que para alguns muito tímido ainda, da democracia representativa, alguns passos de democracia directa são dados: além das ratificações por referendo deste texto em alguns países, admite-se o direito de iniciativa popular, mediante o qual um mínimo de um milhão de cidadãos, suficientemente representativos (não concentrados, de um só país, por exemplo) podem solicitar à Comissão a tomada de uma dada iniciativa legislativa.

CAPÍTULO IV
Aprofundamento da Dialéctica União/Estados

Seguindo o normal modelo das federações, o novo texto delimita as competências entre a União Europeia e os Estados-membros, fixando designadamente as competências exclusivas da UE e as competências partilhadas com os Estados-membros. Contudo, a União pode exercer um papel muito activo, desenvolvendo muitos poderes, e nisso conta com vários princípios que lhe permitem o alargamento do seu âmbito de actividade (desde logo o da cooperação leal dos Estados). Compensando esta tendência mais centralizadora, sublinhem-se a taxatividade tendencial da técnica constitucional da enumeração das competências e o princípio da subsidiariedade. Pode não vir a ser fácil estabelecer-se, nem teórica nem praticamente, a zona de fronteira entre o *proprium* e o *commune*, entre o nacional e o europeu. A prática, e, no limite, a jurisprudência, dirão.

Já a aludida tendência para a democratização por vezes parece confundida com uma representatividade meramente demográfica, e contada Estado a Estado. O que contribui para, por outro lado, alguns temerem que venham a emergir hegemonias (a dita Europa de directório), que, não são nem soberanistas nem federalistas, poderiam ser apenas nacionalistas sob manto comunitário europeu. O critério demográfico é, na proposta, certamente exagerado, e não federalmente corrigido de forma suficiente, apesar de se ter fixado um máximo de 96 deputados e um mínimo de 6 por país. Trata-se de um abismo enorme, apesar de tudo. E tal agrava-se com a forma de votação noutras instâncias. Passa a adoptar-se um sistema de dupla maioria de número de Estados e de população dos Estados para as votações no Conselho. A aprovação de uma lei exige pelo menos 55 por cento dos Estados membros a que corresponda a 65 por cento da população geral da União somando a dos Estados votantes, estabelecendo-se uma válvula de segurança: uma minoria de bloqueio terá de integrar pelo menos quatro países.

Também a representatividade na Comissão é afectada por essa tendência de não parificar os mais pequenos, o que é um desvio grande ao federalismo que, por outro lado, certos tantos temem. Na primeira Comissão eleita depois da entrada em vigor da Constituição Europeia, ainda seria mantida a óbvia e necessária paridade do número de comissários entre os Estados: um por Estado. Mas, a partir de 2014, a Comissão teria apenas dois terços do número de Estados da União, aí tomando assento por rotação igualitária. Contudo, admite-se ainda uma diferente decisão do Conselho Europeu.

O equilíbrio é complexo. O veto é ainda um último recurso de igualdade entre Estados. Se terminam os vetos nacionais em algumas matérias, são mantidos na fiscalidade, política social, política externa, defesa e orçamento plurianual.

Um aspecto que fará ainda decerto correr rios de tinta é a consagração expressa na Constituição do primado do Direito da União sobre o Direito dos Estados, mas apenas no princípio geral, e sem explicitações que talvez se impusessem pela clareza e se desaconselhassem pela correcção política. Típico de uma ordem federal, tem causado muito desconforto doutrinal, sobretudo quanto à prevalência do direito da União sobre o direitos constitucionais dos Estados-Membros. E, obviamente, terá sempre que ser pensado dentro de um diálogo integrado e coordenado ou hierarquizado entre ordens normativas, sendo inconcebível que um acto administrativo ou um regulamento da ordem superior possam invalidar uma lei ou a constituição da ordem inferior.

Reconhece-se, por fim, e explicitamente, o que é óbvio até em qualquer federação propriamente dita: o direito de secessão, pelo qual qualquer Estado-membro pode sair da União, embora o procedimento não seja fácil.

CAPÍTULO V
Clarificação, Ambiguidade
ou Síntese do Programa político?

A Constituição europeia tem sido muito qualificada como neo--liberal, por uns, ou por socialista (concentracionária, burocrática, etc.) por outros. Ora, apesar de ter de reconhecer-se que a tradição da União Europeia tem sido sobretudo de mercado livre, e tal a coloca muito na órbita liberal, a verdade é que a entrada no *corpus* constitucional de Direitos Fundamentais de várias gerações, designadamente sociais e afins, não apenas na Parte II, como na Parte I, nos Preâmbulos, e um pouco por todo o texto, é, entre outros, um factor de equilíbrio. É, pois, possível, uma leitura social da Constituição Europeia. Os fins e valores da Constituição Europeia, apesar de alguns choques filosóficos e de sistematização (nomeadamente entre as classificações do Preâmbulo geral e do Preâmbulo da Carta dos Direitos) são efectivamente os do nosso tempo, sem descurarem legados fundamentais – e dando-lhes a tradução na linguagem moderna, para poderem ser bem entendidos.

CAPÍTULO VI
Balanço e Prospectiva depois dos "não"

Apesar de estarmos perante um texto longo e complexo, é verdade que foi feito um esforço de legibilidade (que por vezes redunda em pior técnica jurídica) e que a sistematização encontrada é muito mais simples e ágil que a da situação anterior, de constituição natural, histórica, sedimentar, dispersa por heteróclitas fontes.

No plano dos princípios, dos valores, do programa constitucional, apesar do alerta dos críticos de esquerda, como parte do PS francês, realmente conseguiu-se uma síntese, sem dúvida perfectível, mas razoável e sujeita à modelação interpretativa futura, entre o socialismo democrático/social democracia e o liberalismo social, provavelmente até sem esquecer a democracia cristã e afins, no que de mais democrático e social acolhem algumas das suas versões.

Mais complexa é a avaliação das inovações institucionais. Se há um esforço para inverter a tendência do *deficit* democrático, contudo o pecado original da Convenção indispôs desde logo muitos contra ela (não compreendendo as subtilezas da legitimidade do poder constituinte em momentos revolucionários, ainda que pacíficos, como este). E, mais ainda, uma certa hegemonia dos grandes Estados e dos poderes da União parecem acentuar-se com o presente texto. Pese embora o princípio da subsidiariedade e a separação de poderes complexa que leva a uma metodologia comunitária propiciadora de consensos, e do *aller de concert*.

Os referendos da França e da Holanda, com resultado negativo para esta Constituição, parece terem aconselhado os Estados a uma pausa para reflexão. Esperemos que essa pausa não signifique adiamento da Europa e das reformas constitucionais que se impõem. Entretanto, compreendendo-se embora o problema que constitui rever um tratado já aprovado em tantos Estados-membros, afigura--se-nos que o veto de dois importantes membros da União Europeia o impõe… porque pior seria uma repetição dos referidos referendos.

A solução referendária é muito arriscada para a construção constitucional de um *novum*, sobretudo envolvendo tantos Estados. Sendo embora favorável ao referendo como forma de legitimação democrática directa acrescida, sobretudo dada a génese da Constituição, desde há muito que tínhamos manifestado também a nossa preferência pela convocação de uma Convenção Constitucional, Assembleia Constituinte, ou Parlamento Europeu com poderes constituintes, a que acresceria uma outra instância, também directamente eleita de preferência, que representaria paritariamente os Estados.

Não vemos que sem um rasgo no sentido da confiança e da democratização da União se possa ultrapassar o impasse criado pelo "não" – que é, afinal, uma grande favor feito à integração europeia. Pois tivemos a possibilidade da detecção precoce de um mal-estar que, a ter-se calado, poderia, mais tarde, ser-nos a todos fatal.

Podemos e devemos ter uma Constituição codificada e progressiva e federal. Talvez que as ambiguidades devam, numa nova versão, terminar. Sob pena de os "não" virem de uma banda e da outra, e, querendo agradar a todos, se acabe por agradar a não suficientes.

Mas sempre sem descurar o necessário irenismo e espírito de gradualismo e síntese que tem presidido ao processo histórico da construção europeia.

LIVRO II
CONSTITUIÇÃO EUROPEIA: REFORMA OU REVOLUÇÃO?

PARTE I
Constituição Europeia:
Um Novo Paradigma Juspolítico

"(...) la révolution est la guerre de la liberté contre ses ennemis; la constitution est le régime de la liberté victorieuse et paisible."

ROBESPIERRE[19]

"(...) a guerra e a revolução constituem ainda as duas questões políticas centrais. Elas sobreviveram a todas as justificações ideológicas."

HANNAH ARENDT[20]

---

[19] ROBESPIERRE – «Sur les principes du gouvernement démocratique», in *Textes Choisis*, Paris, Classiques du Peuple/Éditions Sociales, 1974, p. 99.

[20] ARENDT, Hannah – *On Revolution*, 1963, trad. port. de I. Morais, *Sobre a Revolução*, Lisboa, Relógio D'Água, 2001, p. 11.

INTRODUÇÃO[21]

Retornamos ao tema da Constituição Europeia, apesar de por vezes termos a tentação de concordar com Weiler, que considera

---

[21] O primeiro estudo nosso que recordamos sobre o problema em geral terá sido para uma mesa redonda sobre Constituição Europeia, por ocasião da comemoração dos 15 anos da Universidade Portucalense, em 8 de Novembro de 2001, a convite do Prof. Doutor Rui Conceição Nunes. Reduzimos a escrito articulado essas reflexões em "União Europeia, Estado e Constituição. A Constituição Impossível?", in *O Século de Antígona*, Coimbra, Almedina, Fevereiro de 2003, p. 197 ss.. A primeira abordagem académica específica destinou-se a um relatório para um *Seminário de Leitura da Constituição Europeia*, na Faculdade de Direito da Universidade de Santiago de Compostela, em 25 de Junho 2003, para que fomos convidados pelo Prof. Dr. D. Antonio-Carlos Pereira Menaut, Catedrático Jean Monnet. Desde então, muitas outras intervenções se sucederam – na imprensa e em seminários, colóquios, etc. –, mas foi com esse primeiro texto que desejámos dialogar. Uma sua versão mais concisa seria por nós apresentada ao colóquio "Quale Costituzione per quale Europa? Welche Verfassung fuer welches Europa?", 42.º convénio internacional do Institut International d'Etudes Européennes "Antonio Rosmini", Bolzano/Bozen, 9 a 11 de Outubro de 2003, para que fomos convidados pelo Prof. Dr. Danilo Castellano, seu Director, depois editado como *Costituzionalità e prospettiva sulla Costituzione Europea*, in *Quale Costituzione per Quale Europa*, org. de Danilo Castellano, Nápoles, Edizioni Schientifiche Italiane, 2004. Entretanto, publicamos diversos artigos sobre esta matéria na imprensa periódica, designadamente no "Diário de Notícas", "Jornal de Notícias", "Diário Económico", e "Grande Reportagem", assim como demos à estampa alguns ecos do problema no Brasil. O leitor atento notará neste estudo reminiscências de alguns argumentos (mas só destes, porque o presente Argumento ou tese é original) avançados em "Mundo Jurídico", desenvolvidas em "Videtur", e coligidas no nosso *Anti-Leviatã. Direito, Política e Sagrado*, Porto Alegre, SAFE, 2005: livro que muito tardou a sair do prelo.

terem-se estas palavras tornado "um perigo para a saúde mental"[22]. Quanta confusão e mistificação em redor de tais termos! Devemos porém retomá-lo, já que, sem retórica, consideramos que o mais profundo e complexo problema institucional – jurídico e político – deste nosso tempo é mesmo o da Constituição Europeia. Ele precede e sobrepuja naturalmente qualquer outro, porque tal Constituição é o sinal visível de profundas transformações – certas já operadas, e outras a vir. Algumas ainda inimagináveis. E o que temos vindo a assistir corresponde a uma profunda mudança de modelo ou paradigma[23] dentro da normalidade constitucional do constitucionalismo moderno, comum aos diferentes estados europeus[24].

Alguns argumentam que o "tratado constitucional" (e assim gostam de lhe chamar, não tanto por purismo linguístico, como por minimalismo – e aqui, em boa medida, o "minimalismo europeu" anda ligado à referência por uma visão de "direito internacional" transposta para as coisas da União Europeia) poucas inovações traz relativamente a Nice e até a Maastricht. Mas esquecem que, mesmo não se sendo marxista, há casos em que se tem de reconhecer que o acumular de uma gota de quantidade transmuta a qualidade: é o "salto qualitativo". E estamos perante mudanças que, mesmo que fossem pequenas, trariam a mudança. Porém, não são de pequena monta, as mudanças – sobretudo porque plenas de carga simbólica: como o tornar explícito o implícito e formal o informal, ou dar visi-

---

[22] WEILER, J. H. H. – *The Constitution of Europe*, Cambridge, Cambridge University Press, trad. it. de Francesca Martines, *La Costituzione dell'Europa*, Bolonha, Il Mulino, 2003, p. 9.

[23] Paradigma entendido, obviamente, num sentido recuperado do já clássico KUHN, Thomas S. – *The Structure of Scientific Revolutions*, Chicago, Chicago University Press, 1962. Para a aplicação da categoria em Direito, cf. as concisas mas interessantes reflexões de HASSEMER, Winfried – *História das Ideias Penais na Alemanha do Pós-Guerra, seguido de A Segurança Pública no Estado de Direito*, trad. port., Lisboa, AAFDL, 1995, p. 30.

[24] A essa normalidade parece referir-se MIRANDA, Jorge – *Direito Constitucional*, III. *Integração Europeia, Direito Eleitoral, Direito Parlamentar*, Lisboa, AAFDL, 2001, pp. 11-12.

bilidade simbólica e personalidade jurídica. O texto normativo passa a invocar os pergaminhos constitucionais, explicitamente. O primado do Direito da União é explicitamente consagrado. A Carta de Direitos expressamente é consagrada com valor jurídico. A União ganha personalidade jurídica autónoma. São criados um Presidente e um Ministro dos Negócios Estrangeiros. O equilíbrio entre os poderes dos Estados-membros altera-se... etc. Tudo passos que alguns poderão considerar pequenos...para um grande salto.

O debate não é só técnico, nem, por outro lado, se restringe ao plano ideológico; mas tem também uma componente jurídica fundamental: e não só técnico-jurídica e jurídico-positiva, mas ainda jurídico-natural e, se quisermos, jurídico-cultural[25]. Contudo, com as suas ramificações históricas, filosóficas, politológicas[26], etc., a questão de fundo é sobretudo política, e jamais se entenderá a questão de fundo se permanecermos apegados a grelhas interpretativas e de acção meramente legais, ou – pior ainda – legalistas. Nada de pior para interpretar a realidade política livre e estuante que a acanhada miopia dos juridistas, dos que vêem o mundo apenas pelo filtro dos papéis das normas.

Além de um problema, trata-se aliás de um verdadeiro enigma, pois sobre ele muitos privilegiados intervenientes têm opinado, no domínio da mesma matéria e até por vezes dos mesmos textos, de maneira diametralmente oposta, e alguns têm clarificado as suas

---

[25] Cultura juridical entendida no sentido, *v.g.*, de TARELLO, Giovanni – *Cultura giuridica e politica del diritto*, Bologna, Il Mulino, 1988; *Idem – Storia della Cultura Giuridica Moderna. Assolutismo e codificazione del diritto*, Bologna, Il Mulino, 1976. Mais concretamente para a abordagem do problema em sede constitucional, parece-nos indispensável a abordagem de HAEBERLE, Peter – *Verfassungslehre als Kulturwissenschaft, Schriften zum Oeffentlichen Recht*, vol. 436, 2.ª ed., 1996, trad. cast. de Emili Mikunda, *Teoría de la Constitución como Ciencia de la Cultura*, Madrid, Tecnos, 2000.

[26] As nossas perspectivas sobre a dimensão politológica e filosófico-político podem colher-se nos nossos *Política Mínima*, Coimbra, Almedina, 2003, e mais detidamente em *Repensar a Política. Ciência & Ideologia*, Coimbra, Almedina, 2005.

posições por forma a que pode dar a impressão de que mudaram de perspectiva[27]. Alguns mudaram, e confessam-no (o que – nada retirando à coerência dos que permanecem iguais, contudo é sinal de que não cristalizaram nas suas posições, e continuaram a pensar), outros nem por isso. Estranha matéria, pois.

Mas na verdade não tão estranha assim... Todas as atitudes aparentemente inusitadas neste domínio são perfeitamente naturais, e explicáveis, atenta a magnitude e complexidade do que está a mudar. Poucos estariam verdadeiramente preparados para aceitar tantas e tão profundas mudanças. E se uns desde o princípio aceitaram e aplaudiram[28] tudo o que veio de fora ou de cima por motivos menos louváveis, o menor dos quais será a falta de imaginação, outros têm lutado como Jacob contra o Anjo, num corpo a corpo renhido para entender o que se passa, e aonde se quer chegar.

Em geral, os juristas (*mea culpa*) não estão bem municiados para enfrentar o problema com objectividade e abertura. A mera exegese do direito positivo, e em especial os inveterados (pré-)conceitos positivistas, não chegam para compreender uma Constituição que, em muitos aspectos, rompe com os cânones consagrados. Nessa armadilha positivista (ainda que na mais subtil das suas versões: a de confundir alguns pontos de uma dogmática tradicional, datada e mutável, por uma essência intocável da ciência do Direito Político[29]) devemos desde já confessar que caímos anteriormente, tendo então assentado as nossas críticas em bases que realmente remetiam, de forma tácita, designadamente para um paradigma de "representa-

---

[27] Aludindo já a algumas mudanças no panorama doutrinal, QUADROS, Fausto de – *Direito Comunitário I. Programa, Conteúdo e Métodos do Ensino*, Coimbra, Almedina, 2000, p. 45 ss.

[28] Sobre esse estado de espírito e atitude, já MACEDO, Jorge Borges de – *O Espírito da Europa*, in "Didaskalia", vol. XVI, fasc. 1 e 2, 1986, p. 389 ss., máx. pp. 389 e 396.

[29] Aparentemente, há muitas soluções de continuidade na teoria constitucional. Cf., *v.g.*, SALDANHA, Nelson – *Formação da Teoria Constitucional*, 2.ª ed., actualizada e ampliada, Rio de Janeiro/São Paulo Renovar, 2000, max. p. 8 ss. Mas, a nosso ver, eis-nos precisamente chegados a um momento de ruptura.

ção"[30], "legalidade"[31] e "devido processo legal" (na verdade "constitucional"[32]) que não têm realmente muito a ver com o novo fenómeno juspolítico que ocorreu e que se está efectivamente a passar.

O que temos diante de nós com o processo constitucional europeu é de uma dimensão trans-legal, e até em certo sentido meta-democrática: um fenómeno verdadeiramente revolucionário[33].

---

[30] Mesmo tendo presente os diversos sentidos da expressão. Cf. SOUSA, José Pedro Galvão de – *Da Representação Política*, São Paulo, Saraiva, 1971.

[31] Sobre a própria ideia de "lei", subconscientemente, talvez, ecoariam, em diálogo nem sempre fácil, escritos tão vários como: BOULAD-AYOUB, Josiane/MELKEVIK, Bjarne/ROBERT, Pierre (dir.) – *L'Amour des Lois. La crise de la loi moderne dans les sociétés démocratiques*, Les Presses Universitaires de l'Université Laval/L'Harmattan, Québec/Paris, 1996; BASTIT, Michel – *Naissance de la Loi Moderne*, Paris, P.U.F., 1990; BURDEAU, Georges – *Le Déclin de la loi*, in «Archives de Philosophie du Droit», VIII, Paris, 1963, p. 35 ss.; CARBONNIER, Jean – *Essai sur les Lois*, Evreux, Répertoire du Notariat Defrénois, 1979; D'ORS, Alvaro – *Derecho y Ley en la Experiencia Europea desde una perspectiva Romana*, in *Philosophie Juridique Européenne. Les Institutions*, dir. de Jean--Marc Trigeaud, Roma, Japadre, 1988, p. 33 ss.

[32] Na realidade, o essencial, na génese da Constituição europeia, afasta-se dos procedimentos de constitucionalização tidos por "normais". Cf. BLAUSTEIN, Albert – *The making of Constitutions*, in "Jahrbuch des oeffentlichen Rechts der Gegenwart", neue Folge, Band 35, 1986, p. 699 ss.; FRIEDRICH, Carl J. – *Some Reflections on the Meaning and Significance of Constitution-Making in our Time*, in Fetschrift fuer Karl Loewenstein, Tuebingen, J. C. B. Mohr (Paul Siebeck), 1971, p. 119 ss.

[33] Essenciais para a compreensão mais profunda do fenómeno, em geral, foram para nós, em seu tempo, os estudos de NEVES, António Castanheira – *A Revolução e o Direito. A situação actual da crise e o sentido no actual processo revolucionário*, separata de "Revista da Ordem dos Advogados", 1976, recolhido in *Digesta. Escritos acerca do Direito, do Pensamento Jurídico, da sua Metodologia e Outros*, I, Coimbra, Coimbra Editora, 1995, p. 51 ss.; VINCENT, André – *Les Révolutions et le droit,* Paris, Librairie Générale de Droit et de Jurisprudence, 1974; TELES, Miguel Galvão – *O Problema da Continuidade da Ordem Jurídica e a Revolução Portuguesa*, in "Boletim do Ministério da Justiça", n.° 345, 1985. Na obra de NOCE, Augusto del – *I Caratteri Generali del Pensiero Politico*, Milão, Giuffrè, 1972, p. 8 ss., max. p. 12, podemos colher uma acepção e modalidade do termo "revolução" (revolução "jurídica") que se adequa em boa medida

E ninguém consegue conter a torrente de uma revolução, mesmo de uma revolução subtil e pacífica como a presente. Aliás, como a própria doutrina nacional já integrou no seu sistema, a revolução é fonte de direito e ele promanam efeitos jurídicos[34].

à primeira dimensão nossa perspectiva: uma revolução *nem violenta nem destruidora*, como, comentando esse mesmo texto, assinala CASTELLANO, Danilo – *L'Ordine della Politica. Saggi sul Fondamento e sulle Forme del Politico*, Nápoles, Edizioni Scientifiche Italiane, 1997, p. 84. Claro que pensamos que esta revolução jurídica trará consigo consequências revolucionárias elas também, em múltiplos domínios, que ainda se não poderão cabalmente prever.

[34] Ainda recentemente, e mesmo com a depuração e a prudência devidas nas obras introdutórias, AMARAL, Diogo Freitas do – *Manual de Introdução ao Direito*, Coimbra, Almedina, 2004, p. 485 ss., max. p. 486: "Tal como a guerra, a revolução é, pois, também um facto normativo repentino e global: não há apenas mudança desta ou daquela norma, mas mutação total do ordenamento jurídico". Cf. ainda (aliás neste mesmo texto também citado) MIRANDA, Jorge – *A Constituição de 76: Formação, Estrutura, Princípios Fundamentais*, Lisboa, Petrony, 1978, p. 41, n.1

TÍTULO I
Da Constituição em Geral
Contextualização Jurídica da Constituição Europeia Codificada

CAPÍTULO I
Ponto de Arquimedes: Conceito de Constituição

Uma Constituição é a mais alta expressão do Direito e da Política numa sociedade, comunidade, ou formação social ou sociedade[35]... seja de que tipo ela for[36]. Na Constituição, Direito e Política encontram-se entrelaçados. Na Constituição, o Direito se revela atento à realidade política, mas procurando enquadrá-la e mesmo subordiná-la, numa perspectiva de Justiça: *atribuindo a cada um o que é seu* (– *suum cuique tribuere* – sendo este *suum*, ou *seu*, de índole política) – estabelecendo assim titularidades e relações de poderes, cargos, honras, etc[37].

A Constituição é, assim, "Estatuto jurídico do político", como se lhe tem chamado sinteticamente (conceito aliás com muita fortuna doutrinal entre nós[38]), consubstanciando a síntese das relações

---

[35] Preocupam-se alguns com a alegada inexistência de uma sociedade política europeia. Assim, *v.g.*, MONCONDUIT, François – *Quelle Conscience d'appartenance pour faire vivre une constitution européenne?*, in *Quale Costituzione per Quale Europa*, p. 55: «C'est le paradoxe d'une Constitution, comme règle du jeu pour une société politique qui n'existe pas encore».

[36] Cf., por todos, uma análise das diferentes perspectivas constitucionais em Portugal desde Marcello Caetano (balanço do último meio século), no nosso *Teoria da Constituição*, I, pp. 289-325, sintetizado em *Política Mínima*, pp. 94 ss..

[37] Esta é a lição do realismo clássico, que neste ponto sem qualquer dúvida seguimos. Cf., em geral, por todos, VILLEY, Michel – *Abrégé de droit naturel classique*, in «Archives de Philosophie du Droit», VI, Paris, Sirey, 1961, pp. 25-72; SCHOUPPE, Jean-Pierre – *Le Réalisme juridique*, Bruxelles, E. Story--Scientia, 1987.

[38] Cf. o nosso *Teoria da Constituição*, I, máx. p. 305 ss..

166   *Constituição Europeia: Reforma ou Revolução?*

de poder, a máxima regra de produção do Direito, a *forma* da sociedade, ou da república[39]. Classicamente, a Constituição era vista
como "as muralhas" que defendem a *Pólis*[40].

Mais importante, mais profunda, que a Constituição formal,
positivada e normalmente codificada nos nossos dias (como veremos), é a Constituição material, que, *grossissimo modo*, poderíamos
dizer está para aquela primeira como o direito natural está para o
direito positivo[41].

---

[39] Título muito feliz é, assim, o do recente livro de AMARAL, Maria Lúcia –
A Forma da República. Uma Introdução ao Estudo do Direito Constitucional,
Coimbra, Coimbra Editora, 2005.

[40] Segundo HESÍODO: "O povo deve lutar tanto pelo seu nomos como pelas
muralhas da cidade", *apud* SOARES, Rogério Ehrhardt – *O Conceito Ocidental de
Constituição*, in "Revista de Legislação e Jurisprudência", Coimbra, 1986, n.º
3743, p. 37. Tal metáfora vem desde logo impressa no título de AYUSO, Miguel –
Las Murallas de la Ciudad, Buenos Aires, Nueva Hispanidad, 2001.

[41] Sobre a "constituição material" continua muito interessante o contributo
de MORTATI, Costantino – *La Costituzione in Senso Materiale*, reed., Milão, Giuffrè, 1998.

CAPÍTULO II
Metáfora e Paradigmas Constitucionais Implícitos

"As muralhas" que defendem a *Pólis*. Esta assimilação arquitectónica[42] pode ser vista como uma metáfora muito fecunda: pois Constituição é também o que constitui, e pode imediatamente pensar-se em fundamentos, ou fundações, ou infra-estruturas de uma comunidade – como se de um edifício se tratasse[43]. Mas há também o elemento de "arquitectura militar": quando se fala em muralhas, deixa apenas de se ter no horizonte uma fundação em altura, deixa a Constituição de ser somente a base sobre a qual se ergue um edifício político-normativo, mas além de se pensar em altura e na vertical, passa a pensar-se também na dimensão horizontal, no confronto de uma Constituição com outras, a seu lado, numa carta geográfica, em que são erguidas barreiras, fronteiras, limites.

Daí que o nosso imaginário colectivo de várias gerações de constitucionalistas tenha integrado as duas dimensões, e não pense numa sem a outra: a dimensão de fundamentalidade no plano interno, como base ou vértice (no caso, tanto monta) de uma pirâ-

---

[42] A matéria constitucional parece convocar particularmente este tipo de metáforas, que agora passam também para o âmbito constitucional europeu. Cf., *v.g.*, PEREIRA MENAUT, Antonio-Carlos – *Crecer en Constitucionalismo sin crecer en Estatismo. Una propuesta de Arquitectura Constitucional para la EU, in* "Temas de Integração". *A União Europeia. Os Caminhos depois de Nice*, 2.º semestre de 2001, 1.º semestre de 2002, n.º 12 e 13, pp. 105-129.

[43] Sobre os vários sentidos de "constituição" com pertinência para o problema da Constituição Europeia, cf. o elenco de WEILER, J. H. H. – *La Costituzione dell'Europa*, pp. 11-12.

mide normativa, e a dimensão de defesa (o que implica também supremacia) face a ameaças do exterior.

E daí o obstáculo[44] (que alguns diriam "epistemológico") da "soberania" – o qual, porém, constitui um falso problema. No fundo, como mais detidamente veremos, está em causa aquilo a que se chamaria a *Grundnorm* implícita dos constitucionalistas e internacionalistas clássicos[45]: e que é a ideia de soberania[46]. A Constituição pareceria implicar, desde logo, o paradigma da soberania. O qual, avancemos desde já, se encontra, fora de algum discurso político, também *démodé*, e passa realmente ao lado da agenda jurídico-política[47].

---

[44] Especificamente na linha do "obstáculo", em clave jusfilosófica já VILLEY, Michel – *Critique de la pensée juridique moderne*, Paris, Dalloz, 1976, p. 120: «La souveraineté, le primat de l'Un; mais aujourd'hui elle nous encombre, gêne la constitution de l'Europe, interdit le fédéralisme et l'autonomie des r´rgions. Combien plus vraie, plus réaliste, la description par Aristotle du régime mixte, et du partage naturellement oéré des pouvoirs publics, combien plus juste la mesure que fait Aristote du degré d'»autarchie» nécessaire à chaque cité».

[45] Obviamente nos reportamos à teoria da pirâmide normativa kelseniana. Aliás, Kelsen publicaria, em 1920, um *Das Problem der Souverenität und die Theorie des Volkerrechts*, o que explica a importância jusinternacionalística da sua obra capital, KELSEN, Hans – *Reine Rechtslehre*, trad. port. de João Baptista Machado, *Teoria Pura do Direito*, 4.ª ed., Coimbra, Arménio Amado, 1976.

[46] Discutindo o problema através precisamente do operador "Grundnorm", MCCORMICK, Neil – *Beyond the Sovereign State*, in "The Modern Law Review", vol. 56, Janeiro de 1993, n.º 1, p. 1 ss.. Uma alusão *in* PIRES, Francisco Lucas – *Introdução ao Direito Constitucional Europeu*, Coimbra, Almedina, 1997, pp. 14-15.

[47] Cf., por todos, BERGALI, Roberto/RESTA, Eligio (org.) – *Soberania: Un Principio que se Derrumba. Aspectos Metodológicos y Jurídico-Políticos*, Barcelona, Paidós, 1996.

CAPÍTULO III
Pluralidade das formas de Constituição

Quando se fala em Constituição, hoje, correntemente, e tanto na comunicação social como na maioria das vezes mesmo no discurso académico e forense, não se tem em conta a polissemia da palavra. Importa precisar que Constituição não é apenas identificável com a sua dimensão instrumental – um texto, um código consubstanciado num livro ou em suporte magnético, etc.

Há especialmente que distinguir entre dois tipos de Constituição[48]: a natural, histórica, aberta, evolutiva, não codificada, mas que pode ser compilada[49], como foram as Ordenações, e como é a Cons-

---

[48] Mais desenvolvimentos no nosso *Teoria da Constituição*, I, máx. p. 343 ss., e uma síntese em *Repensar a Política*, pp. 207-208. Cf., por todos, e centrando-se numa realidade que nos é próxima, BRAVO LIRA, Bernardino – *Entre dos Constituciones. Historica y Escrita. Scheinkonstitutionalismus en España, Portugal y Hispanoamérica*, in "Quaderni Fiorentini per la Storia del Pensiero Giuridico Moderno", n.° 27, Florença, 1998, p. 151 ss.. A nomenclatura utilizada (constituição natural e constituição voluntarista) coincide com a adoptada, *v.g.*, por CHIODI, Giulio Maria – *Il Costituzionalismo Europeo tra* Civitas *e* Socialitas, in *Quale Costituzione per Quale Europa*, p. 65 ss.

[49] Compilações de tratados das Comunidades Europeias e afins tem havido. Recordamos, desde logo, os simpáticos e manuseáveis volumes Serviço das Publicações Oficiais das Comunidades Europeias, *Tratados que instituem as Comunidades Europeias. Tratados que alteram esses Tratados. Acto Único Europeu*, Bruxelas/Luxemburgo, Serviço das Publicações Oficiais das Comunidades Europeias, 1987; PEREIRA MENAUT, Antonio-Carlos, *et al.* (org.) – *La Constitución Europea. Tratados Constitutivos y Jurisprudência*, Santiago de Compostela, Cátedra Jean Monnet da Universidade de Santiago de Compostela, 2000. Este

tituição do Reino Unido ainda hoje (a do constitucionalismo natural), e a voluntarista, "utópica", codificada (a do chamado "constitucionalismo moderno"), como a maioria das Constituições actualmente vigentes. Como sabemos, estas últimas encontram-se sempre sujeitas a revisões aquando de cada mudança política mais ou menos profunda (em Portugal temos tido essa experiência *ad libitum*), e à pura e simples revogação e substituição ao virar da esquina de cada revolução.

Contudo, estas últimas constituições são (em princípio) mais exactas, mais certas, mais seguras, mais previsíveis (apesar de tudo), e podendo aquelas primeiras mais facilmente ser esquecidas, e subvertidas pelos poderosos, e desde logo pelo poder – como efectivamente sucedeu em vários países em diversas épocas. Ao ponto de ainda hoje as velhas liberdades portuguesas (e ibéricas) serem escassamente reconhecidas como objecto histórico – ao contrário do que sucede com os constitucionalismos escritos inglês (cunhado pela Magna Carta), americano e francês.

Se as constituições voluntaristas são, por vezes, letra morta (como é o caso da dimensão social da Constituição de 76 sob governos que a não acarinhavam), as constituições históricas arriscam-se a ser pura e simplesmente mortas. Por isso, apenas se pode realmente desejar uma constituição natural, histórica, nos nossos dias, seja a que nível for, se ela for defendida pelo elemento pessoal da comunidade respectiva em causa – normalmente, pelo Povo. E mesmo assim com muitas dúvidas, porque o nosso tempo é de signos marcados e não de signos voláteis, por muito que o virtual nos haja volatilizado.

Temos ainda de reconhecer, que não existindo (pelo menos para já: e decerto por bom tempo – a ninguém é dado prever o futuro) um Povo europeu[50], o processo natural e histórico de formação de uma

---

último com a vantagem de se aproximar mais da "Constituição material", porquanto enriquecido com jurisprudência fundamental.

[50] Este ponto é sublinhado por MIRANDA, Jorge – *Direito Constitucional*, III. *Integração Europeia...*, p. 12.

Constituição europeia que estava a ser seguido poderia ser esquecido, travado, ou desviado por poderes e burocracias, que, pelo contrário, vinculados a um texto único, codificado, terão mais claro o caminho a seguir.

A Constituição europeia em apreço leva a ideia da certeza, segurança e cientificidade próprias dos códigos *tout court* até ao extremo, por não se quedar, como seria *prima facie* esperável, por matérias materialmente constitucionais, alargando os seus domínios a uma espécie de "Direito Administrativo" europeu. Tal facto faz da Constituição também um Código, não apenas de direito político, mas de direito em geral[51]. É rara a constituição formal que não incorpora, aqui e ali, um ou outro aspecto sem dignidade constitucional, por excesso de zelo, receio de que a questão seja diferentemente resolvida pelo legislador ordinário, ou simplesmente por confusão

---

[51] Sobre Codificação e Constituição, cf., *v.g.*, CLAVERO, Bartolomé – *Codificación y Constitucion: Paradigmas de un Binomio*, in «Quaderni Fiorentini per la Storia del Pensiero Giuridico Moderno», vol. 18 (1989), pp. 79-145; VANDERLINDEN, Jacques – *Le Concept de code en Europe occidentale du XIIe au XIX e siècle. Essai de définition*, Bruxelles, Université Libre de Bruxelles, 1967; VARGA, Csaba – *Codification as a sócio-historical phenomenon*, Budapeste, Akadémiai Kiadò, 1991; *Idem – Utopias of rationality in the development of the idea of codification*, in «Rivista Internazionale di Filosofia del Diritto», 1978, 1, pp. 23 ss.; TARELLO, Giovani – *Storia della Cultura Giuridica Moderna. Assolutismo e Codificazione del Diritto*, Bolonha, Il Mulino, 1976; QUEIRÓ, Afonso – *Codificação*; *Código*, in "Verbo-Enciclopédia Luso-Brasileira de Cultura", vol. V, cols. 817-820; MARQUES, Mário Reis – *O Liberalismo e a Codificação do Direito Civil em Portugal. Subsídios para o Estudo da Implantação em Portugal do Direito Moderno*, Coimbra, separata do "Suplemento ao Boletim da Faculdade de Direito da Universidade de Coimbra", Coimbra, 1987; ASTUTI, Guido – *La Codificazione del diritto civile*, in "La Formazione Storica del Diritto Moderno in Europa", Florença, 1977, II, p. 853 ss..; ARNAUD, André-Jean – *Essai d'analyse structurale du Code civil français*, Paris, L.G.D.L., 1973; *Idem – Les Origines doctrinales du Code civil français*, Paris, LGDJ, 1969. E o clássico PORTALIS, Jean-Etienne-Marie – *Discours et Rapports sur le Code Civil, precédés de L'Essai sur l'utilité de la Codification de Frédéric PORTALIS*, Centre de Philosophie Politique et Juridique, Université de Caen, Caen, 1989. V. ainda o nosso *Constituição, Direito e Utopia. Do Jurídico-Constitucional nas Utopias Políticas*, max. pp. 309-348.

quanto às prioridades e valor das matérias jurídicas. Mas, no nosso caso, há um reforço dessas matérias. Às razões normais acresce a já referida necessidade de ordenar, organizar, não deixar uma entidade, que para muitos cidadãos é ainda vaga e sempre longínqua, pairar ao sabor do voluntarismo político ou administrativo sem normas. E mesmo assim sempre se irá ver quantas surpresas ainda nos colherão desprevenidos a todos, europeus.

Acresce que se quisermos uma verdadeira Europa social tal só poderá ser obtido – no plano da estrutura e metódica constituintes – quebrando com o fetiche do minimalismo neo-liberal (anarco-capitalista) que gostaria de uma constituição descarnada, reduzida à sua expressão mais simples de distribuição dos poderes e catálogo de liberdades formais. Mas que, cedendo como tantos outros aos ares dos tempos, acabará também por desejar consagradas liberdades económicas sem freio: porque a literalidade e o fanerismo, a explicitação sem ambiguidades, já a quase todos converteram.

O programa social europeu (e o cultural, etc.) obriga a uma constituição certamente menos romântica, menos ágil, mas que possa ser mais garantística nos domínios sociais *lato sensu*, e assim também incluir algum programatismo não utópico.

A crítica de alguns "não" de esquerda à Constituição europeia parece-nos ser exagerada, e manifestamente empolada para obter créditos de coerência e protesto ao nível interno. A mais clara síntese do sentido da Constituição económico-social europeia do projecto sobre a mesa terá sido (como referimos já) a de Mário Soares, durante a campanha pelo "sim" em França: a Constituição é um equilíbrio, um compromisso, entre socialismo e liberalismo. Mas, realmente, glosaríamos nós: não entre socialismo totalitário e liberalismo feroz e anárquico, que esses, exageros ambos, se não podem entender. Antes entre socialismo democrático e liberalismo com alguma sensibilidade social.

CAPÍTULO IV
Constituições e Climas políticos:
Causalidade ou Continuidade

Poder-se-á dizer que as constituições naturais geram (ou se harmonizam com) um sereno fluir da tradição democrática (como no Reino Unido) e as constituições voluntaristas são potenciadoras de instabilidade política (o caso mais gritante é o da América Latina, com mais de duzentas constituições escritas, e sempre a crescer em número, sem que se haja conseguido jamais resolver os problemas reais[52]). Numa das possíveis perspectivas estaremos perante constituições que produzem efeitos políticos, noutra perante constituições que necessariamente se harmonizam com ambientes ou climas políticos. É muito difícil, nestes casos, discernir realmente o que é causa e o que será consequência, o que existe "porque" ou o que co-existe.

Seja como for, como aflorámos *supra*, em muitos casos – certamente a maioria dos casos, porque as tradições democráticas do Reino Unido são, afinal, excepção – terá de reconhecer-se que a única forma de um povo ascender à maioridade, de se *esclarecer* como comunidade política (para retomar alguns temas kantianos e iluministas[53]) será precisamente o pôr por escrito e de forma codifi-

---

[52] Cf., *v.g.*, Bravo Lira, Bernardino – *El Estado Constitucional en Hispanoamerica (1811-1991). Ventura y desventura de un ideal Europeo de gobierno en el Nuevo Mundo*, México, Escuela Libre de Derecho, 1992

[53] Cf., desde logo, Kant, Immanuel – *Was ist Aufklärung?*, trad. de Agapito Maestre y José Romagosa, *Qué es Ilustración?*, Madrid, Tecnos, 1988. V. ainda, de entre inúmeros, Foucault, Michel – *Qu'est-ce que les Lumières*, in «Magazine Littéraire», n.° 309, 1993, p. 61 ss.; *Qu'est-ce que les Lumières*,

cada as normas jurídicas que procuram governar a coisa pública – na sua mais profunda dimensão. Resulta assim que, apesar do programatismo (e do carácter dirigente[54]) e da utopia nas constituições (que são três coisas distintas) poder ser um exagero de voluntarismo que, por vezes, lhes retira credibilidade, realismo e confisca força normativa, é também salutar perspectiva do legado liberal desconfiar dos poderes e obrigá-los a normas escritas e mais ou menos estritas. E o grau de programatismo e utopia depende do conteúdo de que se queira dotar o texto constitucional. Pode ser um conteúdo prospectivo, propulsor, programático, mas ainda assim moderado – como em geral é o programa "ideológico" da Constituição europeia em apreço.

Dependem assim os efeitos políticos das constituições de um ou outro tipo também do género de sociedades em que vivem. Uma sociedade em que estejam profundamente enraizadas as convicções demo-liberais que fundam a nossa moderna *polis*, precisa bem me-

---

número especial (10) de «Dix-Huitième Siècle», Paris, Garnier, 1978; ADORNO, Theodor W./HORKHEIMER, Max – *Dialektik der Aufklärung*, Frankfurt, M. Fischer, 1981[1.ª ed. 1947]; CASSIRER, Ernest – *La Philosophie des Lumières*, trad. fr., Paris, Fayard, 1966; JAM, Jean-Louis (ed.) – *Eclectisme et cohérences des Lumières. Mélanges offerts à Jean Ehrard,* Pref. de René Pomeau, Paris, Librairie Nizet, 1992; PLONGERON, Bernard – *Théologie et Politique au siècle des Lumières (1770-1820)*, Genève, Droz, 1973. Mais histórico, *v.g.*, HOF, Ulrich Im – *Das Europa der Aufklärung*, Munique, C. H. Beck, 1993. E, pela sua actualidade, LUKES, Steven – *The Curious Enlightenment of Professor Caritat*, Verso, 1995, trad. port. de Teresa Curvelo, revisão de Manuel Joaquim Viera, *O curioso Iluminismo do Professor Caritat*, Lisboa, Gradiva, 1996; SAAGE, Richard – "Aspekte postmoderner Aufklaerungskritik", *Das Ende der potitischen Utopie?,* Francoforte sobre o Meno, Suhrkamp, 1990, p. 77 ss.

[54] Um interessante e ponderado balanço do problema, para mais com atinência europeia, pode colher-se em CANOTILHO, José Joaquim Gomes – *Da Constituição Dirigente ao Direito Comunitário Dirigente*, in "Colectânea de Estudos de Homenagem a Francisco Lucas Pires", Lisboa, Universidade Autónoma de Lisboa, 1999, p. 142 ss. Cf. ainda *Idem – Constituição Dirigente e Vinculação do Legislador. Contributo para a Compreensão das Normas Constitucionais Programáticas*, Coimbra, Coimbra Editora, 1982; PIRES, Francisco Lucas – *Teoria da Constituição de 1976. A transição dualista*, Coimbra, ed. do autor, 1988.

Constituição Europeia: Um Novo Paradigma Juspolítico   175

nos de normas escritas e de normas codificadas, quer em geral, quer no plano especificamente constitucional. Sociedades com menos tradição demo-liberal necessitam de mais normas, de mais explicitação das mesmas, até de uma técnica mais "primitiva", como é a da enumeração ou enunciação. Por contraposição ao uso de conceitos indeterminados e de cláusulas gerais, mais adequados a sociedades com maior cultura jurídica e mais sólida política democrática e espírito cívico e mais generalizado reconhecimento da dignidade da pessoa, do homem, do trabalhador, do cidadão.

Sociedades que se complexificaram excessivamente, e em que se foi perdendo, até pela degradação do sistema educativo, o sentido de saberes e sabedoria do mais profundo espírito juspolítico, ou seja, sociedades em que a legitimidade burocrática e democrática simplesmente técnica completamente desbancaram formas mais subtis de legitimidade que consigo transportavam a transmissão quase insensível de saberes profundos, necessitam de um fanerismo objectivador que explique a todos, mesmo aos juristas e aos políticos, o que outrora era calado (que nem sequer se pensava pudesse ser explicitado, ou verbalizado), porque óbvio. Além de que tais sociedades precisam de cada vez mais instrumentos de ordenação, sistematização, ordem, etc. nos seus comandos e textos legais em geral, porquanto, dominadas pela mentalidade positivista, já não podem esperar que a pluralidade de fontes funcione (como outrora, nos tempos do direito alto medieval) como instrumento de liberdade, e não como instrumento de confusão. Estamos certamente, nas nossas sociedades hodiernas, nos limites de uma evolução de concretização e de fixação formal das ideias e das regras, diametralmente oposta à das sociedades orais, de direito decorado (etimologicamente: guardado no coração), plasmado em poesia, guardado por um classe sacerdotal (como os druidas), etc. A lógica da escrita[55]

---

[55] Cf., por todos, GOODY, Jack – *The Logic of Writing and the Organisation of Society*, Cambridge University Press, 1986, trad. port. de Teresa Louro Pérez, *A Lógica da Escrita e a Organização da Sociedade*, Lisboa, Edições 70, 1987; BOORSTIN, Daniel J. – «A Tipografia e a Constituição», in *O Nariz de Cleópatra. Ensaios sobre o Inesperado*, trad. port. de Maria Carvalho, Lisboa, Gradiva,

impregna-nos, e não raro deparamos, mesmo na sociedade civil, com regulamentos contendo normas tão comezinhas e tão óbvias que nos chocariam ainda há poucos anos. Mas, curiosamente, nos nossos dias – dir-se-ia, obviamente *cum grano salis* – "ninguém nasce ensinado"...

1995; LE GOFF, Jacques – *Memória*, in *Enciclopédia* (Einaudi), 1. *Memória-História*, ed. port., Lx., Imprensa Nacional-Casa da Moeda, 1984, max. p. 16 ss.; BURKE, Peter – *A Social History of Knowledge (from Gutenberg to Diderot)*, Oxford, Polity Press/Blackwell, 2000, trad. port. de Plínio Dentzien, *Uma História Social do Conhecimento: de Gutenberg a Diderot*, Rio de Janeiro, Jorge Zahar, 2003. É curioso observar como o direito tem sido uma arte de escrita e escuta, mas não de *visão*. Cf. o nosso *Le droit et les sens*, Paris, L'Archer, diff. PUF, 2000, *passim*.

CAPÍTULO V
A Constituição e o Estado

Há quem vincule exclusivamente (ou pelo menos muito forte-mente) o conceito de Constituição ao de Estado[56]. Para quem siga essa concepção, fácil é concluir que uma Europa com uma Consti-tuição passa a ser um Estado[57]. Mas também há quem pense, com os mesmos pressupostos, que, não podendo a Europa ser um Estado ou não sendo um Estado, não poderá ter uma Constituição[58]. Em con-trapartida – quiçá porque o Reino Unido não haja sido jamais um "Es-

---

[56] Para uma síntese histórico-doutrinal moderna do problema, FIORAVANTI, Maurizio – *Costituzione*, Bolonha, Il Mulino, 1999, max. pp. 130-139. Mais desenvolvidamente, *Idem – Stato e Costituzione. Materiali per una storia delle dottrine costituzionali*, Turim, Giappichelli, 1993.

[57] Limitando-nos a autores nacionais, parece-nos que idêntica perspectiva se pode extrair deste passo de QUADROS, Fausto de – *Direito Comunitário I*: "(…) Ora, se a União Europeia não tem poder constituinte próprio, os Tratados Comu-nitários não podem ser vistos como a sua Constituição. Consequentemente, tam-bém a União Europeia não pode ser concebida como um Estado. (…)". Aflorará esta ideia ainda, por exemplo, neste passo de CANOTILHO, José Joaquim Gomes – *Compreensão Jurídico-Política da Carta*, in *Carta de Direitos Fundamentais da União Europeia*, coord. de Vital Moreira, Coimbra, Coimbra Editora, Ius Gen-tium Conimbrigae, Faculdade de Direito de Coimbra, 2001, p. 14: "Se não existe uma constituição europeia, também não existirá um 'Estado Europeu'"?

[58] Cf. MIRANDA, Jorge – *Sobre a Chamada Constituição Europeia*, in "Público", 2 de Julho de 2003: "Ora a experiência histórica e análise conceitual mostram que Constituição implica Estado; que só um Estado possui Constituição; que só um Estado é capaz de se dotar de uma Constituição – ou seja, de se auto-organizar e de organizar a sociedade em moldes sistemáticos e totalizantes".

tado"[59] – o governo de Sua Majestade parece, pelo contrário, admitir plenamente (e desejar) uma Constituição para Estados soberanos – no plural –, e até como forma alternativa a um "super-estado federal"[60]. E há ainda quem advogue uma Europa-Estado[61]. Questão "circular"!

Sendo hoje a equivalência Estado/Constituição a realidade normal, mais corrente[62], afigura-se-nos que uma concepção abrangente (e a mais realista e mais verdadeira) de Constituição que implique o chamado conceito histórico-universal de constituição (e englobe, por isso, o dualismo constituição natural e constituição codificada) implica uma visão pluralista, em que se reconhece a existência de uma lei fundamental, ou de um conjunto de leis fundamentais, em todas e quaisquer comunidades políticas[63]. Ora a União Europeia

---

[59] PEREIRA MENAUT, Antonio-Carlos – *El Ejemplo Constitucional de Inglaterra*, Madrid, Universidad Complutense, 1992, p. p. 27 ss.

[60] Cf. BLUMENWITZ, Dieter – *Wer gibt Verfassung Europas? Zur Verfassunggebenden (Pouvoir Constituant) in der Europaeischen Union*, in *Quale Costituzione per Quale Europa*, p. 34, n. 5.

[61] Cf., *v.g.*, MANCINI, Federico – *Per uno Stato europeo*, "Il Mulino", 377, Maio-Junho de 1998, p. 408 ss. Comentando, J. H. H. WEILER – *La Costituzione dell'Europa*, p. 537ss.

[62] PIRES, Francisco Lucas – *Introdução ao Direito Constitucional Europeu*, começa logo por afirmar essa ligação, no plano histórico: "A história do constitucionalismo é siamesa da do moderno Estado-nação democrático. Este tem uma ligação para a vida e para a morte com as suas tábuas da lei" (p. 7).

[63] LASSALE, Ferdinand – *O Que é uma Constituição Política?*, trad. port., Porto, Nova Crítica, 1976, máx. p. 36: "Todos os países possuem, e terão de possuí-la sempre, uma constituição real e efectiva. É errado pensarmos que a Constituição é uma prerrogativa dos tempos modernos."; SOARES, Rogério Ehrhardt – O *Conceito Ocidental de Constituição*, "Revista de Legislação e Jurisprudência", n.º 3743, p. 36: "Qualquer comunidade política supõe uma ordenação fundamental que a constitui e lhe dá sentido – possui uma constituição". Um outro matiz se poderá quiçá encontrar em MIRANDA, Jorge – *Manual de Direito Constitucional*, II. *Constituição*, 4.ª ed., Coimbra, Coimbra Editora, 2000, p. 13: "Em qualquer Estado, em qualquer época e lugar (repetimos), encontra-se sempre um conjunto de regras fundamentais, respeitantes à sua estrutura, à sua organização e à sua actividade – escritas ou não escritas, em maior ou menor número, mais ou menos simples ou complexas. Encontra-se sempre uma Constituição como expressão jurídica do enlace entre poder e comunidade política ou entre sujeitos e destinatários do poder."

Constituição Europeia: Um Novo Paradigma Juspolítico   179

é uma comunidade política e, por isso, tem uma Constituição. Já a tem de há muito. O poder judicial europeu já o dissera – desde logo. E a doutrina também o foi vindo a sublinhar. Independentemente do novo texto escrito, já havia Constituição[64] e não será pelo simples facto de haver Constituição, agora codificada, que passará a surgir um novo Estado. Aliás, é interessante verificar-se que, independentemente do problema europeu, a doutrina constitucionalista portuguesa tem vindo, nos últimos cinquenta anos, a progressivamente destacar-se, nas suas definições de Constituição e Direito Constitucional, do paradigma estadualista[65].

Contudo, a questão do novo Estado não é fácil. Por um lado, pode pensar-se que o gigantismo e os poderes acrescidos do *novum* juspolítico criado pelo texto codificado configura um mega-estado. É esse um dos grandes riscos, à primeira vista. Mas, por outro lado, o comportamento de diversos países (actuais estados – não deixaram de o ser) tem revelado sempre uma atracção ou "deriva" nacionalista. Portanto, como que os dois males, os dois desvios, os dois grandes perigos se poderão mutuamente excluir, ou, no fundo, minorar. Estados-membros egoístas tenderão a travar um Leviatã gigante e concentracionário de uma burocracia sem raízes. E um complexo orgânico em crescimento, com lógica cada vez mais própria, e poderes fortes, combaterá os particularismos egoístas de certos estados-membros.

A questão está em encontrar formas – mais práticas que teóricas, certamente mais políticas que jurídicas – de impedir que os dois perigos se associem, como seria o caso de algum ou alguns estados nacionalistas, sob capa europeísta, viessem, por absurdo, no futuro, a controlar os mecanismos da estrutura nova, com poderes acrescidos. Em geral, a complexidade e ponderação dos procedimentos decisórios na Constituição Europeia, a diversidade de instituições

---

[64] Expressamentc ligando a Constituição Europeia antes da presente revolução constitucional ao tipo de constituição do Reino Unido, portanto uma "constituição natural", WEILER, J. H. H. – *La Costituzione dell'Europa*, p. 620.

[65] Cf. o nosso *Teoria da Constituição, I. Mitos, Memórias, Conceitos*, máx. p. 301 ss.

e a necessidade de que se ponham de acordo, no fundo, a separação de poderes, e a complementaridade de funções na arquitectura institucional europeia vão no sentido de propiciar freios e contrapesos a hegemonias nacionalistas, tanto quanto a macrocefalias burocráticas. Por vezes certamente à custa da celeridade dos procedimentos.

Estado novo não parece ser boa solução. Seria a mais utópica de todas. Preferível, de longe, a solução federal, que a todos os estados membros coloca em pé de igualdade. E contudo, também se compreende que não podem ser fórmulas estanques, rígidas, a guiar os nossos passos futuros. Porque o federalismo ou o para-estadualismo europeus devem ser meios e não fins. Meios para a construção de uma Europa unida, mas plural, livre. E facilmente se vê que tanto uma como outra das soluções (como aliás as propostas mais discretas e tímidas de integração europeia propostas pelos eurocépticos) podem, mesmo assim, ser manipuladas como travão à União, ou a uma boa União.

Importa encontrar a flexibilidade necessária a uma geometria variável, de uma Europa que não pode cristalizar em nenhum estádio da sua evolução. Recordemos que o próprio paradigma "Estado" está em crise[66], e seria pelo menos estranho que se procurassem reeditar ao macro-nível europeu os erros que se detectaram já ao micro-nível nacional.

---

[66] Cf., de entre inumeráveis, COHEN-TANUGI, L. – *Le Droit sans l'état*, Paris, P.U.F., 1985; CHARLIER, Robert-Edouard – *L'Etat et son droit, leur logique et leurs inconséquences*, Paris, Economica, 1984; MARZAL, Antonio (ed.) – *Crisis del Estado de Bienestar y Derecho Social,* Barcelona, J. M. Bosh Edit/ESADE, Facultad de Derecho, 1997; OLIVAS, Enrique (org.) – *Problemas de legitimación en el Estado social*, Madrid, Trotta, 1991; AYUSO, Miguel, *Después del Leviathan? Sobre el Estado y su Signo*, Madrid, Speiro, 1996; CLASTRES, Pierre – *La Société contre L'état*, trad. port., *A Sociedade contra o Estado*, Porto, Afrontamento, 1975; FRAGA IRIBARNE, Manuel – *La Crisis del Estado*, Madrid, 1958; HABERMAS, Jürgen – *A Nova Opacidade: a crise do Estado-Providência e o esgotamento das energias utópicas*, in "Revista de Comunicação e Linguagens", 2, Dezembro 1985, p. 115 ss.; PORRAS NADALES, A. J. – *Introducción a una Teoría del Estado Postsocial*, Barcelona, PPU, 1988; CUNHA, Paulo Ferreira da (org.) – *Teoria do Estado Contemporâneo*, Lisboa/São Paulo, Verbo, 2003.

CAPÍTULO VI
Pluriconstitucionalismo e Convivência Constitucional

Não há qualquer problema na multiplicidade de Constituições, mesmo incidindo, em concreto, sobre a mesma população e o mesmo território. Um cidadão do Quebeque relaciona-se com vários estratos constitucionais: desde a sua terra francófona e católica ao Canadá, chegando à Rainha de Londres. Portugal pode perfeitamente conviver com a Constituição Europeia mantendo a sua. O problema real é outro. É o de saber qual é a Constituição que decide em última instância, ou se há uma qualquer repartição (ou concorrência – fala-se também em "federalismo de concorrência") de competências. E como.

A verdade é que a lógica clássica parece deslocada neste caso. O paradigma kelseniano encontra-se ultrapassado (mas na verdade nunca foi realmente uma descrição da realidade normativa): o modelo da pirâmide normativa cada vez mais se encontra em dificuldades para captar a realidade, a realidade que já está aí. Há, na verdade, um crescendo da importância (e da visibilidade) do pluralismo jurídico[67], designadamente normogenético, em que formas de diálogo, concorrência, tensão, dialéctica, jurisprudência, comitologia,

---

[67] V. já DEMBOUR, Marie-Bénédicte – *Le Pluralisme juridique: une démarche parmi d'autres, et non plus innocente*, in «Revue Interdisciplinaire d'Etudes Juridiques», n.° 24, 1990, p. 43 ss.. Especificamente com interesse para o nosso caso, PEREIRA MENAUT, Antonio Carlos/ROJO SALGADO, Argimiro (coords.) – *Multiconstitucionalismo e Multigoberno*, Santiago de Compostela, Publicações da Cátedra Jean Monnet, Universidade de Santiago de Compostela/Universidade de Vigo, 2005.

etc., etc. E subsidiariamente, não podemos esquecer que a tradicional pirâmide normativa se enraíza num espaço, num território, enquanto a territorialidade vai dando lugar a outras dimensões, mesmo no próprio imaginário colectivo: desde logo a espacialidade informática, cibernética[68], etc.

Parece confluírem de algum modo os constitucionalistas conservadores alemães com os nacional-republicanos franceses, na existência de uma intransponível limitação ou reserva de estadualidade (Alemanha) ou da República (França), e que portanto a Constituição nacional nunca poderia ceder o passo a uma Constituição supranacional, designadamente a europeia. Mas tanto o primado do europeu como a reserva do nacional se encontram em crise perante o mundo complexo emergente, que não parece compaginar-se facilmente no âmbito do simples comando e da mera lógica.

Independentemente das soluções acolhidas no texto do projecto constitucional, sem dúvida que a discussão destes problemas não cessará, *de iure constituendo*, no futuro.

---

[68] Sobre as mudanças de paradigma, ainda recentemente, ROCHE, Marie-Anne Frison – *Actualité de la pensée villeyenne*, conferência no Colloque International sur Michel Villey, Paris, Sorbonne, 22 Janeiro 2005, inédita.

TÍTULO II
Perspectivas Constitucionais
Argumentos sobre a Nova Constituição Europeia

CAPÍTULO I
Tratado Constitucional?

As Constituições têm sido vistas, como dissemos, em duas perspectivas: na natural e na voluntarista. E aparentemente só derivam de dois processos: ou da vontade popular lenta, gradual, histórica, afinal em grande medida tácita, no primeiro caso, ou, no segundo caso, por um acto de voluntarismo bem explícito, através da acção constituinte de uma assembleia, com ou sem ulterior referendo legitimador. Não haveria, assim, mais tipos de Constituição.

Os tratados não criam, em princípio, constituições – evidentemente[69]. Os exemplos, escassos e de escola, são escassíssimos.

Pode contudo haver tratados que invadam matérias constitucionais. Mas são, precisamente, não tratados constitucionais, mas tratados inconstitucionais. E contudo, não pode deixar de se reconhecer que os tratados comunitários e da União Europeia continham em boa parte a Constituição europeia material. Contudo, são planos diversos do problema, como bem se verá. Também no domínio da constituição histórica se procuram matérias constitucionais até em testamentos dos reis, e nem por isso o testamento passa a ser uma forma normal e legítima de, *hic et nunc*, criar Direito Constitucional.

Não deixa de ser interessante que o próprio conceito de tratado é abrangente, e mesmo a doutrina do direito internacional não deixa de observar que a questão dos tratados não é semântica, mas substancial[70]. Concedendo que vários instrumentos com o recorte geral

---

[69] Cf. a posição de QUADROS, Fausto – *Direito Comunitário* I, máx. pp. 51-52.

[70] Sobre estas problemáticas semânticas e definitórias dos tratados, assinalando a complexidade da questão, nomeadamente, BRIERLY, J. L. – *The Law of*

dos tratados acabam por se apresentar sob outras designações. Curiosa escolha, pois, que recai sobre uma designação em que há tradicionalmente divergências entre as palavras e as coisas por elas designadas. Mas reconheça-se que também do lado da Constituição a univocidade está longe de ser alcançada, mesmo em termos simplesmente conceituais ou definitórios.

Acrescem questões verdadeiramente substanciais, que não têm sido referidas, porque é raro convocar a História e os Primeiros princípios nestes temas, que assim se empobrecem com a mera tecnocracia. Vejamos algumas dessas questões.

A Constituição Europeia, quanto a nós, não será verdadeiramente aprovada por um tratado, mas um tal tratado apenas constituirá um acto equivalente ao de aclamação dos reis: será uma forma jurídico-política de ratificação, dir-se-ia quase de "entronização". A criação da Constituição europeia codificada há-de encontrar-se antes. E ela tem algo a ver, analógica, miticamente, com o juramento da casa do jogo da pela.

Essa a imagem simbólica que deverá guiar-nos na interpretação do fenómeno. Não há assim uma distância tão grande entre a elaboração da primeira constituição francesa codificada, e a que estamos a comentar. E lembremo-nos que a constituição francesa de 1791 é um marco histórico e um modelo no constitucionalismo moderno[71].

À primeira vista, pode parecer que o processo constitucional moderno típico, de que a constituição francesa é um dos paradig-

---

Nations, 6.ª ed., Oxford, The Clarendon Press, 1963, trad. port. de M. R. Crucho de Almeida, Prefácio de A. Rodrigues Queiró, *Direito Internacional*, 4.ª ed., Lisboa, Fundação Calouste Gulbenkian, 1979, p. 323 ss.; SOARES, Albino de Azevedo – *Lições de Direito Internacional Público*, Coimbra, Coimbra Editora, 1981, p. 92. Mais recentemente, GOUVEIA, Jorge Bacelar – *Manual de Direito Internacional Público*, 2.ª ed., Coimbra, Almedina, 2004, p. 205 ss.

[71] BART, Jean *et al.* – *1791. La Première Constitution Française*, Paris, Economica, 1993. Sobre o processo constitucional francês durante o séc. XVIII, *Idem – 1789-1799. Les Premières expériences constitutionnelles en France*, Paris, Documents d'Études. Droit Constitutionnel et Institutions Politiques, La Documentation Française, n.° 1-19, Fevereiro 1989.

mas, teria seguido os requisitos do constitucionalismo moderno, aliás ulteriormente estabelecidos. Mas as coisas não se passaram tão simplesmente quanto possamos pensá-las.

É evidente que uma Constituição não é um tratado, e um tratado não pode, em regra, aprovar uma Constituição. Um tratado é coisa de diplomatas e governos, uma Constituição é coisa do Povo e dos seus deputados. O texto que saiu da Convenção não é um tratado, é uma proposta constitucional suficientemente sedimentada. Em certo sentido, é uma utopia realizável... Poderá vir a ser aprovada por tratado, mas isso não faz do texto um tratado. Nem a forma de aprovação pode ser verdadeiramente a de um tratado.

Cremos que a escolha da fórmula do "tratado" terá sido o lançar mão de um recurso jurídico "menos mau" para a aprovação do texto, porque decerto também os governos europeus se terão sentido embaraçados com o *novum* – e lhe quiseram conferir legitimidade jurídica. A tradição da intergovernamentalidade anterior tornou esta figura jurídica como a solução mais óbvia, de aparente continuidade: apesar de em odres velhos, como alguém lembrou, se passar a colocar vinho em muito boa medida novo[72].

Como a princípio certamente alguns desses governos temeram o referendo (e vê-se hoje que com razão), essa era a fórmula mais segura (e mais natural para os chamados "donos dos tratados", habituados a resolver as magnas questões institucionais europeias por essa via jurídico-internacionalista) para publicamente salvar a face e resolver o problema no plano jurídico. Com a escolha da via do referendo (hoje já tão generalizada que mais um "não" parece abalar tudo o já adquirido, temendo-se o *efeito dominó*) parece que as questões de legitimidade juspolítica se desvanecem, e, implicitamente, a questão jurídica. Com a aprovação da Constituição por referendos nacionais, cada estado-membro poderia estar tranquilo e simplesmente comunicar a sua adesão ao texto da Convenção. Pena

---

[72] A metáfora, que é, como se sabe, bíblica, foi usada entre nós por PIÇARRA, Nuno na sua conferência no Colóquio sobre a *Europa em Debate. Constituição Europeia*, Universidade Nova de Lisboa 2 de Junho 2005.

é que uma via uniforme não tenha sido seguida por todos os Estados. Porque haverá naturalmente tendência a sopesar os "não" referendários com os "sim" parlamentares, e vice-versa... Numa contabilidade que só não se torna infernal e impossível porque, tendo-se enveredado pelas regras do direito dos tratados, parece que a unanimidade continua a pairar como um espectro perseguidor...

Mas aquele referido embaraço jurídico dos Estados ante o que se lhes viria a oferecer pela Convenção – se verdadeiramente o houve – provaria que também ao mais alto nível se não terá visto ou se não terá querido reconhecer, em alguns casos, o carácter revolucionário (e portanto fora das normais "regras do jogo") da Constituição Europeia.

Voltemos à questão, apenas aflorada, do utopismo constitucional.

O facto de o texto da Convenção ser uma utopia constitucional não lhe retira valor constitucional. As constituições revolucionárias são, em grande medida, utópicas[73]. E quando se fala em utopia tem de distinguir-se dois aspectos: o do princípio esperança, de um programatismo que se quer propulsor e progressivo, e o da utopização geométrica, racionalista, burocrática, totalitária, concentracionária. Só a prática política e jurídica poderão esclarecer que rumo levará a União Europeia com uma tal Constituição, se se vencer o complexo dos "não". Não será nunca um rumo rotineiro e clássico. E os riscos da distopia, a utopia negativa, são efectivos. Mas há também oportunidades de eutopia, de utopia positiva.

---

[73] Cf., com abundante bibliografia, o nosso *Constituição, Direito e Utopia. Do Jurídico-Constitucional nas Utopias Políticas*, Coimbra, Univ. de Coimbra/ /Coimbra Editora, 1996.

CAPÍTULO II
Requisitos da Constituição Moderna

Para o Constitucionalismo moderno só estaríamos perante uma Constituição (no referido sentido moderno) quando – além dos requisitos explícitos e implícitos no art. 16.º da Declaração dos Direitos do Homem e do Cidadão – se verificasse a manifestação democrática directa, livre, secreta, universal da vontade do Povo ou Povos envolvido(s). Na verdade, tais requisitos não se aplicam às primeiras constituições fundantes do próprio constitucionalismo moderno. Só a partir delas tal é instituído. Donde, no caso da Constituição europeia codificada, se pode interpretar que ou se renovam os momentos matinais desse constitucionalismo, ou, como alguns, sobretudo especialistas de Direito Comunitário e não Constitucionalistas têm adiantado, se está perante um novo paradigma. O qual seria de repudiar se rompesse totalmente com a tradição constitucionalista moderna, mas que na verdade reedita os momentos de ruptura e revolução que, nessa primeira fase, culminaram juridicamente as revoluções liberais.

A questão está em saber que revolução está associada a esta ruptura constitucional: ou a da Europa dos Cidadãos, dos Povos e uma Europa Social – e assim o rumo da história faria sentido e a revolução seria de aplaudir; ou a da Europa dos burocratas e dos interesses económicos e financeiros – e nesse caso teria sido uma contra-revolução. Ao contrário do que sucede com as demais revoluções, como desta feita se começa pelo edifício juspolítico, pelo "telhado" da super-estrutura, não temos ainda meios para avaliar concretamente se será uma ou outra. Devemos, pois, no mínimo, dar à revolução institucional, sem claro conteúdo material e de sentido político, o benefício de uma dúvida vigilante e actuante.

CAPÍTULO III
Poder Constituinte

Quer uma Constituição natural quer uma Constituição codificada são fruto do Poder Constituinte[74]. No caso de uma Constituição natural, o poder constituinte originário, do Povo, vai historicamente modelando as Leis Fundamentais, os Costumes fundamentais, as praxes fundamentais, sem necessidade de representação. Ou seja: sem necessidade do exercício do poder constituinte derivado. Já no caso de uma Constituição codificada é vital a representação popular expressa para tal – teria de haver deputados eleitos para isso.

Que os tempos modernos se não compadecem com a forma de Constitucionalismo natural, parece ter ficado esclarecido. Já Almeida Garrett explicitara, entre nós, como é melhor uma constituição escrita e codificada que uma constituição histórica, a qual, devendo viver na alma dos povos, foi esquecida por estes, ou feita esquecer pelos seus senhores[75]. Também hoje já não há quem morra por constituições... Muito menos por constituições que pairam, como espectros, sem se materializarem.

---

[74] Em geral, por todos, GRASSO, P. G. – *Potere Costituente*, in "Enciclopédia del Diritto", vol. XXXIV, Milão, 1985, p. 642 ss.; entre nós, PINTO, Luzia Marques da Silva Cabral – *Os Limites do Poder Constituinte e a Legitimidade Material da Constituição*, Coimbra, Stvdia Ivridica, FDUC/Coimbra Editora, 1994; especificamente, *v.g.*, BLUMENWITZ, Dieter – *Wer gibt Verfassung Europas? Zur Verfassunggebenden (Pouvoir Constituant) in der Europaeischen Union*, in *Quale Costituzione per Quale Europa*, p. 31 ss.

[75] GARRETT, Almeida – *Obras de...*, Porto, Lello, s/d, 2 vols., vol. I, máx. pp. 932-933.

Restar-nos-ia o modelo do constitucionalismo moderno. Mas aí reside a questão, apenas aflorada, da Casa do Jogo da Pela. Nesse recinto de lazer se reuniram os deputados dos Estados Gerais franceses, eleitos por estamentos, corpos, ou ordens, que tinham direito a um voto cada uma, e que estavam incumbidos de matérias verdadeiramente extra-constitucionais. Ora, como que possuídos pelo Espírito Santo em dia de Pentecostes, os representantes de três classes, e não do Povo em geral, ou da Nação, como então se diria, assumem uma legitimidade constituinte que não deriva, realmente, do poder constituinte originário senão de forma muito indirecta e imperfeita. E juram na Casa da Pela não mais se separar até terem concluído uma Constituição. Simbolicamente, como é aliás retratado no magnífico quadro de David, um dos deputados, movido pelo purismo, se recusa a jurar[76]. Um só, mas um só que não é molestado, e posa para a posteridade certamente como a lembrança de que o processo não foi unânime, nem foi um parto sem dor. Os "não" são até agora (Setembro de 2005) dois, mas, de todo o modo, é inevitável a associação de ideias.

Tal como no processo constituinte francês, os membros da Convenção que prepararam o texto fundamental da Constituição europeia não foram realmente eleitos directamente, nem foram designados com o cometimento de fazer uma Constituição. Assumiram, como os membros dos Estados Gerais, essa tarefa, e também no seio dessa assembleia houve vozes discordantes. Mais: como se sabe, há autorizadas vozes que negam a qualquer instância europeia, designadamente à União, em sede geral (e fazendo a *épochê* da questão procedimental), a titularidade de qualquer poder constituinte[77].

---

[76] Seria interessante proceder a uma análise desta obra, no género das efectuadas por STAROBINSKI, Jean – *L'Invention de la Liberté, 1700-1789*, 2.ª ed., Genebra, Skira, 1987.

[77] Cf., a este propósito, a tese de MIRANDA, Jorge – *Direito Constitucional*, III. *Integração Europeia...*, p. 13, admitindo porventura a hipótese da existência de um poder constituinte europeu se, celebrado um novo tratado, se prescindisse, para a sua entrada em vigor, da unanimidade na sua aprovação e ratificação, como sucedeu, realmente, com a constituição dos EUA. Expressamente negando o poder constituinte da União Europeia, como aflorámos já, QUADROS, Fausto de –

Constituição Europeia: Um Novo Paradigma Juspolítico 193

E muitos o fazem invocando a ligação ontológica do mesmo poder com o Povo. Mas porquê? Não existe ainda um povo Europeu: disso não temos dúvidas. Mas não haverá cidadãos europeus?[78] E em nome desses cidadãos não se poderá exercer um tipo de poder constituinte? Parece-nos que sim. O salto não é assim tão vasto... E o que na prática se ganha procedendo assim, mesmo que utilizemos alguma *fictio iuris*, é muito mais do que perderíamos se ficássemos bloqueados pela novidade, incapazes de a enquadrar dogmaticamente, e de lhe dar solução.

Recordemos a *volonté générale* de Rousseau. Os membros da Convenção interpretaram uma corrente que andava no ar dos tempos, que poderia até no momento nem ser numericamente maioritária, por um método que estava longe de ser impecável do ponto de vista democrático formal. Interpretaram contudo os ventos da História.

E contra os ventos da História nunca prevalecem os processos juridicamente admitidos como válidos na sociedade que morre para dar vida a uma nova.

Nem em Portugal deveríamos estranhar muito este processo de um órgão (ou membro(s) dele), incumbido apenas de uma arrumação legislativa, tomar o freio nos dentes e se meter a fazer uma constituição, ou arremedo dela. Pois foi precisamente o que aconteceu com o chamado Novo Código de Direito Público – projecto felizmente abortado pela mão das críticas de António Ribeiro dos Santos[79]. Sim-

---

Direito Comunitário I, p. 50 ss.. Contudo, afirmando, a pp. 50-51: " De facto, segundo resulta do art. 48 do TUE (antigo art. N, antes da revisão do Tratado de Amesterdão), o poder constituinte na União Europeia cabe aos Estados".

[78] Sobre a Cidadania, o importante estudo, sobretudo histórico-jurídico, de COSTA, Pietro – *Cittadinanza*, Roma/Bari, Laterza, 2005. Sobre a cidadania europeia e seus problemas, máx. p. 148 ss.

[79] Cf., por todos, os nossos "A Filosofia Constitucional de Mello Freire – o Projecto de Novo Código de Direito Público" e "Ribeiro dos Santos *vs*. Mello Freire – A *Formidável Sabatina* Setecentista", in *Temas e Perfis da Filosofia do Direito Luso-Brasileiro*, Lisboa, Imprensa Nacional – Casa da Moeda, 2000, pp. 71 ss. e 137 ss.; PEREIRA, José Esteves – *O Pensamento Político em Portugal no Século XVIII. António Ribeiro dos Santos*, Imprensa Nacional – Casa da Moeda,

194   *Constituição Europeia: Reforma ou Revolução?*

plesmente, na época, precisamente, Mello Freire, autor do projecto, sem Pombal e Pombalismo, agiu contra os ventos da História.

Assim, a Constituição europeia nasce da Convenção. Órgão de delegados e não deputados dos povos europeus para tal directamente eleitos, mas que, tal como a Constituinte francesa se afasta dos Estados Gerais (órgão do passado), se destacam do Parlamento Europeu e dos próprios Estados-membros. O trabalho da Convenção é em grande medida "ilegal" e "inconstitucional" à luz da velha racionalidade: mas é revolucionariamente trans-legal à luz da legitimidade que se arvorou. E de novo constitucional. De um novo constitucionalismo.

Numa expressão muito divulgada e não pouco criticada do Preâmbulo, os Convencionais chegaram a deixar transparecer esse narcisismo próprio de quase todos os revolucionários que sabem estar a escrever a História, pondo os povos agradecidos...a eles mesmos... Provavelmente um exercício de uma futurologia optimista. Não insistamos nesse traço mais.

De tudo isto se conclui que o poder constituinte pode ser assumido por quem não tem, à partida, segundo as regras normais, legitimidade. Claro que este argumento poderá legitimar todas as ditaduras, todas as tiranias – que o sejam pelo menos de título.

Contudo, seja como for, o "exercício" de algum modo pode sanar as faltas de legitimidade de título. E a verdade é que, mesmo antes dos referendos, já se operou, por toda a parte na Europa, uma sanação do eventual vício – quer se queira quer não.

Esta sanação deu-se, antes de mais, nas eleições para o Parlamento Europeu subsequentes à conclusão do texto da Convenção. Se os povos europeus tivessem querido bloquear este processo, rejeitar realmente esta Constituição, teriam tido uma óptima ocasião para, sem quaisquer custos internos nos seus respectivos países, o fazer. Bastaria terem votado nos vários partidos anti-constituição europeia codificada que existiam nos diferentes países, e que se

---

Lisboa, 1983, e a nossa tese *Mythe et Constitutionnalisme au Portugal (1778-1826) Originalité ou influence française?*

espraiavam mais diferentes sectores do espectro político. Ao não o terem feito, e ao terem votado em larga maioria – em Portugal esmagadora – nos partidos pró-constituição europeia, os povos da Europa não deram um sinal totalmente verde a quaisquer reformas e engenharias europeias fora do seu alcance e sem a sua participação, mas pelo menos tacitamente manifestaram a sua não oposição ao processo já encetado. Pelo que os referendos, que são muito positivos e devem ser feitos – como um acréscimo de legitimação, agora sim, plenamente democrática: a mais democrática possível –, depois destas manifestações, nem seriam, em rigor, absolutamente indispensáveis. É que, como sempre defendemos, as eleições para o Parlamento europeu já tiveram, ainda que implicitamente, uma feição constituinte. O voto nos partidos pró-constituição europeia codificada significou, em grande medida, um voto de confiança nessas políticas.

No dia 12 de Janeiro de 2005, o Parlamento Europeu, confirmando aliás a nossa velha opinião (tanto quanto nestas matérias pode haver antiguidade) de que tinha poderes constituintes, "aprovou" o projecto de Constituição, com 500 votos a favor, 137 contra e 40 abstenções. Na verdade, e para sermos mais rigoroso, os eurodeputados aprovariam por esta larga maioria um *projecto de resolução* apresentado pelo trabalhista Richard Corbett e pelo conservador espanhol Iñigo Mendez de Vigo[80], numa prova de *coincidentia oppositorum* ideológica. Em todo o caso, o *deficit* democrático inicial recuou, assim, já significativamente...

Os "não" do referendo francês e holandês não invalidam o que dissemos, mas obrigam a algumas precisões e matizes. Evidente-

---

[80] Fonte: *v.g.*, TSF – http://tsf.sapo.pt/online/internacional/interior.asp?id_artigo=TSF157832 ; "Jornal de Notícias" – http://jn.sapo.pt/2005/01/13/politica/parlamento_europeu_luz_verde_a_const.html; "Diário de Notícias" – http://dn.sapo.pt/ 2005/01/13/internacional/parlamento_europeu_aprova_constituic.html. O relatório destes dois eurodeputados seria depois divulgado, e até editado em português, precedendo uma edição da Constituição Europeia: *O Parlamento Europeu e a Constituição Europeia*, Parlamento Europeu, Serviço de Publicações, s.d.

mente que é sempre fácil minimizar os resultados neste ou naquele sentido, caluniá-los até. E tal fica muito mal aos que perdem. Se é verdade que as maiorias em causa resultam, e mais claramente ainda em França talvez, de coligações pontuais, negativas e sem consistência nem alternativa, a verdade é que os "não" são também um importante sinal de alerta para os "sim". E não podem ser encarados de ânimo leve.

Eles demonstram marginalmente franjas de algum divórcio ou incoerência entre a opção política geral, mesmo europeia, de alguns eleitores de alguns Estados, e a específica opção constitucional. Isto significa que, depois destes "nãos" se maculou o "estado de graça" da unanimidade (sobretudo passiva) que suportava esta solução.

E assim, se não quiser claramente continuar a ser acusado de elitista e anti-democrático, o processo de construção europeia terá que dar vários sinais positivos e construtivos, e não enveredar pela defensiva, pelo recuo, e pela falta de imaginação burocrática.

Terá de manifestar respeito quer pelos votantes do "sim" como pelos do "não". Quer pelos Estados que optaram pelo referendo como pelos demais. E terá que avançar e não estagnar, ou adiar.

Por isso, cremos que os referendos devem continuar, mas com um sentido diverso do da quebra do estado de graça. Os referendos serão sobretudo um teste ao aprofundamento e velocidade do processo de integração. Porque, a nosso ver, depois de dois "não", o melhor seria, respeitando uns e outros, convocar uma nova Convenção – mas muito mais participada. Na realidade, convocar um Parlamento Europeu constituinte, que com base no projecto actualmente na mesa, e com a presença, certamente, de deputados do "não" que pudessem discutir e votar as suas propostas com toda a liberdade, chegassem por maioria simples, a um texto definitivo, que já não seria referendado.

Os referendos, não haja dúvida – e ninguém será mais defensor, de há anos, do referendo – têm um grave problema: quando tratam de matéria muito técnica, e quando podem ser capitalizados pelo descontentamento geral com os governos, ou ainda quando são susceptíveis do incendiar dos ânimos pela demagogia, acabam por perder as suas virtualidades democráticas puras. É muito triste ter de reconhecê-lo, e tal não decorre dos "sim" ou dos "não" a esta ou aquela questão. São ilações decorrentes da observação histórica geral.

Ora a Constituição Europeia tem todos os clássicos ingredientes para que os referendos sejam subvertidos. Mesmo assim, deveriam continuar. Mas que se não parasse o processo por aí...e que se retirassem deles lições: todas as lições importantes e úteis à Europa e aos seus Estados-Membros. Porque o que não deve haver é contradição entre esta e aqueles.

CAPÍTULO IV
Carta Constitucional

Uma Constituição é manifestação do poder constituinte, poder que manifesta a real soberania popular (ou dos cidadãos), e que se exprime pelo voto e, mais mediatamente, pela representação por constituintes. Quando o soberano (e "soberano é o que decide do estado de excepção", como afirmava Carl Schmitt[81]), quando o Príncipe em qualquer das suas formas, manifesta a sua magnanimidade dando aos seus súbditos um estatuto jurídico do político, sem os ouvir, ou ouvindo-os, mas sendo ele a decidir, e não os povos, nesse caso estamos perante uma Carta Constitucional. Como se sabe, D. Pedro I do Brasil e IV de Portugal outorgou aos Portugueses, do outro lado do Atlântico, uma Carta Constitucional, que não foi votada, mas efectivamente aceite no decorrer dos tempos – certamente como mal menor[82].

Precisamente a história da nossa Carta Constitucional, não como perfeita aplicação dos princípios demo-liberais, desde logo na sua génese, mas como equilíbrio possível e passível de reforma, entre as forças triunfantes em presença, parece promissor. Também esta Constituição codificada não tem suscitado realmente da parte de muitos um aplauso incondicional. Tem-se visto mesmo que muitos dos "sim" são motivados pela conjuntura, e pelo que consideram

---

[81] SCHMITT, Carl – *Politische Theologie. Vier Kapitel zur Lehre der Souveränität*, reed., Berlin, Duncker und Humblot, 1985, trad. fr. de Jean-Louis Schlegel, *Théologie Politique*, Paris, Gallimard, 1988, p. 15.

[82] Mais desenvolvidamente, *v.g.*, o nosso *Para uma História Constitucional do Direito Português*, p. 397 ss..

"inexistência de alternativas". Estamos, sem dúvida, num processo a muitos títulos estranho, nada habitual, e que só pode revelar que se está numa encruzilhada histórica em que o vento sopra fortemente de um lado, o constitucionalista, ou seja, do lado da revolução.

A Constituição europeia não tem soberano que a outorgue, porém. Ela já deriva de um pacto tácito entre a Convenção que a fez e o eleitorado europeu que a não rejeitou. Por isso, não colhe o argumento da Carta constitucional. Contudo, esse pacto tácito rompeu-se em alguma da sua extensão, com os "não" referendários. É necessário rever o pacto, obviamente. Certamente aprofundando a igualdade entre os Estados, melhorando e simplificando mais o texto. Mas nunca esquecendo que houve muitos "sim", expressos, e sobretudo tácitos. Sinal de que o vento continua soprando...

CAPÍTULO V
Representação

Esse poder constituinte originário, que reside sempre, sem possibilidade de confisco ou alienação, nos Povos, em cada Povo, é imprescindível e insubstituível, insuprível. O poder de representantes (deputados) é apenas derivado[83]. E não existe sem o primeiro.

Contudo, em toda a democracia liberal como forma juspolítica instituída nas já chamadas democracias ocidentais, não só se tem visto que não raro os deputados (na verdade, alguns deputados) traindo as aspirações alheias e as promessas próprias, como que se arvoram autónoma e ilegitimamente em depositários do poder constituinte originário. A distinção entre comissário e representante é clássica. Os representantes querem representar sentimentos profundos, e por isso se consideram como assumindo uma forma superior de representação, que os simples mandatários políticos (comissários) não teriam. Sempre delegados ou governantes pouco representativos poderão dizer que não são meros comissários, mas reais representantes.

---

[83] D'HOLBACH – *Réprésentants*, artigo na *Enciclopédia* de Diderot e d'Alembert, trad. port. de Luiza Tito Morais, in *A Enciclopédia. Textos Escolhidos*, Lisboa, Estampa, 1974, p. 155. Isto apesar de ter cabido, como se sabe, a Sieyès a façanha de ter formulado o conceito de poder constituinte. Cf., por todos, BREDIN, Jean-Denis – *Sièyes. La clé de la Révolution française*, Paris, Fallois, 1988. E o clássico SIÈYES, Emmanuel – *Qu'est-ce que le Tiers Etat?*, n. ed., Paris, P.U.F., 1982. Sobre a questão da representação no problema vertente, FRACANZANI, Marcello M. – *Nuova Costituzione Europea? Chi Rappresenta Chi?*, in *Quale Costituzione per Quale Europa*, p. 59 ss.

No caso concreto, é óbvio que os convencionais foram representantes de governos e parlamentos, não de povos. Não houve uma representação directa, nem o método de decisão foi democrático, dessa democracia formal e representativa a que nos habituámos na Europa. Foi uma revolução. Uma revolução pacífica, mas uma revolução. Que os povos são agora chamados a confirmar, nas urnas, pelos referendos. Quando o são...

Contudo, os momentos políticos fundadores comportam sempre uma componente sacrificial, de uma certa violência, não raro[84]. Roma foi fundada sobre um fratricídio. Quantos latrocínios não foram seiva do desabrochar de estados? Convenhamos que alguma heterodoxia procedimental é de pouca monta quando comparamos as origens.

---

[84] GIRARD, René – *Des choses cachées depuis la fondation du monde*, Paris, Grasset, 1978; Idem – *La violence et le sacré*, Paris, Grasset, 1972; Idem – *Le Bouc Emissaire*, Paris, Grasset, 1982.

CAPÍTULO VI
Aprovação Intergovernamental

Um dos argumentos contra a Constituição europeia codificada seria o de que uma Conferência intergovernamental (além do mais constituída por governos que nem sequer são eleitos directamente pelos respectivos Povos) não poderia aprovar uma Constituição. Mesmo que a referendasse depois.

Na verdade, a conferência não tocou até agora no cerne do texto da Convenção. A aprovação intergovernamental, ao contrário do que os próprios governos possam pensar, foi apenas formal. Porque a magia soberana – essa espécie de poder do Espírito Santo – desceu sobre as cabeças dos convencionais, e na Convenção é que se deu o momento constituinte. Houve quem disso se houvesse dado conta.

Em consequência, não se poderia jamais admitir que, perante as dificuldades sobrevindas com a rejeição da Constituição Europeia pela via dos referendos, a solução ficasse apenas nas mãos de qualquer passe de magia em sede intergovernamental. Uma quebra de legitimidade ao nível da representação obriga a um remédio também representativo. Julgamos, como dissemos já, que o mais salutar, aprendendo as lições anteriores, seria a de eleições para um Parlamento Europeu com poderes constituintes vinculado a ter na devida conta o projecto agora sobre a mesa, após a conclusão dos referendos nacionais não adiados *sine die*.

Não é difícil de fazer, não é excessivamente dispensioso, é compreensível por todos, e apaziguaria muitos ânimos, propiciando certamente um trabalho mais fecundo, mais livre, mais representativo, e mais transparente.

TÍTULO III
Falsos Problemas na Nova Constituição Europeia

CAPÍTULO I
Complexidade e Vulgarização

O projecto de Constituição europeia é um texto complexíssimo e longo (até mais longo que os tratados em vigor juntos – o que não quer dizer que a sistematização não seja, apesar da falta de concisão, um enorme bem). A tese de que serve para que os cidadãos conheçam o *seu* direito é exagerada, e tende, em alguma medida, a tornar-se demagógica[85]. Façamos o teste: quantos leram, e quantos serão capazes de ler e interpretar o projecto que aí está? Mesmo o *honnête homme*, culto, não tem paciência nem preparação técnica. Poderá concordar com certos princípios ideológicos do princípio do texto: mas pouco mais longe chegará. Em qualquer caso, sempre serão necessários os juristas e as interpretações doutrinais. O próprio texto do projecto é explícito no continuar a considerar a jurisprudência da União como fonte interpretativa. Faz muito bem em admiti-lo: mas não minora a complexidade...

Onde a complexidade acaba por ser reduzida pela sistematização, na consolidação de soluções, e, afinal, na prática do princípio da codificação. Uma Constituição remete naturalmente para a ideia de Código, e toda a sua sistematização, e sistematicidade. Os tratados, apesar de institucionais, têm psicologicamente uma outra conotação no mundo dos juristas.

---

[85] Fazendo eco deste proclamado desiderato, mas considerando que não foi totalmente alcançado, *v.g.*, entre nós, PIZARRO, Noémia – *O Novo Constitucionalismo Europeu*, in "Brotéria", n.° 157 (2003), p. 435 ss.

Há, assim, um progresso em boa medida psicológico. Uma acrescida legitimidade. Uma maior segurança. Nesse sentido, pode dizer-se que o argumento pró-constituição sobre descomplexificação tem sentido. Mas só esse.

CAPÍTULO II
Constitucionalização do Cristianismo e de Deus?

A presença ou não do cristianismo no Preâmbulo da Constituição foi usada, em grande medida, como manobra de diversão para alguns, ou como álibi caracterizador (de demarcação, dentro de uma geral aceitação) de certos estados e grupos.

A ausência de uma referência ao Cristianismo no Preâmbulo da Constituição é uma questão delicada e complexa. Mas parece que muitos dos que se têm pronunciado a favor e contra essa inclusão o não terão feito ou dito pelas melhores razões.

Em ambos os campos em confronto neste tema se trata de um despique pelo prestígio e preponderância cultural na Europa: o que, sendo compreensível, poderia ser encarado de outra forma nos dias que correm... Mas há questões mais concretas, de uma parte e de outra.

O perigo que a laicidade anticlerical pode ver no Cristianismo é, por um lado, a possibilidade de uma futura interpretação canónica, clerical, de um texto jurídico civil e, por outro, a potencial intromissão do espiritual no temporal, terminando com uma antiquíssima separação dos gládios.

De outra banda, o mal que os cristãos podem ver na ausência do Cristianismo no Preâmbulo da Constituição será uma certa subalternização da sua confissão religiosa, uma cedência à laicidade, um pesc excessivo de legados agnósticos ou afins, e ainda a possibilidade de uma interpretação constitucional ao arrepio de valores que têm sido proclamados por muitos cristãos, sobretudo católicos – e que se prendem sobretudo com o diferendo civilizacional em que vivemos sobre a configuração e extensão do direito à vida (designa-

210 *Constituição Europeia: Reforma ou Revolução?*

damente nos casos de aborto e eutanásia) e da determinação do direito à orientação sexual, nomeadamente quanto aos direitos concretos de não heterossexuais. Não haverá dúvida de que, à luz de uma constituição cristãmente baptizada, haveria muito maiores dificuldades em implantar nos países onde não existem, ou conservar e aprofundar nos demais, fórmulas jurídicas permissivas de uma visão não cristã ou não católica da sociedade, mormente nestes aspectos.

Atentemos nas palavras de um Danilo Castellano, muito reveladoras:

> "L'inserimento, perciò, del riferimento esplicito alle 'radice cristiane' dell'Europa nel Preambolo comporterebbe la coerente 'revisione' dell'articolato, cioè di molti diritti riconosciuti come tali dall'articolato. (…) Del resto non si può illudere di poter 'gestire' in senso cristiano una Costituzione, come quella delineata dal *Progetto*, che accoglie 'diritti' e 'valori' lontani e contrari all'ordine naturale cristiano"[86].

Mas ponderemos tudo calmamente, e atentemos nas melhores tradições, que parece estarem a ser ignoradas, de muitas bandas.

A Igreja Católica tem, relativamente a outros credos, a grande vantagem de ter teorizado já a distinção entre fé e política – o que é princípio totalmente adquirido (pelo menos teoricamente), e que aliás entronca em velhos preceitos evangélicos, como o consabido *A César o que é de César*[87]… Parece, assim que, se há quem se rei-

---

[86] CASTELLANO, Danilo – *Il Problema del Preambolo della Costituzione Europea*, in *Quale Costituzione per Quale Europa*, org. de Danilo Castellano, Nápoles, Edizioni Schientifiche Italiane, 2004, pp. 29-30.

[87] Cf., por todos, a conferência de LAUAND, Jean – *A Autonomia do Poder Temporal: Tomás de Aquino e o Islam*, no I Colóquio Internacional de Filosofia e História da Educação, São Paulo, 13 de Dezembro de 2005, no prelo. No domínio da filosofia jurídica já de há muito também se tinha observado o "Isolierung", jurídico e político, face à religião. E o obreiro teórico principal de todas essas separações é Tomás de Aquino, a partir da experiência jurídica romana. Cf., por todos, THOMAS, Yan – *Mommsen et 'l'Isolierung' du Droit (Rome, l'Allemagne et l'État)*, Paris, Diffusion de Boccard, 1984; FASSÒ, Guido – *San Tommaso giurista*

Constituição Europeia: Um Novo Paradigma Juspolítico

vindique do catolicismo e pratica a intolerância e aspira à teocracia, tudo indicaria que *ipso facto* se colocaria fora da ortodoxia. Mas não nos quereríamos embrenhar por essas questões, que provocam anátemas e incendeiam as paixões mais do que todas.

Por esta separação de assuntos nos parece perfeitamente justificável, mesmo (e sobretudo?) para crentes, cristãos e católicos em especial, a não inclusão de uma referência a Deus na Constituição – de algum modo sob pena de se invocar o seu Santo Nome em vão, pecado reconhecido. Porque a Constituição é coisa de homens, e não da Divindade.

Um Cristianismo "constitucional" não é, e jamais poderia ser, religião. Uma referência ao Cristianismo não faria o bem que alguns crêem, mas também não teria qualquer mal. Pelo contrário, poderia ver-se como um tributo a uma realidade histórica. E desde que se acautelasse a não constitucionalidade do Preâmbulo, poderia pacificar muitos cristãos que demagogicamente são arrastados para o anti-europeísmo por essa via. É que a presença do cristianismo no Preâmbulo pode não ser um artigo de fé religioso: normalmente não o seria. Afirmar-se que tal presença é uma referência religiosa e que geraria uma guerra ou querela entre os credos, provocando ciúmes entre os não contemplados (e escândalo dos ateus e agnósticos), parece relevar da pura ignorância histórico-cultural. Qual o papel do budismo, do xintoísmo, do xamanismo, do *New Age*, na construção da Civilização Europeia? Não se trata, pois, do cristianismo religioso ou de religiões cristãs, mas de algo muito diverso, e que, como vimos, tem até uma vertente laicista: a cultura cristã, que é muito mais que religião. Muito antes da polémica, afirmava, por exemplo, o historiador Jorge Borges de Macedo:

---

laico?, in "Scritti de Filosofia del Diritto", a cura di E. Pattaro/Carla Faralli/G. Zucchini, Milano, Giuffrè, I, 1982, p. 379 ss.; VILLEY, Michel – *Questions de St. Thomas sur le droit et la politique ou le bon usage des dialogues*, Paris, P.U.F., 1987; *Idem –Philosophie du Droit*, I. *Les fins du droit*, 3.ª ed., Paris, Dalloz, 1982, máx. p. 117 ss.; *Idem* – «De la Laicité du droit selon saint Thomas», in *Leçons D'Histoire de la Philosophie du Droit*, Paris, Dalloz, 1962, p. 203 ss.

"A primeira dimensão do espírito da Europa é precisamente esta certeza da pessoa, herdada do mundo grego, romano e judaico, sublimando-se no Cristianismo"[88].

Não viria assim mal ao mundo com a inclusão expressa da cultura cristã no Preâmbulo. Mas de algum modo ela já lá está, implicitamente, pelo que veremos de seguida.

---

[88] MACEDO, Jorge Borges de Macedo – *O Espírito da Europa*, p. 292.

CAPÍTULO III
Raízes Europeias

O Cristianismo poderia, enquanto cultura, ser incluído no Preâmbulo de uma Constituição Europeia, um não sectário mas verdadeiramente *católico* (universal) verdadeiro espírito teria de inspirar o todo constitucional na sua prática... E tal espírito universalista (humanista, pacífico, tolerante, etc.) seria naturalmente aceite por qualquer agnóstico, ateu, ou crente de outra fé, se Homem ou Mulher de boa vontade e com sentido histórico.

Mais consensual também se deveria tornar então o reconhecimento do legado das Luzes, como grande revolução emancipatória e humanista. Como, aliás, o legado do Humanismo renascentista, também. E, como base de tudo, evidentemente, todo o manancial da aurora da civilização europeia, na Grécia Antiga, consolidada e difundida pelo génio Romano.

É verdade que a História não pode ser falseada nem truncada em nenhum dos seus estágios e contributos. Parafraseando, *mutatis mutandis*, uma observação de Bernard Crick, "quem disse que para se ser bom europeísta se tem de ser mau historiador?"[89]

Contudo, reconhecemos já também que preferível teria sido a inclusão do legado judaico-cristão, sem complexos, e estritamente como evocação histórica, a par de importantes legados laicos e até de outras culturas de base religiosa. É que também não há dúvida que alguns países europeus (como os ibéricos) estiveram sob in-

---

[89] A referência original poderá ser colhida em CRICK, Bernard – *Socialism*, trad. port. de M. F. Gonçalves de Azevedo, *Socialismo*, Lisboa, Estampa, 1988, p. 22.

fluência da civilização islâmica, fazendo esta parte do seu legado cultural. Pelo que esgrimir o argumento do melindre da Turquia, ou do melindre contra a Turquia, ressuscitando as cruzadas, nos parece uma guerra de campanário de estreitíssima visão.

Ora, tudo ponderado e revisto, se lermos bem o actual texto da CE, em certo sentido nem seria preciso rever nada: porque, não competindo a uma Constituição de uma organização laica meter-se em teologias ou em paralelogramos de forças religiosas, e apenas sendo justa e jurídico-politicamente de relevante enquadramento a referência a raízes e fundamentais legados históricos culturais, afinal o texto contempla o que tem de contemplar. Pois logo o início do Preâmbulo da Constituição Europeia dá o seu a seu dono, com concisão que cabe a tal paratexto:

> "INSPIRANDO-SE no património cultural, religioso e humanista da Europa, de que emanaram os valores universais que são os direitos invioláveis e inalienáveis da pessoa humana, bem como a liberdade, a democracia, a igualdade e o Estado de Direito".

Seria melhor aludir aos legados judaico, cristão e muçulmano como culturas e não como religiões, e, por isso, nomeá-las seria preferível. Mas, infelizmente, se o ecumenismo cristão ainda esbarra com tanta falta de *caritas* cristã no próprio seio da cristandade, e até no de uma mesma Igreja ou denominação, que dizer do ecumenismo do Livro e do ecumenismo universal[90]? O simples nomear de qualquer uma das três culturas, que também aludem a religiões, atiçaria mais a fogueira da discórdia, e por isso temos que concordar que é mais sábio calar, com algum risco de má interpretação ou de lacuna, do que afirmar, pondo em perigo ao menos o acordo semântico sobre o texto.

---

[90] Cf., por último, o interpelante estudo que alguns dizem "sócio-teológico" de NEVES, Fernando dos Santos – *Do Ecumenismo Cristão ao Ecumenismo Universal*, nova edição, Lisboa, EUL, 2005.

CAPÍTULO IV
A "Solução linguística final"

Já há quem proponha, neste quadro institucional (mas deve dizer-se que tal não está de modo algum plasmado no texto do projecto de Constituição), a "solução do problema linguístico", certamente a "solução final", com todos a falar uma única língua, e reduzindo toda a riquíssima variedade europeia à cosmovisão dessa língua. Porque, como diziam os clássicos, retomados por Heidegger, a língua é a "casa do ser". Acresce que se essa língua for, como tudo indica, o inglês, pensaremos certamente mais pela cabeça americana do que pela inglesa.

Mas apesar da loucura desses novos Nemrod, a Constituição Europeia não alinha pela uniformização linguística, e há que lutar para que assim continue a ser. Pelo contrário, em vários passos e por várias formas pretende assegurar a diversidade e o património cultural dos diferentes povos, de que a dimensão linguística é, expressamente reconhecida, uma parte essencial.

Mais um falso problema, pelo menos para já. E esperemos que por muito tempo.

No nosso caso, a questão é ainda mais gritante. Sem dúvida que é desejável até que sejamos bilingues, falando o Português e a língua que, em cada época histórica, for a dominante, a internacional. Mas jamais esqueçamos a Lusofonia: estamos muito bem e vastamente acompanhados linguisticamente no Mundo. E temos o dever, o interesse e a necessidade de cultivar essa Comunidade, designadamente acarinhando, preservando, estudando e divulgando a nossa Cultura e Literatura. Como aliás o fazem Ingleses, Alemães, Italianos, Franceses, Espanhóis, etc., para as suas.

CAPÍTULO V
Federalismo(s)

Nunca foi muito claro o que se entendia por federalismo na Europa[91]. Porque federalismos há muitos, e opostos. E, por vezes, a solução mais consentânea com a autonomia nacional pode perfeitamente compatibilizar-se com soluções federalistas. As definições de federalismo mais felizes são as mais abrangentes:

> "sistema ou forma de união de agrupamentos, tendo em vista a realização de objectivos comuns, respeitadas, porém, as autonomias das partes integrantes"[92].

Ou, por outras palavras, talvez ainda mais significativas:

> "(...) o federalismo é uma filosofia política e jurídica que se adapta a todos os contextos políticos quer ao nível nacional quer ao nível internacional, sempre que dois requisitos basilares se encontrem preenchidos: o desejo de manter a unidade,

---

[91] Algumas aproximações, porém, *v.g.,* in SIDJANSKI, Dusan – *L'approche fédératif de l'union européenne ou la quête d'un fédéralisme*, Notre Europe, 2001, trad. port. de Teresa Braga, *Para um Federalismo Europeu. Uma Perspectiva Inédita sobre a União Europeia, Estoril*, Principia, 2001; Idem –*L'Avenir fédéraliste de l'Europe*, Paris, PUF, 1992, trad. port. de Maria Carvalho, *O Futuro Federalista da Europa*, Lisboa, Gradiva, 1996. Uma sintética visão brasileira: DALLARI, Dalmo de Abreu – *O Estado Federal*, São Paulo, Ática, 1986.

[92] SOUSA, José Pedro Galvão de/GARCIA, Clovis Lema/CARVALHO, José Fraga Teixeira de – *Dicionário de Política*, São Paulo, T. A. Queiroz Editor, 1998, p. 229.

combinado com o respeito autêntico pela autonomia e os inte-resses legítimos das entidades participantes."[93]

Perante esta definição, quem nega que, por exemplo, o euro é uma manifestação de que já existe uma federação?[94] Pois basta haver um ponto de federalismo para haver federação (o que se não pode confundir com um Estado de coloração federal). Mas, dir-se-á até: no dia em que tudo for federado, tudo deixará de o ser... E aí passar-se-á, na melhor das hipóteses, a um Estado com elementos de federalização (entre as suas partes componentes, tendencialmente até nem verdadeiramente estaduais), e não a uma federação de Esta-dos. São coisas muito diferentes. Uma federação de Estados (depen-dendo da arte para os unir e separar – e "separar para melhor unir" como dizia o filósofo) é perfeitamente aceitável. E poder-se-á mesmo legitimamente perguntar se não será a melhor fórmula de

---

[93] PESCATORE, "Foreward", in Sadalow e Stein, *Courts and Fee Markets*, X, *apud* J. H. H. WEILER – *La Costituzione dell'Europa*, p. 511 (tradução nossa).

[94] Concedendo a existência de aspectos federalistas, já QUADROS, Fausto de – *Direito Comunitário I*, p. 55 ss. Um dos primeiros a (sem complexos) ter cha-mado a atenção para o carácter federal europeu terá sido SANTOS, António de Almeida – "União Europeia: Projecto portador de Futuro ou Santa Casa da Mise-ricórdia?", in *Civismo e Rebelião*, Mem Martins, Europa-América, 1995, desig-nadamente afirmando: "Digo eu que a qualificação do modelo maastrichtiano da União Europeia é uma falsa questão. É-o, por um lado, porque esse modelo, na sua configuração actual, já contém elementos irrecusavelmente federadores: a fronteira externa comum, as políticas comuns, a moeda única, a centralização do sistema bancário, as deliberações por maioria, a sobreposição das normas comu-nitárias aos sistemas jurídicos nacionais. (...) Acaso ficou limitado o nosso direito de retoma dessas prerrogativas, abandonando a União? Só espíritos tacanhos e anti-europeus – embora incapazes de assumir o abandono por Portugal da União Europeia – argumentam contra os riscos federalizantes da União, no desenho do seu ponto de chegada, com as Federações típicas dos Estados Unidos da América, da Alemanha ou do Brasil! Essa comparação é um absurdo! Porque, se o não fosse, seria eu, patriota dos quatros costados, e cioso da identidade do meu País, o primeiro a não aceitar aventuais perversões desses sentimentos e valores!". Cf. ainda, mais reentemente, *Idem* – "Globalização e Anti-globalizaçao", in *Picar de novo o porco que dorme*, Lisboa, Editorial Notícias, 2003, p. 168.

todas – até porque a que poderá mais facilmente clarificar, em vez de nos quedarmos pelo eterno álibi do *tertium genus* pleno de ambiguidades.

A velha monarquia federativa das nações espanholas continua para alguns (e não propriamente esquerdistas[95]) a ser um bom exemplo de federalismo: cada entidade manteve as suas instituições e leis próprias, numa situação de autonomia, com Cortes separadas e até *fueros* privativos. Um sinal de que se já não estará numa federação mas a caminho provavelmente de um Estado (ou de um Império: de todo o modo muito longe da Pólis) é o desejar-se ignorar a tradição institucional e jurídica de cada nação, menosprezando os seus representantes reais (os seus parlamentares nacionais), e as suas leis, desde logo as mais importantes: Constituição e Códigos. Mas será certamente a jurisprudência europeia e nacional dos vários estados a determinar, numa concorrência real, ainda que juridicamente "trans-legal", as respectivas esferas de acção. Como aliás já tem sido jurisprudencial a positivação da distribuição efectiva de competências, antes de aprovada a Constituição.

Sublinhe-se finalmente que uma federação não é necessariamente "de Estados". É possível federar, com federalismo real e efectivo (e talvez até mais "puro"), entidades como a *Pólis* ou a *República*, sem o peso do poder estadual.

Uma ideia sedutora seria uma Europa de Nações federadas, ou de Repúblicas federadas. Resta saber da durabilidade e capacidade de metamorfose e sobrevivência do paradigma estadual, apesar de todas as suas crises...

---

[95] SOUSA, José Pedro Galvão de/GARCIA, Clovis Lema/CARVALHO, José Fraga Teixeira de – *Dicionário de Política*, pp. 231-232.

CAPÍTULO VI
Soberania(s)

Soberania é uma palavra ambígua, cheia de carga emotiva, e que deveria ser banida do vocabulário político e jurídico, só comportando um uso histórico. Acresce que mais recentemente o vocábulo parece consentir adjectivos, limitações e gradações. Fala-se em "soberania limitada", ou "semi-soberania", por exemplo, para indiciar a situação de Estados que não podem, ainda não podem, ou já não podem exercer plenamente as suas prerrogativas – o seu poder próprio e não vinculado – quer interna, quer externamente. Também se usa o eufemismo de "transferência" ou "partilha" de soberania para não dizer perda, alienação, da soberania.

Ora a ideia de soberania (descontando, desde logo, arqueologias semânticas sobre o aparecimento pontual da expressão – que pode quase sempre fazer-se recuar mais além, mas não tem significado de um conceito "recebido" na comunidade juspolítica), originariamente, não foi nem um conceito inócuo e aparentemente técnico na linguagem das relações jurídicas internacionais, nem, por isso mesmo (por ser instrumento de luta ideológica), consentiria limitações – desde o momento em que se assumiu como instrumento do Estado, no contexto da própria autonomização da Política.

Essa historicidade do conceito pode bem aquilatar-se da límpida síntese de Cabral de Moncada:

> "O conceito de soberania, de poder supremo do Estado ou da comunidade em face de todas as outras vontades – a *potestas* ou *majestas* – não era, por certo, um conceito novo [antes de Jean Bodin]. Já no direito romano ele nos aparece bem vin-

222   *Constituição Europeia: Reforma ou Revolução?*

cado, como expressão conceitual do poder de vontade tão característico do génio de Roma. Depois, o Cristianismo, suavizando-o, dera-lhe uma metafísica, integrando-o dentro da sua concepção religiosa da vida. Mas na Idade Média este conceito era ainda um conceito politicamente fraco (...) Proclamada, porém, a «autonomia do político» e desfeita (...) a ideia de Cristandade (...) era natural que o mesmo conceito assumisse um vigor tanto maior e viesse afinal a referir-se exclusivamente aos Estados independentes, como que concretizando-se só neles e absolutizando-se"[96].

De facto, tratava-se (ou acabaria por tratar-se) de determinar o poder estadual do príncipe de forma plena, ilimitada no plano internacional (contra o Papa e o Imperador), assim como não consentir também partilha ou limitação intra-estadual (pondo termo a feudalismos e senhorialismos que acantonavam o doravante príncipe soberano na posição de mero *primus inter pares*). Poder sem limitação de outros no plano interno e externo do Estado, eis a soberania, cujo papel foi determinante na edificação do Estado (moderno). Depois, soberano passou a designar o titular da soberania: primeiro o monarca, depois o povo ou a nação (após as revoluções constitucionais). Ao nível internacional, muitas soberanias se comprimiram (portanto, deixaram de existir, realmente) mercê de fenómenos de integração, federação e confederação, da própria interdependência[97] geral e do cosmopolitismo, evidentemente também da globalização[98], e da emergência na cena internacional de superpotên-

---

[96] MONCADA, Luís Cabral de – *Filosofia do Direito e do Estado*, vol. I, 2.ª ed., Coimbra, Coimbra Editora, 1953, pp. 119-120.

[97] Cf., *v.g.*, OSIANDER, Andreas – *The Interdependence of States and the Theory of Interstate Relations – An Enquire into the History of Political Thought*, in "Law and State", v. 53/54, Tuebingen, 1996; KEOHANE, R./NYE, J. S. – *Power and Interdependence*, "World Politics in Transition", Boston/Toronto, s/e, 1977, pp. 1-45; BARTOLOZZI, Pedro Lozano – *Relaciones Internacionales*, vol. I, Pamplona, EUNSA, 1994, p. 223 ss.

[98] Cf., *v.g.*, DUPUY, René-Jean – *La Crise de l'Etat-nation, l'ONU et la mondialisation*, in «l'Europe en Formation», n.º 295, 1995, p. 1 ss.. Sobre a glo-

Constituição Europeia: Um Novo Paradigma Juspolítico 223

cias ou potências dominantes no plano mundial ou regional[99]. No tocante ao plano interno, o termo não tem tido tanto uso: todavia, na sua *Teologia Política,* Carl Schmitt define com clareza o que (indiciando quem seja) é soberano: "soberano é aquele que decide do estado de excepção". Tal é a pedra de toque do núcleo efectivo do poder. Clássicos da soberania foram Jean Bodin[100] e Thomas Hobbes[101], como

---

balização, entre nós, MALTEZ, José Adelino – *Curso de Relações Internacionais,* Estoril, Principia, 2002, p. 104 ss.

[99] Para uma análise do problema na perspectiva das relações internacionais, MOREIRA, Adriano – *Teoria das Relações Internacionais,* Coimbra, Almedina, 1996, p. 289 ss.

[100] Cf. o clássico BODIN, Jean – *Les six livres de la republique* (1576), trad. cast. e estudo preliminar de Pedro Bravo Gala, *Los seis libros de la República,* Madrid, Tecnos, 1985. De entre uma multidão de bibliografia passiva, assinalem--se: AA. VV. – *Jean Bodin. Actes du Colloque International d'Angers,* Cesbron, Georges, Geneviève Rivoire e Jean Foyer, ed., 2 vol., Angers, Presses de l'Université d'Angers, 1985, Vrin, 1996; ALBUQUERQUE, Martim – *Jean Bodin na Península Ibérica. Ensaio de História das Ideias Políticas e do Direito Público,* Paris, Fundação Calouste Gulbenkian, 1978; BAUDRILLART, Henri – *Jean Bodin et son Temps. Tableau des théories politiques et des idées économiques – au seizième siècle,* Paris, 1853, reimp., Aalen, Scientia, 1963; CALASSO, Francesco – *I Glossatori e la Teoria della Sovranitá. Studio di Diritto Comune Publico,* Milão, Giuffrè, 1957; CHURCH, William Farr. – *Constitutional Thought in sixteenth-century France. A study in the evolution of ideas,* Cambridge, Cambridge University Press, 1941; DAVID, Marcel – *La Souverainité et les limites juridiques du pouvoir monarchique du IXe au XVe siècles,* Paris, Éditions Dalloz, 1954; GOYARD-FABRE, Simone – *Jean Bodin et le droit de la République,* Paris, PUF, 1989; FELL, A. London – *Bodin's Humanistic Legal System and rejection of medieval political theology,* Boston (Mass.), 1987; FRANKLIN, Julian H. – *Jean Bodin and the 16th Century Revolution in the Methodology of Law and History* New York, Columbia University Press, 1963; Id. – *Jean Bodin and the Rise of the Absolutist Theory,* Cambridge University Press, 1973; QUAGLIONI, D. – *I limiti della sovranità. Il pensiero di Jean Bodin nella cultura politica e giuridica dell'età moderna,* Pádua, Cedam, 1992; QUARISTSCH, H. – *Souveränität. Entsehung und Entwicklung des Begriffs in Frankreich und Deutschland vom 13. Jh. bis 1806,* Berlim, Duncker & Humblot, 1986.

[101] Sobre este aspecto da obra de Hobbes, cf., *v.g.,* LESSAY, Franck – *Souveraineté et légitimité chez Hobbes,* Paris, P.U.F., 1988. Sobre o autor, em geral, de entre inumeráveis: BERNARDES, Júlio – *Hobbes & a Liberdade,* Rio de Janeiro,

224   *Constituição Europeia: Reforma ou Revolução?*

sabemos. E à sua lição, ainda que por vezes não lida nem entendida, continuam muitos ainda ferreamente presos.

Mas importa contextualizar e cotejar historicamente uma categoria que está longe de ser universal. Apenas algumas notas.

No sistema de governo medieval, os poderes inter-dependentes, em rede, numa malha de vassalagem e suserania, na fórmula feudal pura, e mais complexos ainda no atinente a comunas livres e ao modo senhorial, poderá certamente falar-se, como faz Paolo Grossi[102], de *autonomia* em lugar de *soberania*[103] (a soberania é, como se sabe, típica da modernidade nascente, e do Estado, molde político típico de toda a Modernidade). Na verdade, afirma esse grande historiador do Direito:

> "La assolutezza, che è peculiare alla sovranità, cede alla relatività di autonomia; se la prima sembra fatta apposta per scavare fossati incavabili fra due o più entità, la seconda separa

---

Jorge Zahar, 2002; BOUCHER, David/KELLY, Paul (eds.) – *The Social Contract from Hobbes to Rawls*, Londres e Nova Iorque, Routledge, 1994; CALVO GONZÁLEZ, José – *Iconografías políticas fantásticas: el 'Leviathan' hobbesiano*, in "Anuario de Filosofía del Derecho", nova época, tomo V, Madrid, 1988, pp. 455-473; HAMPTON, Jean – *Hobbes and the social contract tradition*, 2.ª ed., Cambridge, Cambridge University Press, 1988; MACPHERSON, C. D., *Introduction* a *Leviathan,* de Thomas Hobbes, Middlesex, Penguin, 1986; MARTINICH, A. P. – *Hobbes. A Biography*, Cambridge, Cambridge University Press, 1999; MERÊA, Paulo – *Suárez, Grócio, Hobbes*, I vol., Coimbra, 1941; MINOGUE, K. R. – *Thomas Hobbes and the Philosophy of Absolutism, in* Thomson, DAVID (ed.) – *Political Ideas,* reimp., Middlesex, Penguin, 1982; NAVILLE, Pierre – *Thomas Hobbes*, Paris, Plon, 1988; PACCHI, A. – *Introduzione a Hobbes*, Bari, Laterza, 1971; VIALATOUX, J. – *La Cité de Hobbes – Théorie de l'Etat totalitaire (Essai sur la conception naturaliste de la civilisation)*, Paris/Lyon, 1935.

[102] GROSSI, Paolo – *Dalla Società di Società alla Insularità dello Stato fra Medioevo ed Età Moderna*, Nápoles, Istituto Universitario Suor Orsola Benincasa, 2003.

[103] Um problema diferente, mas interessante para cotejo, era o levantado, designadamente em Portugal no contexto do Estado dito "multinacional e pluricontinental" de antes da descolonização, por PIRES, Francisco Lucas – *Soberania e Autonomia*, "Boletim da Faculdade de Direito", Coimbra, vol. XLIX, pp. 135--200, e vol. L, pp. 107-174.

collegando. Se la sovranità erige delle mònadi, facendo di ciascuna di esse un pianeta pensato e risolto come autosufficiente con l'unica capacità relazionale che consiste nella tendenza imperialistica a inglobare i pianeti limitrofi, l'autonomia – quale indipendenza relativa – immerge l'entità accanto alle altre, in un reticolato che la collega alle altre, giaché un soggetto politico autonomo è indipendente rispeto a taluni altri ma è dipendente rispetto ad altri ancora, e – quel che più conta per l'analisi che ora ci interessa – è pensato e risolto all'interno di un tessuto il più ampio possibile fino ad essere universale, al centro di una raggiera di fili colleganti"[104]

Dir-se-ia, em termos modernos, que a autonomia – que é também um conceito-lição para a contemporaneidade de fim das soberanias tradicionalmente concebidas – estabelece formas de convivência entre poderes de geometria variável, numa articulação que, não pondo em causa o cerne do poder de cada uma, todavia o compatibiliza com outros, em relações dialécticas flexíveis.

Não podemos também esquecer que esta problemática não poderá ser completamente desgarrada da distinção, que vem já (com significante e significado) dos romanos, entre *auctoritas* e *potestas*[105]. A tríade autoridade, poder e soberania tem toda a sua magia e toda a sua sedução, no *logos* e no *mythos*[106].

---

[104] GROSSI, Paolo – *Dalla Società di Società alla Insularità dello Stato fra Medioevo ed Età Moderna*, p. 25,

[105] Cf., em geral, e com relação especial entre política e direito, CRUZ, Sebastião, *Direito Romano*, I, 3.ª ed., Coimbra, edição do autor, 1980, máx. p. 55 ss.; ROCHA, Luiz Alberto G. S. – *Soberania na Antiguidade Clássica (Greco- -Romana) – Auctoritas*, "Revista Direito Mackenzie", ano 4, n.º 2, São Paulo, 2003, pp. 141-151. Sobre o tema, abundante e especializada literatura é citada por ALBUQUERQUE, Ruy – *Direito de Juristas – Direito de Estado*, Separata da "Revista da Faculdade de Direito da Universidade de Lisboa", vol. XLII, n.º 2, Coimbra, Coimbra Editora, 2001, p. 754, n. 5, para que remetemos, *brevitatis causa*.

[106] Nesta última clave, cf., *v.g.*, BELLINI, Paolo – *Autorità e Potere*, com Prefácio de Claudio Bonvecchio, Milão FrancoAngeli, 2001.

Por outro lado, em termos práticos, esta "autonomia" em grande medida se poderá ligar à categoria aristotélica da *autarkeia*, a qual é susceptível de nos propiciar abundantes lições. *Brevitatis causa*, recuperemos alguns aspectos de uma síntese de Félix Lamas:

> "No es la soberanía – *suprema potestas in suo ordine* –, sino la *autárkeia*, o perfección, en sentido aristotélico, la nota formal que permite definir al Estado, pólis o comunidad política, y ello en función del fin propio de ésta, es decir, el bien común temporal (felicidad objetiva, perfección de la vida social). (...) Del carácter relativo de la *autárkeia* o perfección política se sigue la necesaria posibilidad de que existan múltiplas comunidades autárquicas o perfectas, temporal y espacialmente coexistentes. (...) Por lo tanto, la soberanía (...) no puede ser nunca absoluta, ni única, ni completamente centralizada. Por el contrario, la pluralidad de órdenes jurisdiccionales y de competencias es una exigencia necesaria de la complejidad de la vida social. (...)"[107]

Não é a soberania tanto um conceito a rever, como um conceito a reestudar[108].

E no caso da Constituição europeia, é óbvio que já há muito que os Estados foram abdicando de uma soberania absoluta, para entrarem numa fase ou num modelo a que alguns chamam (com alguma *contraditio in terminis*) "soberania partilhada". A verdade é que a dita "soberania partilhada" já não é verdadeira soberania. Não há mais estados soberanos na União Europeia. Deixemo-nos de eufemismos.

---

[107] LAMAS, Félix Adolfo – *Autarquía y Soberanía en el Pensamiento Clásico*, in *Quale Costituzione per Quale Europa*, org. de Danilo Castellano, pp. 130-131.

[108] Cf., recentemente, e em língua portuguesa, KRITSCH, Raquel – *Soberania. A Construção de um Conceito*, São Paulo, USP/Imprensa Oficial do Estado, 2002.

Temos as mais sérias dúvidas de que o poder "autopoiético" da *Kompetenz-Kompetenz* dos Estados da União Europeia (competência sobre a competência, poder nomológico original) não tenha passado, em boa medida, já para a União: que aliás assume, com a Convenção, um poder constituinte. Sendo no futuro a União quem determina a repartição das competências na Constituição, e terá, com a sua personalidade jurídica própria, cabal *Allzustaendigkeit*. Além do mais, no caso português, as sucessivas revisões constitucionais "a reboque" de factos político-normativos internacionais parecem mais ainda corroborar uma profunda falta de protagonismo autónomo.

O direito constitucional português está hoje já "em rede" com o da União Europeia, como em rede estão os Estados europeus – nisso temos insistido já. Sendo o empenhamento de Portugal na construção da Europa Unida um princípio estruturante (apesar de expresso constitucionalmente de uma forma ambígua e eufemística – "Portugal empenha-se no reforço da identidade europeia", art. 7.°, 5 da Constituição da República Portuguesa) do próprio Estado Português (até pela sede constitucional em que se localiza: "Princípios fundamentais", logo após o Preâmbulo), parece lógico afirmar-se que, em homenagem a um tal empenhamento, a República portuguesa partilha com a União Europeia o poder normogenético, abdicando da soberania jurídica (absoluta)[109]. Coisa muito diversa decorria nos tempos do "orgulhosamente sós" do Estado Novo (com total e completa supremacia *ad intra* e *ad extra*), como se poderá aquilatar por este eloquente passo de um Ministro da Justiça de Salazar, Manuel Rodrigues:

> "A soberania pertence ao Estado. Quer dizer: não há poder transcendente, o poder pertence à Nação organizada. Daqui resulta que ao Estado pertence criar a norma da sua existência e dos elementos que a constituem... O Estado é a fonte de toda

---

[109] Cf., num sentido que cremos semelhante, AMARAL, Maria Lúcia – *A Forma da República. Uma Introdução ao Estudo do Direito Constitucional*, p. 390.

a regra normativa... O cidadão não pode recorrer a um princípio estranho ao seu país, nem mesmo invocar as regras da humanidade (...)"[110]

Mas voltemos ao problema em geral. Tal enquadramento não quer dizer de forma alguma que deva haver submissão de uns estados a outros. Muito pelo contrário. A Europa é casa comum, não é casa apenas de alguns.

As ideias do *federal* e de *autonomia* é que podem resolver a questão, alterando o paradigma, mudando a mentalidade egoísta, mesquinha, hiper-nacionalista. A qual infelizmente está por detrás de muito verniz internacionalista e europeísta...

---

[110] *Política, Direito e Justiça*, Coimbra, 1934, p. 41, *apud* HESPANHA, António Manuel – *Cultura Jurídica Europeia. Síntese de um Milénio*, 3.ª ed., Mem Martins, Europa-América, 2003, p. 302.

TÍTULO IV
Revolução e Institucionalização
Princípios, Problemas e Processo de Legitimação

CAPÍTULO I
Princípio da Subsidiariedade

O texto da Constituição europeia codificada que temos sobre a mesa reparte competências de forma demasiadamente taxativa (a partir da sua decisão, e não subsidiária ou residualmente), deixando aos Estados nacionais um espaço bastante circunscrito – pelo menos se encararmos tais competências comparativamente com o poder sem limites da clássica ideia de soberania. Mas teria que ser assim, sob pena de a União Europeia se quedar, ela própria, como entidade não dinâmica, propulsiva, mas simplesmente residual das actividades dos Estados. A verdade é que a Europa de há muito que deixou de ser a mera mesa a que se sentavam os núncios dos respectivos soberanos.

Mas mesmo reconhecendo que a Europa tem traços já visivelmente federais, importa observar que a situação de subalternidade aparente dos Estados terá que ser articulada com o princípio da subsidiariedade[111], um dos princípios fundantes da Constituição europeia, pelo qual as estruturas institucionais e poderes mais próximos das realidades são quem deve ter a competência para curar dos res-

---

[111] Cf., *v.g.*, QUADROS, Fausto de – *O Princípio da Subsidiariedade no Direito Comunitário após o Tratado da União Europeia*, Coimbra, Almedina, 1995; PIRES, Francisco Lucas – *A Política Social Comunitária como exemplo do Princípio da Subsidiariedade*, in "Revista de Direito e de Estudos Sociais", Coimbra, Almedina, Julho-Dezembro de 1991, ano XXXIII (VI da 2.ª série), n.ºs 3-4, pp. 239-259. No plano filosófico-social e político, cf., por todos, a síntese de MONZEL, Nikolaus – *Katholische Soziallehre* II, Colónia, J. P. Bachem, 1967, versão cast. de Alejandro Estebán Lator Rós, *Doctrina Social*, Barcelona, Herder, 1972, p. 221 ss.

pectivos problemas, sendo as estruturas e poderes mais longínquos (como os da União) apenas subsidiários. Não será fácil essa articulação – bem o sabemos. Mas estamos em crer que há uma ordem de valores constitucionais (que não é simples, e muito menos dogmática, e menos ainda um trunfo na manga de apenas certas correntes, habituadas a tais magias), e, nesse sentido, que é mais importante o princípio da subsidiariedade do que muitos dos outros. Aliás, ele é fundamental mesmo para a ideia de federalização.

Nesse sentido, por exemplo, não repugna – pelo contrário, tudo aconselharia – a maior integração ao nível da defesa comum (sem descurar a defesa própria de cada um, mas que seria residual: até pela necessária solidariedade entre Estados membros da União), por uma simples e elementar razão, em tudo concorde com o princípio da subsidiariedade: da defesa comum melhor trata a União que cada país isolado.

Do mesmo modo, porém, já não faz qualquer sentido uma total uniformização jurídica, porque de muito do Direito de cada Estado sabe cada Estado, porque mais próximo da(s) respectiva(s) realidades sociais, culturais, económicas, etc. Porque o Direito não é uma matemática universal, transcultural, antes multicultural. E, num tempo de por vezes tão folclórica e tão artificial defesa do multiculturalismo (em si de fundamental valia, como é óbvio), querer abdicar das diferenças jurídicas seria incoerente. Os EUA têm sistemas jurídicos diversos de Estado para Estado. E não se põe problema de unidade nacional ou de falta de coesão sequer por nuns lugares haver até pena de morte e noutros não... Alguma integração jurídica é obviamente muito importante, mas não um direito único. O bom senso deveria, nesta matéria, imperar sobre a febre legiferadora dos poderes, a vaidade dos que desejam posar para a História como novos Licurgos, e a vontade de uniformização *à outrance*...

Um direito totalmente uniforme pode ser o instrumento não de uma harmónica União, mas de um poder burocrático, e a via para uma homogeneização forçada de culturas. Ou seja, o fim da multiculturalidade europeia, que é uma riqueza e uma força. Uma Europa cinzenta e igual, uniformizada, padronizada, já não seria a Europa.

CAPÍTULO II
Hierarquia das Normas ou Outras Soluções

Alguns interpretaram que a Constituição europeia leva a que todo o direito da União (e não só sequer o do texto constitucional europeu), mesmo o mais obscuro, se sobreporia a todo o direito de cada Estado membro (mesmo o mais digno – a começar pela respectiva Constituição). E essa hierarquia das normas subverteria completamente a ideia de pluralidade constitucional articulada, perfeitamente admissível. Já disso fomos falando.

A questão é circular: ou os estados têm alguma autonomia, e lhes resta algum poder próprio real, ou então são regiões, autarquias, e por isso faria sentido que os ditames do poder central (Bruxelas) se imponham a qualquer localismo... ainda que "constitucional".

Mas não parece que essa interpretação possa ter valimento de causa. Ela é contrária à própria subsistência dos Estados-membros enquanto tais que, todavia, continuam reconhecidos pela Constituição europeia. A única interpretação útil que pode ter-se nesta matéria não poderá ser de molde a destruir os Estados, nem a criar um mega-poder jurídico centralista, que seria anti-jurídico, pela injustiça evidente de não atentar nas particularidades.

Teremos de pensar numa supremacia da Constituição europeia aplicável em matérias europeias, evidentemente (embora com muitos efeitos laterais), mas mais que isso – pois tal também é escassa e frustre delimitação. O nó do problema parece-nos residir na aplicação primacial do princípio da subsidiariedade.

De alguma forma, poderia pensar-se numa espécie de "reserva de constituição" nacional, para matérias verdadeiramente determinantes. Se, na verdade, tal ainda tiver justificação, depois de as constituições nacionais expressamente declararem a conformidade com o direito da União Europeia, e depois de a CE, nomeadamente em sede de direitos fundamentais, mas cremos que extensiva ou analogicamente em bem mais matérias, explicitamente "ceder o passo" às Constituições nacionais em caso de estas consagrarem tratamento mais favorável aos cidadãos...

O facto de existir uma cláusula de saída expressamente admitida pela CE significa um reconhecimento implícito não de que os Estados ainda são soberanos (o que soa a algo romântico), mas de que há uma reserva de constituição – embora muito ténue e em último recurso –, a qual decorre da autonomia e identidade nacionais...

Outra hipótese para resolver o problema seria a de pôr de parte o paradigma ainda dominante da hierarquia das normas, e – seguindo as novas vias, mais ou menos "pós-modernas", do pluralismo jurídico – estabelecer uma espécie de concorrência prática entre as instâncias nacionais e as europeias... Contudo, esta solução não parece muito compatível com os ventos de certeza e segurança do Direito determinantes de uma Constituição que, pela sua extensão e pormenor, faz jus à sua componente codificadora.

Uma solução mais simples, e certamente não desprovida de sentido, será entender-se que a hierarquia das normas é *integrada*, e funciona de forma consonante, racional e sistémica para o conjunto do acervo jurídico geral do espaço jurídico da União (englobando direitos nacionais e direito da união).

Em consequência, nenhum acto normativo de grau inferior e provindo de fonte da União pode prevalecer sobre acto normativo superior de sede estadual nacional. Sendo o contrário também verdadeiro, como é óbvio, pela singela aplicação do princípio do primado: todos os actos de igual ou superior hierarquia dimanados de fonte da União se sobrepõem aos iguais ou inferiores dos Estados--Membros. Poder-se-á ponderar em que medida deveria estabelecer--se doutrinalmente e jurisprudencialmente o que poderia vir a ser uma "reserva de constituição" nacional frente à Constituição europeia. E eventualmente vice-versa. Aliás, o volume de matérias que já são da competência normal da União, e o que passará a entrar nela, totalmente poderão justificar uma repartição – sob pena de bloqueio do sistema geral. Mas a questão não parece líquida.

Ou então – solução mais radical –, tudo terá que ser revisto, e deveremos discutir realmente a criação de um *novum* – Estado ou Império: ver-se-ia... – europeu, mas sem estados nacionais, ou com estados bem mais exíguos. Mas essa discussão deveria ser explícita e racional. Não podemos, por causa de tabus, obnubilar as várias hipóteses de futuro.

CAPÍTULO III
Harmonizar as Constituições

À primeira vista, a plena introdução do princípio da subsidiariedade obrigaria a que a Constituição Europeia fosse residual, não programática, não directiva, e até tudo aconselharia a que, como até aqui, fosse sendo fruto de tratados e sentenças e práticas (corrigindo-se a deriva anti-democrática), natural, gradualmente.

Contudo, como dissemos, a inexistência de um Povo europeu e os caminhos positivistas e burocratizantes da aplicação do Direito no nosso tempo, aconselham à existência de um texto codificado, e com algum dinamismo programático.

Mas, numa Constituição supra-nacional, federal, ou o que se queira chamar, sempre se tem de acautelar que nunca tal poderá, directa ou indirectamente, tornar inconstitucional qualquer parte da Constituição de cada Estado (pressupondo que os membros da União são todos Estados democráticos de Direito). A menos que um Estado se coloque na esfera de inconstitucionalidade europeia, evidentemente. Como seria o caso de um Estado que mudasse a sua constituição num qualquer concreto sentido contrário à Carta Europeia dos Direitos, por exemplo[112].

Seja como for, como aflorámos supra, poderia ser necessário estabelecer limites e articulações, com vista a uma aplicação sábia do primado, sob pena de bloqueio do sistema constitucional plural.

---

[112] Sobre a Carta, cf., *v.g.*, entre nós, MOREIRA, Vital (coord.) – *Carta de Direitos Fundamentais da União Europeia*, Coimbra, Coimbra Editora, Ius Gentium Conimbrigae, Faculdade de Direito de Coimbra, 2001.

Contudo, pensamos que o problema das relações entre a Constituição Europeia e as Constituições nacionais não é tão complexo nem tão dramático quanto alguns o têm pensado. E que se há ideias que fazem o seu caminho, esta será uma delas, propícia a sínteses e consensos por habituação, desde que se compreenda que estamos numa outra sintonia, num novo plano do entendimento dos poderes e das competências. O qual, porém, se não poderá satisfazer com uma quietista e contente auto-contemplação enquanto *novum*, antes terá que ir fabricando a artesania doutrinal e jurisprudencial que consubstancie princípios e revele soluções concretas a eles adequadas.

CAPÍTULO IV
Tecnocracia e Discurso Epistemológico

O argumento de alguns, decerto mais tecnicistas, segundo o qual não se pode tratar o *novum* das coisas europeias com os instrumentos do passado, poderia ser encarado, à primeira vista, como uma epistemomaquia do "Direito Comunitário" contra o Direito Constitucional. Não sabemos se assim terá sido, nem importa alimentar querelas dessas.

Facto é que ninguém gosta que a sua área seja subalternizada ou minimizada. Certo é igualmente que, muitas vezes, se revela difícil o reconhecimento pelas áreas novas que devem muito às clássicas e já devidamente testadas, e que não podem passar sem os seus conceitos ancestrais, ou, em alternativa, com a sua substituição racional. Assim como também é difícil fazer entender aos ramos mais clássicos do Direito a própria razão e factualidade da existência dos novos – e *a fortiori* a especificidade da sua *forma mentis*.

Todavia, tudo ponderado, o Direito Comunitário (a quem ninguém nega a importância) parece, por razões óbvias (salvo as de foros históricos) dever vir a dar pleno lugar a um novo Direito Europeu (fórmula simplificada mais eufónica, ainda que geográfica e politicamente menos correcta, reconhece-se, que "direito da união europeia") – a inaugurar simbolicamente com esta Constituição, precisamente. E é claro que este Direito Europeu não pode prescindir da Ciência Jurídica em geral e do seu património comum. Ora as categorias do Constitucionalismo, quer do natural quer do codificado, não podem lançar-se pela janela fora, sob pena de que, quem o fizesse, se viesse a colocar numa zona de não-Direito, no plano científico. Há profundas contradições e muitas confusões letais no discurso pretensamente "científico" que pretende que as soluções para a Europa são técnicas. Pelo contrário, afirmamos que as questões para a Europa são fundamentalmente políticas.

Assim, não foi por razões de ordem técnica ou de diverso enquadramento epistemológico que a Constituição europeia teve a génese que teve. Foi por razões políticas. Não será um certo tipo de "Direito Comunitário" pretenso senhor de regras diversas das constitucionais que coonestará um qualquer procedimento constituinte – porque a ciência não legitima, sob pena de se transformar em ideologia; o que o explica é uma revolução política na Europa. E essa explicação constituinte releva da História Política, da Filosofia Política, e mais especificamente da História do Direito Constitucional – que é, afinal, Direito Constitucional, apenas direito constitucional não vigente, do passado.

Mas em contrapartida a doutrina do Direito Constitucional, a Teoria Geral do Estado, e alguma Filosofia e Ciência Políticas não podem dar-se ao luxo de (para glosar um dos mais belos e profundos livros portugueses de direito público) se encerrarem no *sono da Princesa da Fábula*[113]. O que significa que o elmo emplumado e o próprio carro de assalto que o superou têm hoje de encontrar substitutos, sob pena de uma cristalização que, pior ainda que isolar os seus cultores, só produz impasses nos caminhos que desejaríamos fecundos do progresso da indagação constitucional.

---

[113] SOARES, Rogério Ehrhardt – *Direito Público e Sociedade Técnica*, Coimbra, Atlântida, 1969, p. 5.

CAPÍTULO V
Democracia Directa e Democracia Representativa

Compreendido que um processo revolucionário não pode ser democrático no sentido representativo, e de imaculado procedimento legal, não se pode deixar de desejar um momento de sanação desse pecado original (*felix culpa* – esperamos poder vir a dizer um dia). A sanação tem de vir, agora, não pelo recurso a métodos representativos, mas pelo apelo, agora sim, e sem qualquer dúvida, a uma forma de poder constituinte originário, ainda que de algum modo passivo (mas os povos europeus já comprovaram a sua passividade neste processo: não se lhes pode pedir mais). A sanação tem de vir da democracia pura, directa.

A democracia representativa é um *menos* e não um *mais* face à democracia pura, directa. Invocar-se a democracia representativa contra a democracia directa com argumentos "anti-esquerdistas"[114] ou "anti-populistas" é absurdo demagógico. É óbvio que nenhum Povo elege delegados se pode directa e eficazmente dizer o que quer. Um referendo valerá sempre muito mais que uma assembleia de deputados. Há quem o negue, mas assim também nega a democracia no seu mais puro ideal: *poder do povo, pelo povo* e *para o povo*. Em democracia não há tutores do povo. E os representantes a ele *representam*.

É certo que o processo revolucionário de elaboração e conclusão da Constituição europeia teve, à luz da democracia formal,

---

[114] "Esquerdistas" num sentido próximo do utilizado classicamente por LENINE, V. I. – *Esquerdismo, Doença Infantil do Comunismo*, trad. de J. Ferreira, Porto, Latitude, s/d.

técnica, instituída, um *deficit* democrático. Mas as eleições para o Parlamento europeu subsequentes comprovaram tacitamente a não oposição dos povos a tal, e os referendos, apesar dos primeiros desaires, irão (iriam?) certamente comprovar uma muito vasta adesão activa daqueles cidadãos activos em política. Por um lado, alguma previsível abstenção configura apenas um problema geral de desinteresse dos cidadãos pela política, e tanto mais quanto pensam que os temas os não interessam directamente. Por outro, como aflorámos já, os "não" não vão todos no mesmo sentido: em grande medida anulam-se...

O referendo seria a forma democrática por excelência de sanação dos "vícios" iniciais – que são próprios de um processo revolucionário – se houvesse, por via dele, unanimidade favorável à Constituição Europeia. Não a havendo, acabam por ser uma consulta indicativa, que os poderes devem ouvir com prudência e discernimento. Tirando as devidas conclusões, com arte política. Isto é, desde logo, com respeito pelo real e com imaginação capaz de agir sobre ele.

CAPÍTULO VI
O Referendo: Instituto de Democracia Directa

A democracia directa nada tem a ver com a "democracia popular" ou o chamado "poder popular". Está muito longe de se confundir com assembleias tumultuárias, plenários selvagens, etc. A democracia directa, hoje, significa dar a voz directamente ao Povo em matéria deliberativa, e não apenas para eleição de representantes. Se, no passado, as massas foram instrumentalizadas por plebiscitos de ditadores, hoje o cidadão responsável vota – e vota normalmente muito bem, em cada momento – em referendos, nos quais os diferentes defensores das diversas opções fazem campanha livre e informativa. Pode haver marginalmente demagogias, confusões, pequenas fraudes ou pressões, mas por todo o mundo democrático a enorme maioria das vezes o sistema funciona.

Não há nenhuma incompatibilidade entre a democracia directa e a democracia representativa. Pelo contrário, completam-se. Nem sempre se deve consultar directamente o Povo. Mas sempre se deve consultá-lo directamente em matérias graves, vitais, como é o caso de uma Constituição. Para mais feita sem que tivesse eleito deputados para tal. Com a ressalva de que os momentos primeiros de um constitucionalismo – qualquer um – não são momentos de pureza democrática representativa.

Simplesmente, não se teve presente que esta Constituição não é como as demais: longa, complexa, com peso administrativo desmesurado, não tem condições de legibilidade pelo comum dos mortais. E presta-se às maiores especulações, e mesmo a um preconceito a que não estão imunes nem os juristas, nem mesmo os constitucionalistas.

Notemos apenas a susceptibilidade dos referendos já *supra* aludida, sobretudo quando presa do populismo. Contudo, perante tais forças, compete aos democratas não adormecer, e esclarecer, esclarecer vigilante e perseverantemente.

Em grande medida, a política e o argumento do facto consumado, da ausência de alternativas, e uma certa sobranceria de instalado *statu quo* por parte de alguns (só alguns) defensores da Constituição contrastou com a irreverência sadia e o vento de liberdade de alguns (poucos) críticos dela. Pode ser que essa imagem de situacionismo tenha prejudicado o "Sim". É que, numa democracia, não basta ter-se razão. É preciso convencer-se a maioria de que se tem tal razão, e que ela lhe será benéfica. Curiosamente, na questão da Constituição Europeia, confluem conta o "Sim" a irreverência "revolucionária" que invoca liberdades, representações e democracia, e o comodismo conservador de deixar tudo como está.

CAPÍTULO VII
Constitucionalidade do Referendo

Muitos dos que alegavam que não poderia haver referendo à Europa, fosse ao projecto de Constituição, fosse à decisão de fazer uma constituição codificada, etc., etc., esgrimindo com os artigos da Constituição de 1976, assumiam, na prática, um legalismo positivista que quase nos espantou. Pois esqueciam que o processo Europeu de há muito que ultrapassou e subverteu a Constituição em causa, já obrigada a ser revista *a posteriori* de compromissos europeus (e internacionais – caso do Tribunal Penal Internacional) – obviamente transconstitucionais. Uma revisão constitucional *a posteriori* é apenas o preito que o vício presta à virtude: e também quando se procede a uma alteração para permitir uma dada pergunta referendária.

A constituição escrita e codificada que temos é apenas a Constituição formal, sendo que os referendos são matéria materialmente constitucional. Alguma da grande doutrina, como a de um Otto Bachoff[115], sabe bem que até pode haver normas constitucionais inconstitucionais. E outra insiste na substancial inconstitucionalidade da lei injusta – o que, tendo raízes antigas (pois já Santo Agostinho afirmava que *non videtur lex quæ iusta non fuerit*, seguido de resto pelo Aquinate[116]), é ainda mais radical[117]. Pelo que, mesmo

---

[115] BACHOF, Otto – *Normas Constitucionais Inconstitucionais?*, trad. port., Coimbra, Atlântida, 1977.

[116] AGOSTINHO, Aurélio – *De Libero Arbitrio*, I, 5; Cf. AQUINO, Tomás de – *Summa Theologiæ*, I, IIæ, q. 95, art. 2.

[117] FREITAS, Juarez – *A Substancial Inconstitucionalidade da Lei Injusta*, Petrópolis, RJ, Vozes; Porto Alegre, RS, EDIPUCRS, 1989. Concretizando, mais recentemente, o seu pensamento, *Idem – A Interpretação Sistemática do Direito*,

que se entendesse que o texto de 76 (já tão subvertido) não permitiria um referendo, sempre o referendo será constitucional, e, nesse caso, a norma proibitiva ou omissiva claramente materialmente inconstitucional.

A solução estará longe de ser pacífica na doutrina, porque na doutrina há muito positivismo, demasiada reverência pela sacralidade dos textos, demasiada rigidez e legalismo. Mas a doutrina, se for honesta, independentemente da sua orientação, saberá ao menos reconhecer que a solução não é absurda, antes tem profundas tradições: é, além do mais, a solução mais democrática.

Recordemos a História, que tem lugares paralelos de assunção popular do poder: os Filipes tinham *herdado, comprado e conquistado* Portugal. E todavia D. João IV foi justamente aclamado. E qual a norma da Constituição de 1933 que permitiu o 25 de Abril? Voltamos ao problema da Revolução e do Direito, agora ao nível nacional. Mas não é revolucionário sequer dizer-se que dar a palavra ao Povo é o mais constitucional dos actos.

Compreendemos as precauções, partilhamos as angústias. Mas, em rigor, se o Povo pudesse ser esclarecido cabalmente, e votar sempre segundo esse esclarecimentos, não haveria dúvidas que a democracia referendária seria a mais pura. Sabemos que, infelizmente, a mediação é um mal necessário as mais das vezes. E que no caso vertente se quebra um regra fundamental: a Constituição, sendo normalmente legível para o homem minimamente culto, é agora, neste projecto constitucional europeu, bastante inacessível. Isso complica o papel dos referendos.

3.ª ed. revista e ampliada, São Paulo, Malheiros Editores, 2002, max., para os aspectos constitucionais, p. 182 ss..

CAPÍTULO VIII
Consensualidade Política do Referendo

Na luta pelo referendo estiveram grupos, movimentos e partidos dos mais diversos sectores do espectro político[118]. Em Portugal, não nos recordamos que nenhuma força política se tenha verdadeiramente oposto – ao menos em posição de princípio – ao referendo. Pelo contrário, boa parte dos partidos (ou os seus líderes) se pronunciaram a favor.

O referendo empresta clareza, transparência e legitimidade ao processo constitucional. Seria um grande momento democrático do mesmo, no qual podem e devem coincidir democratas de muitos quadrantes e com diferentes modelos para a Europa.

Resta saber se se optará por retomar essa via, ou se teremos uma Europa mais tímida, escudada no decurso do tempo (e no esquecimento dos referendos negativos). Seria mau para a Europa.

---

[118] Pelo menos 95 membros da Convenção assinaram a proposta de referendo, entre os quais portugueses. Entre os apoiantes do referendo contam-se entidades tão diferentes como o *Daily Mail* britânico, o Partido Liberal Alemão, o primeiro-ministro do Sarre e o seu CDU – democrata cristão, a Juventude do Partido Socialista Popular e grupos do Partido Social Liberal da Dinamarca, o Forum Cristão Social da Hungria, e o Movimento Federalista e a Juventude Federalista em Itália. Só o *Democracy International* agrupou mais de 120 organizações não governamentais pró-referendo em 25 países...

CAPÍTULO IX
As Soluções e o Futuro

Uma Constituição revolucionária é sempre um grande passo em frente, mas normalmente tem aspectos que cairão naturalmente em desuso, outros que nem sequer chegarão a entrar em vigor, outros ainda que deverão ser alterados, por processos mais ou menos (im)previstos.

Não se pode julgar uma Constituição apenas pela sua letra. "É uma forma de *hybris* jurídica acreditar-se que as Constituições constituem"[119]. Outros elementos constituintes se irão juntando à *voluntas* constituinte inicial.

O espírito de uma Constituição Europeia codificada é um espírito de ordem, e de reforço da Europa: isso é positivo. Nocivo seria se, no bojo dessa nau, viesse o lastro da burocracia, do encapotado nacionalismo egoísta ou hegemónico de alguns Estados, etc. Ora cumpre aos Europeus estar vigilantes nesse sentido. O alargamento da União Europeia necessitava impreterivelmente de regras de convivência mais claras e estritas. Não podemos dar-nos hoje ao luxo das constituições naturais de outrora.

Estamos perante algo de novo. Não de radicalmente novo, ao arrepio completo da linha constitucional moderna do séc. XVIII – embora sem dúvida ao arrepio do seu mito recuperador e legali-

---

[119] Sábias palavras de J. H. H. Weiler – *La Costituzione dell'Europa*, p. 640, que significativamente prossegue sublinhando a importância "constituinte" da dos cidadãos e dos intelectuais, para além da Convenção e da Conferência governativa.

250 *Constituição Europeia: Reforma ou Revolução?*

zador –, mas certamente perante uma reedição da forma revolucionária de fazer constituições: só que, deste feita, por uma revolução pacífica.

Tal novo paradigma juspolítico (retomando o velho no carácter revolucionário, mas de forma nova, pelo seu carácter pacífico) naturalmente tem confundido alguns, que, pelo dito pacifismo, o confundiram com um processo integrado, intra-sistémico, e burguês, não lhe captando o alcance. Daí muitos mal entendidos. Mas nada de mais normal, no fluir dos tempos, que uma alteração do paradigma. Como se devem ter sentido tantos – "sem pé" na teoria – no momento em que os Estados Gerais passaram a Assembleia Constituinte, ou os americanos decidiram cortar o cordão umbilical com a velha Inglaterra?! Não se fale sequer no trauma (sublinhado por Voltaire para os Ingleses) de matar o soberano.

A aposta na Constituição Europeia é sobretudo um acto de fé. Já duvidámos, e profundamente. Mas não a tínhamos então encarado como o que ela realmente é: a grande revolução pacífica que poderá, se quisermos – e para isso será preciso lutar muito e inteligentemente nesse tabuleiro político e jurídico maior que é a nova União Europeia – vir a contribuir para o sonho dessa Europa com que sonhamos. Estamos perante uma oportunidade, de que se não triunfará sem sacrifício, tenacidade, inteligência, maleabilidade diplomática, e defesa intransigente do essencial, desde logo os valores das identidades.

A Europa periga em alguma medida pela sua identidade face a uma globalização neo-liberal (anarco-capitalista) de matiz extraeuropeu[120]. No que respeita mais particularmente à identidade na-

---

[120] Sobre identidade nacional em geral, e europeia, cf., *v.g*, SMITH, Anthony – *The National Identity*, trad. port. de Cláudia Brito, *A Identidade Nacional*, Lisboa, Gradiva, 1997; THIESSE, Anne-Marie – *La Création des identités nationales. Europe XVIIIᵉ-XXᵉ siècle*, Paris, Seuil, 1999; HERMET, Guy – *Histoire des nations et du nationalisme en Europe*, Paris, Seuil, 1996; HOBSBAWN, E. J. – *Nations and Nationalism since 1789: Programme, Myth, Reality*, 2.ª ed., Cambridge, Cambridge University Press, 1992.

cional portuguesa[121], porém, tranquilizemo-nos (mas não durmamos: pois os patrimónios culturais não se transmitem geneticamente) com estas palavras agudas de Eduardo Lourenço:

"O que nós somos, por ter sido, não nos parece poder ser *dissolvido* ou realmente ameaçado por perigo algum *vindo do exterior*, improvável federação hispânica ou provável, no futuro, confederação europeia. Em qualquer entidade transnacional que nos pensemos, figuraremos sempre com uma *identidade*, que é menos a da nossa vida e capacidade colectiva própria, do que essa de actor privilegiado da aventura mundial europeia."[122]

A alternativa a este desafio é um passadismo sem saída. Para trás não se pode ir. Mas para a frente, há que cuidar do caminho.

---

[121] Cf., *v.g.*, MATTOSO, José – A *Identidade Nacional*, Lisboa, Cadernos Democráticos, Fundação Mário Soares, Gradiva, 1998.

[122] LOURENÇO, Eduardo – "Identidade e Memória. O Caso Português", *Nós e a Europa ou as Duas Razões*, 4.ª ed. aumentada, Lisboa, Imprensa Nacional – Casa da Moeda, 1994, p. 11.

PARTE II

Constituição Europeia e Teoria Constitucional

CAPÍTULO I
Verfremdungseffekt teórico

O projecto de "Tratado que estabelece uma Constituição para a Europa", além, evidentemente, das suas relevantíssimas implicações políticas, coloca alguns desafios à clássica teoria constitucional. À primeira vista, pode parecer que se coloca numa total heterodoxia face aos cânones constitucionais correntes, desde logo do poder constituinte. Contudo, uma análise mais rigorosa da história do constitucionalismo moderno, sobretudo francesa, pode levar-nos a detectar similitudes muito reveladoras entre o processo de codificação constitucional moderno, do liberalismo, e o presente da Constituição europeia. A fórmula "tratado" é também uma interpelação aos processos normais de constitucionalização. Mas mais do que um "tratado constitucional" o objecto jurídico em estudo será aqui considerado como uma verdadeira constituição, posto que sujeita a aprovação por tratado.

Mas não antecipemos em excesso. Há um caminho a percorrer até estas conclusões. E tal caminho começa no estranhamento.

Uma das formas mais comuns de lidar com algo de novo ou desconhecido é pensar-se no que possa ter de comum com o velho ou conhecido. E, a partir de uma teorização do sabido, procurar-se integrar o que se não sabe ou não conhece.

Este procedimento é sem dúvida prudente, mas pode levar-nos a algumas incompreensões. É um procedimento verdadeiramente conservador. E com ele se arrisca a indagação a não prestar suficiente atenção a elementos não previsíveis (ou a uma não esperada conjugação sua), ou então, pelo contrário, pode-se sublinhar em excesso o choque da diferença, esquecendo que pode haver continuidade, pelo menos parcial, e não apenas ruptura.

Já o modo abissalmente oposto de encarar a novidade, o que descura as malhas interpretativas do passado e do presente, cai no exagero contrário: não cura de aproximar em nada o novo do conhecido, e em regra privilegia-lhe diferenças que nem sempre terá.

Porém, toda a novidade normalmente tem os pés ou as raízes no passado. E por isso, um diálogo se deve estabelecer, para mais perfeito conhecimento do que se passa.

A Constituição Europeia tem sido encarada ou como uma novidade total, uma mudança radical de paradigma (aliás o próprio Direito Comunitário assim por alguns já era entendido, furtando-se – como se fora possível – a todo o demais Direito, pela sua "novidade"), ou, no pólo oposto, como uma plácida continuidade, quase sem inovação, face ao que se vinha fazendo, sobretudo depois dos tratados de Maastricht, Amesterdão e Nice.

Em ambos os casos nos parece que se está a sobrevalorizar um dos aspectos apenas da realidade, em detrimento da outra.

A Constituição Europeia codificada que se encontra em discussão tem elementos velhos e elementos novos, não apenas em relação à actual Constituição Europeia natural, não codificada, em vigor (com um núcleo escrito constituído pelo Tratado de Nice), como representa um bom momento para se avaliar da validade hodierna das teorias clássicas da Constituição e do Estado.

É, mais especificamente, dos desafios que a Constituição Europeia codificada coloca à Teoria da Constituição que curaremos de seguida, procurando passar em revista os tópicos mais correntes de uma e de outro.

CAPÍTULO II
Constituição Europeia e Teoria da Constituição

1. As duas teorias constitucionais clássicas

Havendo muitas definições e perspectivas sobre o que seja uma Constituição, a tradição doutrinal acabou por, directa ou indirectamente, consciente ou inconscientemente, eleger duas fórmulas que espelham, ainda que não de maneira clara nem simétrica, os dois grandes tipos de Constituição desde sempre existentes.

A primeira fórmula explicita a perspectiva e o conceito histórico-universal de Constituição. E, embora muita doutrina a tenha esquecido na prática, relativamente escassa é a que se lhe não refere, pelo menos em termos abstractos ou teóricos.

Esta perspectiva é normalmente citada na fórmula que lhe deu Lassalle, na sua célebre conferência "O que é uma Constituição Política?", e reza, como se sabe, assim:

> "Todos os países possuem, e terão de possuí-la sempre, uma constituição real e efectiva. É errado pensarmos que a Constituição é uma prerrogativa dos tempos modernos"[123].

Por esta fórmula temos logicamente de associar toda a comunidade ou sociedade política a uma constituição, e terminar com o feiticismo do constitucionalismo meramente escrito e codificado, que impregna o nosso mais superficial imaginário, e é voz corrente.

---

[123] LASSALE, Ferdinand, *O Que é uma Constituição Política?*, trad. port., Porto: Nova Crítica, 1976, p. 36.

Curiosamente, este mito da identificação da Constituição com um código de direito público não consta do texto mitificador dessa outra forma de conceber a Constituição: apenas lhe está de tal forma implícito que não se viu na necessidade de o verbalizar.

A *Declaração dos Direitos do Homem e do Cidadão* francesa, de 26 de Agosto de 1789 (adoptada como Preâmbulo da primeira Constituição francesa codificada, de 1791), no seu artigo XVI, contém a fórmula explícita (e implícita) do conceito moderno, codificado, voluntarista de Constituição. É a segunda forma de encarar a Constituição, a segunda no tempo e a mais próxima de nós, cronológica e mentalmente.

Uma e outra das perspectivas, combinadas, fazem ressaltar que há dois constitucionalismos, ou duas fases históricas do constitucionalismo: a primeira, de um constitucionalismo histórico, natural, gradual, saído de um fluir de uma história por assim dizer quase "fria", para parafrasear Levi-Strauss; e a segunda, de um constitucionalismo voluntarista, engendrado, codificado, fruto de uma história ao rubro – fruto sobretudo das revoluções, a começar com as revoluções liberais. Como é óbvio, não encontraremos facilmente e sem muita imaginação um texto coetâneo do constitucionalismo natural ou histórico a invocar a constitucionalidade das leis fundamentais do reino, ou dos costumes, ou das praxes, etc.

2. A lição da *Declaração dos Direitos do Homem e do Cidadão Francesa*. Requisitos constitucionais modernos

Se os requisitos constitucionais tradicionais, históricos, se têm que encontrar por análise doutrinal, buscando a "fundamentalidade" em testamentos de reis, ordenações, práticas jurídicas reiteradas com consciência de juridicidade constitucional (costumes constitucionais), etc., já os requisitos constitucionais modernos pareceriam muito mais simplesmente detectáveis nesse tempo de fanerismo, exposição, lógica da escrita[124].

---

[124] Cf. GOODY, Jack – *The logic of writing and the organisation of society,*

Tal, porém, só parcialmente é certo.

Por um lado, há alguma explicitação do que é necessário haver ou ocorrer para nos encontrarmos perante uma Constituição. Mas, por outro, há elementos que continuam a faltar na prescrição escrita. Solenemente se prescreve na Declaração francesa referida:

"Toute société dans laquelle la garantie des droits n'est pas assurée, ni la séparation des pouvoirs déterminée, n'a point de constitution".

O texto deste artigo da Declaração, em si, não nos vincularia imediatamente a um texto constitucional escrito como requisito constitucional. Em teoria, seria possível pensar numa sociedade (e é tão-somente de uma sociedade que o texto cura, e não de um código que prescreva a organização da coisa pública) com garantia de direitos e determinação da separação dos poderes, mas ainda desprovida de um instrumento jurídico escrito codificado, único ou fundamental regulador dessas matérias. Ou seja, a Declaração que tem sido considerada o ponto de partida do constitucionalismo moderno poderia ainda, na sua letra, ser expressão do constitucionalismo histórico.

Mas não será bem assim, em termos práticos. Porque a garantia dos direitos de que se cura agora, neste artigo XVI, não é uma garantia qualquer, mas antes garantia específica dos direitos iguais para todos, e não de prerrogativas ou privilégios, ou direitos localizados por grupos sociais, corporações, etc. Ora até então, até ao constitucionalismo moderno, não se tinham conhecido este tipo de direitos como grande modelo protectivo numa sociedade. Porque, se se pôde já chamar ao poder monárquico tradicional um "poder conjugado"[125], e se em todas as sociedades há sempre equilíbrios de e

---

Cambridge University Press, 1986, trad. port. de Teresa Louro Pérez, *A Lógica da Escrita e a Organização da Sociedade*, Lisboa, Edições 70, 1987.

[125] BOTELHO, Afonso – *Monarquia poder conjugado*, in "Nomos. Revista Portuguesa de Filosofia do Direito e do Estado", Lisboa, n.° 2 (Julho-Dezembro de 1986), p. 38 ss..

entre poderes, e contra-poderes, já a separação dos poderes, com o seu sentido próprio, só nesta sociedade tem cabimento. Desde logo, e para não nos alongarmos num dos grandes esteios da teoria constitucional moderna, na medida em que passa a existir, com Montesquieu, uma distribuição social dos poderes, em que a burguesia (então "representante" do Povo) é também contemplada, e significativamente. Jamais tinha sucedido esta repartição social, além das distribuições técnicas e funcionais que se desenvolverão até aos limites da imaginação e da *ars combinatoria* doutrinal.

Tudo isto significa que a Declaração fundante em apreço, não reclamando na sua letra que sejam plasmados num código de direito político nem os direitos fundamentais, nem a separação dos poderes, na verdade acaba por pressupor ambas as coisas. Já que a vida normal de direitos fundamentais universais como os que nesses tempos liberais foram cunhados (e hoje subsistem, sob outras formas, mas sem perder tal cunho em pano de fundo), assim como a "determinação" (e esta palavra pode desde já inculcar uma ideia de fixação mais perene, logo, muito provavelmente, escrita) da separação dos poderes – ambos os requisitos fixados no artigo XVI – nos transportam para um ambiente juspolítico que imediatamente nos leva a deduzir, ou a descobrir, princípios não expressos, mas fundamentais.

Esse ambiente é-nos dado pelo momento histórico que se vivia, mas também pelo contexto geral da própria Declaração. Assim, ao esclarecer, no seu artigo IV, que os limites dos direitos naturais de todos só podem ser limitados pela lei (que, no caso, evidentemente, se pressupõe escrita) aproximamo-nos mais da ideia da necessidade de uma Constituição escrita como requisito do constitucionalismo moderno. Mas a lei emana da soberania. E esta passa a ser concebida como poder que reside, pela sua própria essência, na nação, desta e apenas desta derivando qualquer exercício individual de poder. Como reza o artigo III:

> "Le principe de toute souveraineté réside essentiellement dans la Nation. Nul corps, nul individu ne peut exercer d'autorité qui n'en émane expressément".

Além disso, o artigo VI estabelece (além de outros) os princípios da participação popular e da representação políticas, das quais emana a lei, chave do poder no constitucionalismo, ao declarar que:

"La loi est l'expression de la volonté générale. Tous les citoyens ont droit de concourir personnellement ou par leurs représentants à sa formation. Elle doit être la même pour tous, soit qu'elle protège, soit qu'elle punisse. Tous les citoyens, étant égaux à ses yeux, sont également admissibles à toutes dignités, places et emplois publics, selon leur capacité et sans autre distinction que celle de leurs vertus et de leurs talents."

Por conseguinte, da Declaração dos Direitos do Homem e do Cidadão francesa de 1789, não só no seu clássico artigo XVI, mas no seu conjunto, aponta para os traços marcantes do constitucionalismo moderno, que ainda hoje são faróis iluminadores da teoria constitucional. Antes de mais, a díade expressa no referido artigo: direitos fundamentais e separação dos poderes. Depois, apercebendo-nos até do suporte e contexto do texto, imediatamente surge a tríade mítica constitucional: a que aos dois primeiros itens se acrescenta a sacralidade textual (*sacred instrument*, dirão os americanos para a sua Constituição) do próprio texto constitucional codificado. E num novo passo, olhando o sistema jurídico-político traçado pelo conjunto da Declaração, ressaltam mais dois traços: a soberania popular/nacional (sendo hoje difícil uma muito cortante distinção) que tem como corolário a representação política, se não mesmo a própria democracia.

Caracteres do constitucionalismo moderno, todos eles com o seu grau de mitificação, evidentemente, são, assim: os direitos fundamentais (que se fundam nos direitos naturais e se ampliam internacionalmente nos direitos humanos – embora nem todos claramente todas estas asserções admitam), a separação (e interdependência) dos poderes, a sacralidade (ainda que laica, como é óbvio) do texto constitucional codificado, a soberania nacional/popular, a representação e a democracia (ou a soberania e a democracia identificadas

262   *Constituição Europeia: Reforma ou Revolução?*

com a representação): eis os traços mais manifestos do constitucionalismo moderno. Todos eles mitificáveis e mitificados, aliás.

3. Constituição Europeia, Constituição natural e Constituição codificada

Assim lançados os dados, não parece difícil enquadrar a Constituição Europeia.

Mas há que fazer previamente uma importante distinção. Podemos falar em várias constituições europeias, e, de acordo com a *magna divisio* estabelecida, e para o que agora mais nos importa, sobretudo de duas. Antes do projecto da Convenção Europeia, havia uma Constituição Europeia natural, evolutiva, histórica, que se ia forjando pelos tratados, pelos costumes, pela jurisprudência, pelas constituições nacionais dos Estados-membros, etc. Com o projecto, e sendo ele aprovado, passa a haver uma Constituição Europeia de tipo moderno, voluntarista, codificado.

Interessante desafio se coloca por parte da Constituição Europeia natural, que ainda temos, à teoria constitucional. É que, ao contrário do que ainda há pouco dizíamos ser o mais natural, a Constituição Europeia presente tem direitos fundamentais, tem alguma separação dos poderes, tem alguma representatividade, democracia e "soberania" *hoc sensu* dos cidadãos europeus. Sendo não codificada, é, porém, escrita e muito escrita – dispersa em miríades de documentos.

Com o novo texto codificado fica mais clara a dimensão jurídica dos direitos fundamentais, na medida em que a Carta de Direitos europeia é integrada como parte II do texto constitucional codificado. Embora a jurisprudência, mesmo sem esta *démarche*, evidentemente se não coibisse de os aplicar.

Quanto aos demais aspectos, há mudanças que a todos afectam, sendo divergentes as perspectivas. Para uns, por exemplo, passará a haver maior separação de poderes, para outros não; para uns mais

Constituição Europeia e Teoria Constitucional   263

representatividade, para outros não. É difícil dizê-lo de forma apodíctica e incontrovertível, na complexa teia de poderes, freios e contrapesos já existentes e previstos, e sobretudo face às tão diversas perspectivas ideológicas que apreciam de forma tão diametralmente oposta esta realidade.

Prima facie, afigura-se-nos que a separação dos poderes (*sui generis*) ganha com a nova Constituição – se o Presidente do Conselho Europeu ou o Ministro dos Negócios estrangeiros não vierem a assumir um protagonismo exagerado, que lhes não é realmente consentido pelo texto. Designadamente, a intervenção dos parlamentos nacionais no procedimento legislativo, ainda que discreta, reforça também essa distribuição de poderes, entendida em sentido lato. O Parlamento Europeu reforça-se, sobretudo, e significativamente (o que tem força simbólica pelo enfatizar da dimensão democrática), pelo novo processo legislativo, que se diria de "codecisão" necessária, ou seja, em que sempre é reclamada a participação da Comissão e do Parlamento. Uma necessidade que, em termos montesquianos, se diria de *aller de concert*[126].

Este mesmo reforço do Parlamento Europeu significa maior representatividade, maior extensão do que, muito anacronicamente, se poderia chamar "soberania europeia" ou dos cidadãos europeus. É certo que falar de "soberania europeia" num momento em que claramente está em crise (e fatal) o próprio conceito de soberania *tout court*, parece complicar ainda mais as coisas, mas a verdade é que, por muitas formas, a nova arquitectura e a nova mecânica constitucionais apontam para um reforço da componente representativa dos povos – dando ao factor demográfico um peso que procurará talvez compensar o sempre tão criticado *deficit* democrático das instituições europeias. Ao ponto de tal ponderação poder afectar, numa medida que alguns acham perigosa, a representação dos Estados--membros e a sua "igualdade" (que é todavia, nos princípios, uma das pedras angulares da União). E aqui convergem argumentos negativos tanto dos soberanistas, eurocépticos e outros críticos

---

[126] MONTESQUIEU, *De l'Esprit des lois*, 1748, XI, 6.

do federalismo europeu, como dos próprios federalistas. Os primeiros porque, com maior ou menor envolvimento e integração, gostariam que os Estados preservassem mais, cada um de per si, os seus velhos pergaminhos soberanos. Os segundos porque não vêm nas instituições nenhuma instância verdadeiramente federal, directamente representativa da igualdade na união dos povos e estados, antes mecanismos mais ou menos matemáticos de sobreposição dos países grandes aos pequenos. Mas este já é outro problema...

A Constituição codificada europeia tem, relativamente às constituições codificadas nacionais, um problema de alguma delicadeza. Se estas podem, até certo ponto, contar com o lastro histórico por vezes de séculos e uma realidade sociológica mais ou menos identificada, até ao nível das vontades e das representações normativas, que permite aquilatar de uma "constituição material", já aquela, como constituição supra-constitucional, não pode beber no terreno directo de uma realidade social e histórica europeia, que tem, apesar de tudo, uma pequena história de integração democrática: a do pós-II Guerra Mundial. Tal significa que se é relativamente fácil avaliar da adequação e da força normativa de uma constituição nacional codificada face à sua realidade constitucional, propiciando-se um equilíbrio entre a constituição-balanço e a constituição-programa de acordo com um *aggiornamento* do *Volksgeist* concreto, não havendo nem povo europeu nem realidade constitucional europeia profunda suficientemente sedimentada, toda a Constituição europeia codificada representa um salto voluntarista muito mais ousado, e sacrificará muito mais ainda ao programatismo. Pelo que, sendo importante tal codificação, pela necessidade de certeza, segurança, ordem, simplificação, etc. (especialmente num tempo, como o nosso, em que o não escrito e o não publicitado tende a ser ignorado) acaba por se tornar excessivamente plástica a liberdade de conformação constitucional no caso, permitindo-se assim a coexistência e a concorrência de várias utopias. O terreno da criação de uma Constituição Europeia codificada é, assim, em grande medida, o retorno da utopia, que tanto alimentou o imaginário político no séc. XVIII, e viria a inspirar as constituições escritas concretas... Pela influência directa e pela reacção.

4. Constituição Europeia e Poder Constituinte

Já Alexander Hamilton, escrevendo a propósito do poder judicial, se havia aproximado da ideia de poder constituinte, ainda que não da expressão:

"There is no position which depends on clearer principles, than that every act of a delegated authority, contrary to the tenor of the commission under which it is exercised, is void. No legislative act, therefore, contrary to the Constitution, can be valid. To deny this, would be to affirm, that the deputy is greater than his principal; that the servant is above his master; that the representatives of the people are superior to the people themselves; that men acting by virtue of powers, may do not only what their powers do not authorize, but what they forbid."[127]

E da mesma sorte também d'Holbach, no artigo *Représentants*, da Enciclopédia, se aproxima, embora os constituintes de que fala sejam simplesmente os eleitores:

"les représentants supposent des constituants de qui leur pouvoir est émané».

A ideia de representação pairava nos dois, mas apenas Sieyes a conforma como princípio dinâmico e esteio seguro do constitucionalismo moderno. Quando, no seu clássico, *Qu'est-ce que le tiers état* (escrito em 1788 e publicado no ano seguinte) o abade de Sieyes avança a ideia de poder constituinte (que alguns puristas germânicos ainda escrevem em francês – *pouvoir constituant*), não sabemos se tinha a consciência de que estava a cunhar um conceito básico do constitucionalismo moderno (quiçá de todo o constitucionalismo, *mutatis mutandis*), ou se apenas tal expressão emergira da sua pena como aríete de luta, no calor da refrega política. Seja como

---

[127] HAMILTON, Alexander – *The Federalist*, n.º 78, de 14 de Junho de 1788.

for, recordemos as suas palavras fundadoras, que, tal como as da Declaração dos Direitos de 1789, são texto "sagrado" nesta sede:

"La nation existe avant tout, elle est l'origine de tout. Sa volonté est toujours légale, elle est la loi elle-même. Avant elle et au-dessus d'elle il n' y a que le droit *naturel*. Si nous voulons nous former une idée juste de la suite des lois *positives* qui ne peuvent émaner que de sa volonté, nous voyons en première ligne les lois *constitutionnelles*, qui se divisent en deux parties: les unes règlent l'organisation et les fonctions du corps *législatif*; les autres déterminent l'organisation et les fonctions des différents corps *actifs*. Ces lois sont dites *fondamentales*, non pas en ce sens qu'elles puissent devenir indépendantes de la volonté nationale, mais parce que les corps qui existent et agissent par elles ne peuvent point y toucher. Dans chaque partie, la constitution n'est pas l'ouvrage du pouvoir constitué, mais du pouvoir constituant. Aucune sorte de pouvoir délégué ne peut rien changer aux conditions de sa délégation. C'est en ce sens que les lois constitutionnelles sont *fondamentales*."[128].

Esta ligação do poder constituinte originário à nação é não raro invocada como uma das impossibilidades de a Constituição Europeia ser uma verdadeira constituição. Há mesmo quem deixe de falar em Nação, como Sieyes, para falar em Estado. Não se compreende como o Estado, que é constituído e não constituinte, poderia aqui substituir-se à Nação. Com muito mais facilidade se admitiria um poder constituinte europeu, não de uma nação mas de nações, não de um povo, mas de povos. Cremos que se pode falar em poder constituinte europeu já na Convenção. Sem dúvida maculado e imperfeito, como reconhecera o próprio Sieyes para o poder constituinte da constituinte francesa, e por isso, como ela, carecendo de ulterior legitimação. Lembremos as suas palavras:

---

[128] SIEYES, Emmanuel – *Qu'est-ce que le Tiers Etat?*, ed. crit. de Edme Champion, p. 68, *apud* http://visualiseur.bnf.fr/Visualiseur?Destination=Gallica&O =NUMM-89685, ed. electrónica, 1997.

"Les représentants de la nation française, réunis en Assemblée nationale, reconnaissent qu'ils ont par leurs mandats la charge spéciale de régénérer la Constitution de l'État.

En conséquence ils vont, à ce titre, exercer le pouvoir constituant, et pourtant, comme la représentation actuelle n'est pas rigoureusement conforme à ce qu'exige une telle nature de pouvoir, ils déclarent que la Constitution qu'ils vont donner à la nation, quoique provisoirement obligatoire pour tous, ne sera définitive, qu'après qu'un nouveau pouvoir constituant, extraordinairement convoqué pour cet unique objet, lui aura donné un consentement que réclame la rigueur des principes"[129].

Esta modéstia e rigor dos princípios contrasta, é certo, com o narcisismo dos convencionais que a si mesmos agradecem a elaboração da Constituição, no preâmbulo da mesma. Mas realmente a situação é em tudo semelhante. Os convencionais tiveram poder constituinte, mas imperfeito. Pelo que o ideal teria quiçá sido que se houvesse optado pela convocação de uma assembleia constituinte europeia, um Parlamento Europeu com poderes constituintes, cujo trabalho se submeteria depois ao equivalente constituinte de uma segunda câmara paritária dos Estados – e não a uma conferência intergovernamental. Esta solução teria poupado a crise referendária, cuja solução ainda ninguém disse muito bem qual será...

A invocação presente do "poder constituinte" pode ainda trazer no bojo uma crítica e um apelo de sublevação implícitos contra esta Constituição codificada, de muito árdua revisibilidade, aliás. Assim, *mutatis mutandis*, se recordariam as teses do mesmo Sieyes em *Qu'est-ce que le Tiers Etat?*:

«il serait ridicule de supposer la nation liée elle-même par la Constitution à laquelle elle a assujetti ses mandataires. Non

---

[129] SIEYES, Emmanuel – *Reconnaissance et exposition raisonnée des droits de l'Homme et du Citoyen*, 20 e 21 de Julho de 1789, in FURET, François/HALEVI, Ran (textos estabelecidos, anotados... por), *Orateurs de la Révolution française*. I. *Les Constituants,* Paris, Gallimard, La Pléiade, 1989, p. 1005.

seulement la nation n'est pas soumise à une Constitution, mais elle ne peut pas l'être, mais elle ne doit pas l'être, ce qui équivaut encore à dire qu'elle ne l'est pas»[130].

Também o artigo 28, da Constituição de 24 de Junho de 1793 afirmaria, em consonância com tais asserções:

«un peuple a toujours le droit de revoir, de réformer et de changer sa Constitution. Une génération ne peut assujettir à ses lois les générations futures».

E ainda o referido texto do Abade sobre os direitos do Homem e do Cidadão:

"(...) la Constitution d'un peuple n'est et ne peut être que la Constitution de son gouvernement, et du pouvoir chargé de donner des lois, tant au peuple qu'au governement.
Une Constitution suppose avant tout un pouvoir constituant"[131].

Manifestou-se, a nosso ver, um proto-poder constituinte europeu na Convenção Europeia. Num importante colóquio sobre a Constituição Europeia, interrogámos um dos mais destacados convencionais, sobre essa descida do Espírito-Santo na convenção. E ele não só pareceu publicamente connosco concordar, como se deteve em paralelos com a situação constituinte francesa. Esse proto-poder constituinte infirma o rigorismo que vê apenas a sua possibilidade de manifestação no caso de Nações e – surpreendentemente – de Estados. Mas cremos que necessita de uma perfeição, porque, como aliás muitas situações fundacionais do poder (vejam-se os estudos sobre a violência na génese política), nasce com alguma inquinação.

---

[130] SIEYES, Emmanuel – *Qu'est-ce que le Tiers Etat?*, p. 69.

[131] SIEYES, Emmanuel – *Reconnaissance et exposition raisonnée des droits de l'Homme et du Citoyen*, p. 1013.

5. Constituição Europeia: Tratado ou Constituição?

Tratado, Constituição, ou um híbrido *tertium genus*, "tratado constitucional"? Parafraseando, *mutatis mutandis*, um belo dito atribuído a São Jerónimo, nas letras dos nomes da coisa, baila o seu destino... E não apenas na diversa designação dança o destino deste projecto, como ainda, realmente, conforme a denominação que se coloque ao *quid*, assim temos a expressão da perspectiva (e às vezes da própria formação ou profissão, designadamente académicas) dos observadores.

As críticas cruzadas são, aliás, uma eloquente manifestação desse facto.

Normalmente, quando alguém critica a "pretensa" constituição europeia, a "dita" constituição europeia, a "pseudo-" constituição europeia, considera em geral que o que está perante nós é apenas um projecto de um tratado, e que essa designação "Constituição" seria manifestamente despropositada, procurando afinal, desde logo pela expressão rotuladora, tratar uma associação de Estados com um único Estado, federação, estado federal, ou "super-" Estado europeu. A crítica da expressão "constituição" é sobretudo desenvolvida pelos que associam Constituição a Estado nacional e só ou sobretudo a ele, e pelos que, com maior ou menor grau de "soberanismo", consideram que a união europeia tem de ser apenas uma associação de Estados, negando os "desvios", ou "derivas" federalistas ou federalizantes.

Já, pelo contrário, quando se sublinha o aspecto constitucional do *novum* que apreciamos, pode, na verdade, ter-se como pano de fundo (nem sempre reconhecido e nem sempre consciente) uma qualquer perspectiva de maior integração, designadamente federalista, mas o que sobretudo se sublinha é a maior autonomia do processo de integração europeia face ao mero entendimento inter-governamental, e um grande afastamento já frente a qualquer difusa reminiscência de verdadeiro e próprio direito internacional clássico na União.

E todavia, esse mesmo direito internacional, mesmo nos tempos em que, ele próprio, não havia ainda encetado formas de maior positivação e de descoberta de "lei, juiz e polícia" (*loi, juge et gendarme*) que obviassem à tradicional "política da canhoneira", pressupunha uma *Grundnorm* afinal do tipo jusnatural ou no mínimo principial geral, mesmo na perspectiva de um Hans Kelsen: *pacta sunt servanda*[132]. E para Afonso Queiró essa ausência (ou insuficiência) de um *ius scriptum* sobre as fontes em direito internacional seria suprida, afinal, por uma norma "imanente da comunidade internacional", a que considera poder chamar-se "constitucional" ou "fundamental"[133]. A ideia geral de "constituição" prende-se, na verdade, no seu sentido mais profundo, à de essencialidade, fundamentalidade, e é, por exemplo, também por isso que, no plano da doutrina histórico-jurídica, a história constitucional abarca mais e menos que a história do direito constitucional: estaríamos tentado a dizer que abarca o que é, nesta, materialmente constitucional, e ainda o essencial, fundante em geral, em outros ramos do direito. Assim sendo, entre o direito internacional e o direito constitucional, mesmo aí, pode haver interessantes pontes e diálogos.

Mas a questão que ora nos ocupa é outra. Com base na já referida dicotomia de perspectivas e dualidade de experiências, tudo parece indicar que quem admita, consequentemente, o conceito histórico-universal de constituição, e o leve a sério, terá de, perante o indiscutivelmente recortado espaço político (ou comunidade ou sociedade política) que é a União Europeia, independentemente da sua qualificação jurídico-política, concluir que ela tem, e de há muito, uma Constituição. Essa a constituição natural da União Europeia. Perante este axioma, não se poderá fugir à ideia de que um instrumento jurídico votado a reformar, dar ordem e coerência, ao conjunto de normas dispersas sobre o poder, sua estrutura, meios e fins, no mesmo âmbito se há-de considerar material, substancialmente, nada menos que uma Constituição, mas, desta feita, uma Constituição codificada.

---

[132] KELSEN, Hans – *Reine Rechtslehre*, trad. port. de João Baptista Machado, *Teoria Pura do Direito*, 4.ª ed., Coimbra, Arménio Amado, 1976.

[133] QUEIRÓ, Afonso Rodrigues – *Tratado*, in «Verbo – Enciclopédia Luso-Brasileira de Cultura», XVII, Lisboa/São Paulo, Verbo, 1975, col. 1897.

Pelo simples facto de que a Constituição codificada que está em discussão substituir explicitamente a constituição histórica, natural, dispersa, que temos, se pode chegar, assim, à qualificação do *quid*.

O facto de a forma jurídica ainda encontrada para a sua veiculação no mundo do Direito ser o tratado prende-se não com a natureza substancial, material, ou o conteúdo do que se aprova (que é constitucional – como aliás já eram tratados anteriores, embora mais lacunosos no plano da plenitude do espaço constitucional material), mas com a tradição europeia de aprofundamento da união por essa via.

Contudo, como se está a ver pela recusa referendária da França e da Holanda, o método do tratado coloca muito mais problemas do que o método constitucionalista normal, que teria sido o da convocação de uma Convenção mais participada ou de Parlamento Europeu com poderes constituintes, que em "co-decisão" com uma segunda instância paritariamente representativa dos Estados tivessem concluído o texto da Constituição. E esse processo poderia quiçá ter evitado as críticas mais puristas no plano da democraticidade do processo de aprovação do texto.

Seja como for, a forma de tratado não é vã. E implicaria, desde logo, que houvesse unanimidade dos participantes – pelo menos em princípio e para a perfeição do tratado. E esse é, para já, um grande obstáculo ao processo. Porque, mesmo nos países dos próximos referendos (a havê-los), quiçá mais favoráveis a uma aprovação, a opinião pública certamente se perguntará para que serve o seu voto, sobretudo o de aprovação...

Quem defende a ideia de uma Constituição Europeia não pode deixar de experimentar uma amarga desilusão perante as decisões pouco participadas da Convenção, embora supridas pelo seu *élan* constitucionalista, perante o conventículo dos acordos estritos entre os chefes de governo e de Estado, que pouco parece terem a ver com a unidade do espírito europeu, e finalmente com as obstruções nacionalistas ou egoístas de um ou outro país, nas votações referendárias ou no bloqueio dos consensos intergovernamentais. Em certo

272   *Constituição Europeia: Reforma ou Revolução?*

sentido, os constitucionalistas europeus são, neste processo, os mais defraudados de todos – e contudo aqueles que parece terem de manter o sorriso afivelado, tranquilizando todos, e empurrando o combóio que agora sobe lenta, pesadamente, a encosta histórica.

Tratado-constitucional. Normalmente, tal como os defensores da expressão "tratado", *tout court*, quem utiliza a de "tratado constitucional" procura uma forma minimalista, ou sublinhando o intergovernamentalismo do procedimento (e da substância), para evitar o "federalismo"; outros dos que usam a expressão, não curando disso, e numa clave até de sentido bem diverso, parece pretenderem atenuar o efeito de choque e de estranhamento (*Verfrendungseffekt*) do *novum*: afinal seria apenas um tratado, mais um tratado; um tratado constitucional, mas não uma verdadeira constituição: "Apenas" um tratado... constitucional. Finalmente, há quem use a expressão aparentemente com uma exclusiva preocupação de purismo: pois o título do projecto não é, na verdade, "Tratado que estabelece uma Constituição para a Europa"? Porém, estes purismos simples costumam nunca o serem; nestas matérias raramente há ingenuidades...

Curioso que não se tenha ainda avançado a inversa proposição: constituição-tratado. Porque ao falar-se em tratado constitucional se procura um meio-termo, e sublinhando o aspecto formal, o do tratado, não se deixa de especificar do que cura o seu conteúdo: pelo menos aspectos constitucionais... Seria talvez mais adequado, ante as vicissitudes do método que se encontrou, falar em Constituição-tratado. Mas não para qualificar com rigor e com pretensão de intemporalidade a figura *sub judice*, antes para, de alguma forma com uma evocação crítica, assinalar as vicissitudes por que passa uma Constituição que se pretenda submeter aos requisitos dos tratados. A *contradictio in terminis* é, num caso como noutro, um risco evidente. Se a um "tratado constitucional" sempre poderemos contrapor que os tratados têm de ser todos constitucionais, porque conformes às constituições, e, não o sendo, serão inconstitucionais, a uma constituição-tratado também se podem levantar objecções de teoria constitucional.

No fundo, tudo se reverte ao velho défice democrático europeu, precisamente assente em excesso de governamentalização e escassez de federalização autêntica. Pois o que resulta de uma constituição-tratado é, em grande medida, um texto fundamental que depende não dos cidadãos da sociedade política em causa, como um todo (e sem tanta dependência até da expressão numérica associada a cada Estado-membro: essa seria uma lição a tirar da ideia de *volonté générale* em Rousseau), mas dos acordos do Estados. E mesmo quando, no seguimento de toda a deficiente condução do processo, aparecem os "não" como expressão clara de descontentamento dos cidadãos, não são os cidadãos que os interpretam e deles podem tirar consequências, nem sequer o Parlamento Europeu, que mais os representa, mas de novo a simples intergovernamentalidade.

Compreende-se, porém, que seria muito delicado tratar todos e cada um dos estados europeus, senhores de uma longa e por vezes dolorosa e sangrenta história de independência, como os estados dos Estados Unidos da América, estabelecendo um processo de ratificação maioritária de uma Constituição, e assim acabando por não levar em conta a vontade popular nos Estados que porventura, em tal processo, viessem a pronunciar-se pelo "não". O método do tratado tinha essa vantagem. E tem de compreender-se que a unanimidade é muito importante para a conformação constitucional futura.

Embora a unanimidade comporte sempre o risco do egoísmo nacional. O fracasso da cimeira de 17 de Junho de 2005, no rescaldo dos "não", é duplo, e representa um recuo no sentido intergovernamental. Não só se mete a Constituição na gaveta, pura e simplesmente, num adiamento que não representa senão a incapacidade de lidar com a situação, como se não chega a acordo na distribuição de verbas, apesar da lição de europeísmo dada pelos novos estados integrantes que, um após outro, em nome da coesão, prescindiram das suas reivindicações. Se a Europa dos burocratas era um perigo, que havia de ter-se em conta, a Europa dos egoístas significa apenas negação da Europa.

CAPÍTULO III
Da Ruptura à Abertura do Sistema
Teórico Constitucional

Nem toda a perspectiva, opinião ou sistema sobre a Constituição e as Constituições pode considerar-se uma teoria constitucional, muito menos o sendo uma visão simplesmente estatística, arquivística, ou, de todo o modo, formalista sobre o *quid* "Constituição".

Há, nas teorias da constituição, nas autênticas (e que denunciam essa humana autenticidade, por isso mesmo contingente) vínculos estimativos, valorativos, ideológicos[134], que se não podem controverter nem sofismar, sob pena de não entendermos jamais do que estamos a falar.

Desde logo, o conceito ideal de constituição não pode deixar de prender-se com uma idiossincrasia e uma mundivisão burguesas[135]. E por vezes tememos que o desenvolvimento do constitucionalismo histórico, felizmente hoje já objecto de estudos mais descomprometidos, não tenha por vezes servido de argumento histórico (e assim "científico") a posições políticas integralistas. Que o seja, não é mal – qualquer doutrina política pode e quiçá deveria beber inspiração em legados históricos que mais se lhe aproximem para se dourar de pergaminhos e aconchegar de ancestrais precursores. O problema é sempre o da deformação histórica para fazer caber o passado nas malhas que o presente lhe deseje tecer.

---

[134] SALDANHA, Nelson – *Formação da Teoria Constitucional*, 2.ª ed., actualizada e ampliada, Rio de Janeiro/São Paulo, Renovar, 2000, p. 9.

[135] SCHMITT, Carl – *Verfassungslehre*, trad. cast. de Francisco Ayala, *Teoría de la Constitución*, Madrid, Alianza, 1982.

Ora além destas teorias da Constituição, mais antigas e mais modernas, mais clássicas e mais ousadas, afigura-se-nos poder haver hoje um núcleo teórico constitucional sobre o cerne do que é uma Constituição, uma teoria constitucional essencial ou ontológica. Foi apenas sobre esse cerne que procurámos aflorar alguns problemas. Desde logo, apartamos do nosso estudo, além das teorias empenhadas da Constituição, e das novas tendências da teoria constitucional no plano semiótico, simbólico, linguístico, literário, lógico, retórico, etc., assim como das que convocam aportações sociológicas e psicológicas, económicas, etc., também o importante cotejo da Constituição Europeia com o problema do Estado e da sua Teoria. Essa é matéria para todo um outro estudo, autónomo. Mas é óbvio que desde logo vemos que quer os elementos tradicionais do Estado, como os seus fins clássicos se encontram postos em crise perante a novidade da Constituição Europeia.

Durante a já várias vezes invocada polémica do Novo Código de direito público, na verdade até hoje uma das maiores querelas constitucionais teóricas que jamais ocorreram em Portugal, lembrou desde logo a Rainha D. Maria I, que deu impulso à reforma, ser necessário o maior cuidado nas alterações a proceder na Ordenações Filipinas para que os muito idosos conselheiros dos Supremos Tribunais, perante a revoada de normas novas, se não sentissem ultrapassados, incapazes de se adaptar a novos métodos (ainda que reconhecidamente melhores), e quiçá viesse a cair em estrepitoso colapso todo o Desembargo do Paço[1356]. A precaução da soberana seria, aliás, motivo de crítica acerba[137].

Ora precisamente um dos maiores cuidados que devemos ter com a Teoria Constitucional frente a novidades normativas, ainda que *in fieri* como a Constituição Europeia, é não cair no mesmo erro, por muito piedoso que se considere. E se coisa nociva é correr-se

---

[136] *Apud* SILVA, António Delgado da – Collecção da Legislação Portuguesa desde a última compilação das ordenações redigida pelo desembargador... (Legislação de 1775 a 1790), Lisboa, 1828, p. 162 ss.

[137] MELLO, Francisco Freire de – *Discurso sobre delictos e penas*, 2.ª ed. Lisboa, 1822, p. 96, n. 45.

atrás de toda a novidade de forma acrítica e acéfala, fascinada e basbaque, como está a ser cada vez mais corrente, não queiramos porém, nós, professores, cultores da doutrina, por desmedido amor às perspectivas entronizadas, e às nossas certezas familiares, diabolizar ou desprezar sem mais o que desconhecemos, o que nos desafia e interpela, só por não caber nas nossas caixinhas apertadas de teoria. A primeira tendência ante a novidade é o anátema, e a teorização da ruptura com o paradigma conhecido. Mas a segunda terá de ser uma teoria inclusiva dos fenómenos constitucionais, mesmo aparentemente fracturantes, numa malha aberta. Da ruptura se passa à abertura teórica do sistema teórico constitucional.

There are more things, Horatio…

BIBLIOGRAFIA CITADA

Sendo a bibliografia sobre estas matérias uma verdadeira Babel, pareceu--nos incompatível com o carácter deste pequeno estudo sobrecarregá-lo com mais que a referida, a propósito, nas notas de pé de página. Além das sugestões específicas *infra* constantes, todos sabemos que em grandes manuais e tratados, de uso corrente, poderá colher, quem o deseje, abundantes referências para ulteriores estudos.

Assim, arquivam-se aqui apenas os textos citados em nota de rodapé. Não se trata de uma bibliografia de Direito Comunitário, mas sobretudo de aportações jurídicas e culturais para a compreensão dos desafios constitucionais da Constituição Europeia. Não se acolheram nesta lista livros do autor (apenas artigos, se relevantes), e os clássicos são citados simplesmente por autor e título, a menos que a edição consultada concretamente se haja revestido de qualquer particular interesse.

AA. VV. – *Jean Bodin. Actes du Colloque International d'Angers*, Cesbron, Georges, Geneviève Rivoire e Jean Foyer, ed., 2 vol., Angers, Presses de l'Université d'Angers, 1985, Vrin, 1996

ADORNO, Theodor W./HORKHEIMER, Max – *Dialektik der Aufklärung*, Frankfurt, M. Fischer, 1981[1.ª ed. 1947]

AGOSTINHO, Aurélio – *De Libero Arbitrio*

ALBUQUERQUE, Martim – *Jean Bodin na Península Ibérica. Ensaio de História das Ideias Políticas e do Direito Público*, Paris, Fundação Calouste Gulbenkian, 1978

ALBUQUERQUE, Ruy – *Direito de Juristas – Direito de Estado*, Separata da "Revista da Faculdade de Direito da Universidade de Lisboa", vol. XLII, n.º 2, Coimbra, Coimbra Editora, 2001

ALBUQUERQUE, Ruy de/ALBUQUERQUE, Martim de, com a colaboração de J. Artur A Duarte Nogueira, José Adelino Maltez, Mário Leite Santos – *História do Direito Português*, vol. II, Lisboa, 1983, policóp.

AMARAL, Diogo Freitas do – *Manual de Introdução ao Direito*, Coimbra, Almedina, 2004

280   *O Novo Direito Constitucional Europeu*

AMARAL, Maria Lúcia – *A Forma da República. Uma Introdução ao Estudo do Direito Constitucional*, Coimbra, Coimbra Editora, 2005

AQUINO, Tomás de – *A Prudência. A Virtude da Decisão Certa*, trad. de Jean Lauand, São Paulo, Martins Fontes, 2005

AQUINO, Tomás de – *Summa Theologiæ*

ARENDT, Hannah – *On Revolution*, 1963, trad. port. de I. Morais, *Sobre a Revolução*, Lisboa, Relógio D'Água, 2001

ARNAUD, André-Jean – *Essai d'analyse structurale du Code civil français*, Paris, L.G.D.L., 1973

ARNAUD, André-Jean – *Les Origines doctrinales du Code civil français*, Paris, LGDJ, 1969

ARNAUD, André-Jean – *Pour une pensée jurique européenne*, Paris, PUF, 1991

ASTUTI, Guido – *La Codificazione del diritto civile*, in "La Formazione Storica del Diritto Moderno in Europa", Florença, 1977, II, p. 853 ss.

AYUSO, Miguel, *Después del Leviathan? Sobre el Estado y su Signo*, Madrid, Speiro, 1996

AYUSO, Miguel – *Las Murallas de la Ciudad*, Buenos Aires, Nueva Hispanidad, 2001

BACHOF, Otto – *Normas Constitucionais Inconstitucionais?*, trad. port., Coimbra, Atlântida, 1977

BART, Jean – *1789-1799. Les Premières expériences constitutionnelles en France*, Paris, Documents d'Études. Droit Constitutionnel et Institutions Politiques, La Documentation Française, n.º 1-19, Fevereiro 1989

BART, Jean *et al.* – *1791. La Première Constitution Française*, Paris, Economica, 1993

BARTOLOZZI, Pedro Lozano – *Relaciones Internacionales*, vol. I, Pamplona, EUNSA, 1994

BASTIT, Michel – *Naissance de la Loi Moderne*, Paris, P.U.F., 1990

BAUDRILLART, Henri – *Jean Bodin et son Temps. Tableau des théories politiques et des idées économiques – au seizième siècle*, Paris, 1853, reimp., Aalen, Scientia, 1963

BELLINI, Paolo – *Autorità e Potere*, com Prefácio de Claudio Bonvecchio, Milão Franco Angeli, 2001.

BERGALI, Roberto/RESTA, Eligio (org.) – *Soberania: Un Principio que se Derrumbra. Aspectos Metodológicos y Jurídico-Políticos*, Barcelona, Paidós, 1996

BERNARDES, Júlio – *Hobbes & a Liberdade*, Rio de Janeiro, Jorge Zahar, 2002

BERTEN, André – *Philosophie politique*, trad. port. de Márcio Anatole de Souza Romeiro, *Filosofia Política*, São Paulo, Paulus, 2004

BLAUSTEIN, Albert – *The Making of Constitutions*, in "Jahrbuch des oeffentlichen Rechts der Gegenwart", neue Folge, Band 35, 1986, p. 699 ss.

BLUMENWITZ, Dieter – *Wer gibt Verfassung Europas? Zur Verfassunggebenden (Pouvoir Constituant) in der Europaeischen Union*, in *Quale Costituzione per Quale Europa*, p. 31 ss.

BODIN, Jean – *Les six livres de la republique* (1576), trad. cast. e estudo preliminar de Pedro Bravo Gala, *Los seis libros de la República*, Madrid, Tecnos, 1985.

BOORSTIN, Daniel J. – «A Tipografia e a Constituição», in *O Nariz de Cleópatra. Ensaios sobre o Inesperado*, trad. port. de Maria Carvalho, Lisboa, Gradiva, 1995

BOTELHO, Afonso – *Monarquia poder conjugado*, in "Nomos. Revista Portuguesa de Filosofia do Direito e do Estado", Lisboa, n.° 2 (Julho-Dezembro de 1986), p. 38 ss..

BOUCHER, David/KELLY, Paul (eds.) – *The Social Contract from Hobbes to Rawls*, Londres e Nova Iorque, Routledge, 1994

BOULAD-AYOUB, Josiane/MELKEVIK, Bjarne/ROBERT, Pierre (dir.) – *L'Amour des Lois. La crise de la loi moderne dans les sociétés démocratiques*, Les Presses Universitaires de l'Université Laval/L'Harmattan, Québec/Paris, 1996

BRAVO LIRA, Bernardino – *El Estado Constitucional en Hispanoamerica (1811--1991). Ventura y desventura de un ideal Europeo de gobierno en el Nuevo Mundo*, México, Escuela Libre de Derecho, 1992

BRAVO LIRA, Bernardino – *Entre dos Constituciones. Historica y Escrita. Scheinkonstitutionalismus en España, Portugal y Hispanoamérica*, in "Quaderni Fiorentini per la Storia del Pensiero Giuridico Moderno", n.° 27, Florença, 1998, p. 151 ss

BREDIN, Jean-Denis – *Sièyes. La clé de la Révolution française*, Paris, Fallois, 1988

BRIERLY, J. L. – *The Law of Nations*, 6.ª ed., Oxford, The Clarendon Press, 1963, trad. port. de M. R. Crucho de Almeida, Prefácio de A. Rodrigues Queiró, *Direito Internacional*, 4.ª ed., Lisboa, Fundação Calouste Gulbenkian, 1979

BURDEAU, Georges – *Le Déclin de la loi*, in «Archives de Philosophie du Droit», VIII, Paris, 1963

BURKE, Peter – *A Social History of Knowledge (from Gutenberg to Diderot)*, Oxford, Polity Press/Blackwell, 2000, trad. port. de Plínio Dentzien, *Uma História Social do Conhecimento: de Gutenberg a Diderot*, Rio de Janeiro, Jorge Zahar, 2003

CALASSO, Francesco – *I Glossatori e la Teoria della Sovranitá. Studio di Diritto Comune Publico*, Milão, Giuffrè, 1957

CALVO GONZÁLEZ, José – *Iconografías políticas fantásticas: el 'Leviathan' hobbesiano*, in "Anuario de Filosofía del Derecho", nova época, tomo V, Madrid, 1988, pp. 455-473

CANOTILHO, José Joaquim Gomes – *Compreensão Jurídico-Política da Carta*, in *Carta de Direitos Fundamentais da União Europeia*, coord. de Vital Moreira, Coimbra, Coimbra Editora, Ius Gentium Conimbrigæ, Faculdade de Direito de Coimbra, 2001

CANOTILHO, José Joaquim Gomes – *Constituição Dirigente e Vinculação do Legislador. Contributo para a Compreensão das Normas Constitucionais Programáticas*, Coimbra, Coimbra Editora, 1982

CANOTILHO, José Joaquim Gomes – *Da Constituição Dirigente ao Direito Comunitário Dirigente*, in "Colectânea de Estudos de Homenagem a Francisco Lucas Pires", Lisboa, Universidade Autónoma de Lisboa, 1999, p. 142 ss.

CANOTILHO, José Joaquim Gomes – *Precisará a teoria da Constituição Europeia de uma teoria do estado?*, in "Colóquio Ibérico sobre a Constituição Europeia", Actas, Coimbra, Coimbra Editora/Universidade de Coimbra, Studia Iuridica 84, Homenagem ao Doutor Francisco Lucas Pires, 17 e 18 de Março 2005, p. 674

CARBONNIER, Jean – *Essai sur les Lois*, Evreux, Répertoire du Notariat Defrénois, 1979

CARVALHO, José Liberato Freire de – *Memórias da Vida de...*, 2.ª ed., Lisboa, Assírio e Alvim, 1982 (1ª ed., 1855)

CASSIRER, Ernest – *La Philosophie des Lumières*, trad. fr., Paris, Fayard, 1966

CASTELLANO, Danilo – *Il Problema del Preambolo della Costituzione Europea*, in *Quale Costituzione per Quale Europa*, org. de Danilo Castellano, Nápoles, Edizioni Schientifiche Italiane, 2004

CASTELLANO, Danilo – *L'Ordine della Politica. Saggi sul Fondamento e sulle Forme del Politico*, Nápoles, Edizioni Scientifiche Italiane, 1997

CHARLIER, Robert-Edouard – *L'Etat et son droit, leur logique et leurs inconséquences*, Paris, Economica, 1984

CHIODI, Giulio Maria – *Il Costituzionalismo Europeo tra* Civitas *e* Socialitas, in *Quale Costituzione per Quale Europa*, p. 65 ss.

CHURCH, William Farr. – *Constitutional Thought in sixteenth-century France. A study in the evolution of ideas*, Cambridge, Cambridge University Press, 1941

CLASTRES, Pierre – *La Société contre L'état,* trad. port., A Sociedade contra o Estado, Porto, Afrontamento, 1975

CLAVERO, Bartolomé – *Codificación y Constitucion: Paradigmas de un Binomio*, in «Quaderni Fiorentini per la Storia del Pensiero Giuridico Moderno», vol. 18 (1989), pp. 79-145

COHEN-JONATHAN/DE LA ROCHÈRE, Jacqueline Dutheil (dir.) – *Constitution européenne, démocratie et droits de l'homme*, Bruxelas, Bruyllant, 2003

COHEN-TANUGI, L. – *Le Droit sans l'état*, Paris, P.U.F., 1985

Bibliografia Citada

COSTA, Pietro – *Cittadinanza*, Roma/Bari, Laterza, 2005

CRICK, Bernard – *Socialism*, trad. port. de M. F. Gonçalves de Azevedo, *Socialismo*, Lisboa, Estampa, 1988

CRUZ, Sebastião, *Direito Romano*, I, 3.ª ed., Coimbra, edição do autor, 1980

CUNHA, Paulo Ferreira da – "Saberes, Interdisciplinaridade e Cidadania", conferência proferida no I Colóquio Luso-Brasileiro de Interdisciplinaridade e Cidadania, Rio de Janeiro, Universidade Federal do Estado do Rio de Janeiro, Dezembro de 2004, no prelo.

CUNHA, Paulo Ferreira da – *Costituzionalità e prospettiva sulla Costituzione Europea*, in *Quale Costituzione per Quale Europa*, org. de Danilo Castellano, Nápoles, Edizioni Schientifiche Italiane, 2004

CUNHA, Paulo Ferreira da – *Tempos de Sancho – A Constituição Europeia e os Ventos da História*, in "Videtur", n.º 28, 29 de Junho 2004

CUNHA, Paulo Ferreira da (org.) – *Teoria do Estado Contemporâneo*, Lisboa/São Paulo, Verbo, 2003

DALLARI, Dalmo de Abreu – *O Estado Federal*, São Paulo, Ática, 1986

DAVID, Marcel – *La Souveraineté et les limites juridiques du pouvoir monarchique du IXe au XVe siècles*, Paris, Éditions Dalloz, 1954

DEMBOUR, Marie-Bénédicte – *Le Pluralisme juridique: une démarche parmi d'autres, et non plus innocente*, in «Revue Interdisciplinaire d'Etudes Juridiques», n.º 24, 1990, p. 43 ss.

(DIDEROT/D'ALEMBERT) (org.) – *A Enciclopédia. Textos Escolhidos*, Lisboa, Estampa, 1974

D'ORS, Alvaro – *Derecho y Ley en la Experiencia Europea desde una perspectiva Romana*, in *Philosophie Juridique Européenne. Les Institutions*, dir. de Jean-Marc Trigeaud, Roma, Japadre, 1988, p. 33 ss.

DUPUY, René-Jean – *La Crise de l'Etat-nation, l'ONU et la mondialisation*, in «l'Europe en Formation», n.º 295, 1995, p. 1 ss.

FASSÒ, Guido – *San Tommaso giurista laico?*, in "Scritti de Filosofia del Diritto", a cura di E. Pattaro/Carla Faralli/G. Zucchini, Milano, Giuffrè, I, 1982, p. 379 ss.

FELL, A. London – *Bodin's Humanistic Legal System and rejection of medieval political theology*, Boston (Mass.), 1987

FILHO, Manoel Gonçalves Ferreira – *Estado de Direito e Constituição*, 3.ª ed., São Paulo, Saraiva, 2004

FIORAVANTI, Maurizio – *Costituzione*, Bolonha, Il Mulino, 1999

FIORAVANTI, Maurizio – *Stato e Costituzione. Materiali per una storia delle dottrine costituzionali*, Turim, Giappichelli, 1993.

FOUCAULT, Michel – *Qu'est-ce que les Lumières*, in «Magazine Littéraire», n.º 309, 1993, p. 61 ss. *Qu'est-ce que les Lumières*, número especial (10) de «Dix--Huitième Siècle», Paris, Garnier, 1978

284   *O Novo Direito Constitucional Europeu*

FRACANZANI, Marcello M. – *Nuova Costituzione Europea? Chi Rappresenta Chi?*, in *Quale Costituzione per Quale Europa*, p. 59 ss.

FRAGA IRIBARNE, Manuel – *La Crisis del Estado*, Madrid, 1958

FRANKLIN, Julian H. – *Jean Bodin and the 16th Century Revolution in the Methodology of Law and History New York*, Columbia University Press, 1963

FRANKLIN, Julian H. – *Jean Bodin and the Rise of the Absolutist Theory*, Cambridge University Press, 1973

FREITAS, Juarez – *A Interpretação Sistemática do Direito*, 3.ª ed. revista e ampliada, São Paulo, Malheiros Editores, 2002

FREITAS, Juarez – *A Substancial Inconstitucionalidade da Lei Injusta*, Petrópolis, RJ, Vozes; Porto Alegre, RS, EDIPUCRS, 1989

FRIEDRICH, Carl J. – *Some Reflections on the Meaning and Significance of Constitution-Making in our Time*, in "Fetschrift fuer Karl Loewenstein", Tuebingen, J. C. B. Mohr (Paul Siebeck), 1971, p. 119 ss.

GARRETT, Almeida – *Obras de...*, Porto, Lello, s/d, 2 vols

GIRARD, René – *Des choses cachées depuis la fondation du monde*, Paris, Grasset, 1978

GIRARD, René – *La violence et le sacré*, Paris, Grasset, 1972

GIRARD, René – *Le bouc emissaire*, Paris, Grasset, 1982

GODZICH, Wad – *O Tigre no Tapete de Papel*, prefácio a *A Resistência à Teoria*, de Paul de Man, trad. port., Lisboa, Edições 70, 1989

GOODY, Jack – *The Logic of Writing and the Organisation of Society*, Cambridge University Press, 1986, trad. port. de Teresa Louro Pérez, *A Lógica da Escrita e a Organização da Sociedade*, Lisboa, Edições 70, 1987

GOUVEIA, Jorge Bacelar – *Manual de Direito Internacional Público*, 2.ª ed., Coimbra, Almedina, 2004

GOYARD-FABRE, Simone – *Jean Bodin et le droit de la République*, Paris, PUF, 1989

GRASSO, P. G. – *Potere Costituente*, in "Enciclopédia del Diritto", vol. XXXIV, Milão, 1985, p. 642 ss.

GROSSI, Paolo – *Dalla Società di Società alla Insularità dello Stato fra Medioevo ed Età Moderna*, Nápoles, Istituto Universitario Suor Orsola Benincasa, 2003

HABERMAS, Jürgen – *A Nova Opacidade: a crise do Estado-Providência e o esgotamento das energias utópicas*, in "Revista de Comunicação e Linguagens", 2, Dezembro 1985, p. 115 ss.

HAEBERLE, Peter – *Verfassungslehre als Kulturwissenschaft, Schriften zum Oeffentlichen Recht*, vol. 436, 2.ª ed., 1996, trad. cast. de Emili Mikunda, *Teoría de la Constitución como Ciencia de la Cultura*, Madrid, Tecnos, 2000

HAMILTON, Alexander – *The Federalist*

HAMPTON, Jean – *Hobbes and the social contract tradition*, 2.ª ed., Cambridge, Cambridge University Press, 1988

Bibliografia Citada

HASSEMER, Winfried – *História das Ideias Penais na Alemanha do Pós-Guerra, seguido de A Segurança Pública no Estado de Direito*, trad. port., Lisboa, AAFDL, 1995

HERMET, Guy – *Histoire des nations et du nationalisme en Europe*, Paris, Seuil, 1996

HESPANHA, António Manuel – *Cultura Jurídica Europeia. Síntese de um Milénio*, 3.ª ed., Mem Martins, Europa-América, 2003

HOBSBAWN, E. J. – *Nations and Nationalism since 1789: Programme, Myth, Reality*, 2.ª ed., Cambridge, Cambridge University Press, 1992

HOF, Ulrich Im – *Das Europa der Aufklärung*, Munique, C. H. Beck, 1993

JAM, Jean-Louis (ed.) – *Eclectisme et cohérences des Lumières. Mélanges offerts à Jean Ehrard*, Pref. de René Pomeau, Paris, Librairie Nizet, 1992

KANT, Immanuel – *Was ist Aufklärung?*, trad. de Agapito Maestre y José Romagosa, *Qué es Ilustración?*, Madrid, Tecnos, 1988

KELSEN, Hans – *Reine Rechtslehre*, trad. port. de João Baptista Machado, *Teoria Pura do Direito*, 4.ª ed., Coimbra, Arménio Amado, 1976

KEOHANE, R./NYE, J. S. – *Power and Interdependence*, "World Politics in Transition", Boston/Toronto, s/e, 1977, pp. 1-45

KRITSCH, Raquel – *Soberania. A Construção de um Conceito*, São Paulo, USP/ /Imprensa Oficial do Estado, 2002

KUHN, Thomas S. – *The Structure of Scientific Revolutions*, Chicago, Chicago University Press, 1962

LAMAS, Félix Adolfo – *Autarquía y Soberanía en el Pensamiento Clásico*, in *Quale Costituzione per Quale Europa*, org. de Danilo Castellano

LASSALE, Ferdinand – *O Que é uma Constituição Política?*, trad. port., Porto, Nova Crítica, 1976

LAUAND, Jean – *A Autonomia do Poder Temporal: Tomás de Aquino e o Islam*, no I Colóquio Internacional de Filosofia e História da Educação, São Paulo, 13 de Dezembro de 2005, no prelo.

LAUAND, Jean – *Prudentia, virtude intelectual: "lições de vida"*, in "Notandum", Ano VIII, n.º 12, 2005, p. 37 ss.

LE GOFF, Jacques – *Memória*, in *Enciclopédia* (Einaudi), 1. *Memória-História*, ed. port., Lisboa, Imprensa Nacional-Casa da Moeda, 1984, max. p. 16 ss.

LENINE, V. I. – *Esquerdismo, Doença Infantil do Comunismo*, trad. de J. Ferreira, Porto, Latitude, s/d.

LESSAY, Franck – *Souveraineté et légitimité chez Hobbes*, Paris, P.U.F., 1988

LOURENÇO, Eduardo – "Identidade e Memória. O Caso Português", *Nós e a Europa ou as Duas Razões*, 4.ª ed. aumentada, Lisboa, Imprensa Nacional – Casa da Moeda, 1994, p. 11.

LUKES, Steven – *The Curious Enlightenment of Professor Caritat*, Verso, 1995, trad. port. de Teresa Curvelo, revisão de Manuel Joaquim Viera, *O Curioso Iluminismo do Professor Caritat*, Lisboa, Gradiva, 1996

MACEDO, Jorge Borges de – *O Espírito da Europa*, in "Didaskalia", vol. XVI, fasc. 1 e 2, 1986, p. 389 ss., máx. pp. 389 e 396.

MACPHERSON, C. D., *Introduction* a *Leviathan,* de Thomas Hobbes, Middlesex, Penguin, 1986

MALTEZ, José Adelino – *Curso de Relações Internacionais*, Estoril, Principia, 2002

MANCINI, Federico – *Per uno Stato europeo*, "Il Mulino", 377, Maio-Junho de 1998, p. 408 ss. Comentando, J. H. H. Weiler – *La Costituzione dell'Europa*, p. 537ss.

MARQUES, Mário Reis – *O Liberalismo e a Codificação do Direito Civil em Portugal. Subsídios para o Estudo da Implantação em Portugal do Direito Moderno*, Coimbra, separata do "Suplemento ao Boletim da Faculdade de Direito da Universidade de Coimbra", Coimbra, 1987

MARTINICH, A. P. – *Hobbes. A Biography*, Cambridge, Cambridge University Press, 1999

MARTINS, Ana Maria Guerra – *Curso de Direito Constitucional da União Europeia*, Coimbra, Almedina, 2004

MARTINS, Guilherme d'Oliveira – *O Novo Tratado Constitucional Europeu. Da Convenção à CIG*, Fundação Mário Soares/Gradiva, 2004

MARZAL, Antonio (ed.) – *Crisis del Estado de Bienestar y Derecho Social,* Barcelona, J. M. Bosh Edit/ESADE, Facultad de Derecho, 1997

MATTOSO, José – A *Identidade Nacional*, Lisboa, Cadernos Democráticos, Fundação Mário Soares, Gradiva, 1998.

MCCORMICK, Neil – *Beyond the Sovereign State*, in "The Modern Law Review", vol. 56, Janeiro de 1993, n.° 1, p. 1 ss.

MELLO, Francisco Freire de – *Discurso sobre Delictos e Penas*, 2.ª ed. Lisboa, 1822

MERÊA, Paulo – *Suárez, Grócio, Hobbes*, I vol., Coimbra, 1941

MINOGUE, K. R. – *Thomas Hobbes and the Philosophy of Absolutism*, *in* Thomson, DAVID (ed.) – *Political Ideas,* reimp., Middlesex, Penguin, 1982

MIRANDA, Jorge – *Direito Constitucional*, III. *Integração Europeia, Direito Eleitoral, Direito Parlamentar*, Lisboa, AAFDL, 2001

MIRANDA, Jorge – *Manual de Direito Constitucional*, II. *Constituição*, 4.ª ed., Coimbra, Coimbra Editora, 2000

MIRANDA, Jorge – *Sobre a Chamada Constituição Europeia*, in "Público", 2 de Julho de 2003

MIRANDA, Jorge – *A Constituição de 76: Formação, Estrutura, Princípios Fundamentais*, Lisboa, Petrony, 1978

Moncada, Luís Cabral de – *Filosofia do Direito e do Estado*, vol. I, 2.ª ed., Coimbra, Coimbra Editora, 1953

Monconduit, François – *Quelle Conscience d'appartenance pour faire vivre une constitution européenne?*, in *Quale Costituzione per Quale Europa*

Montesquieu, *De l'Esprit des lois*, 1748, XI.

Monzel, Nikolaus – *Katholische Soziallehre* II, Colónia, J. P. Bachem, 1967, versão cast. de Alejandro Estebán Lator Rós, *Doctrina Social*, Barcelona, Herder, 1972

Moreira, Adriano – *Teoria das Relações Internacionais*, Coimbra, Almedina, 1996

Moreira, Vital (coord.) – *Carta de Direitos Fundamentais da União Europeia*, Coimbra, Coimbra Editora, Ius Gentium Conimbrigae, Faculdade de Direito de Coimbra, 2001

Mortati, Costantino – *La Costituzione in Senso Materiale*, reed., Milão, Giuffrè, 1998

Naville, Pierre – *Thomas Hobbes*, Paris, Plon, 1988

Neves, António Castanheira – *A Revolução e o Direito. A situação actual da crise e o sentido no actual processo revolucionário*, separata de "Revista da Ordem dos Advogados", 1976, recolhido in *Digesta. Escritos acerca do Direito, do Pensamento Jurídico, da sua Metodologia e Outros*, I, Coimbra, Coimbra Editora, 1995, p. 51 ss.

Neves, Fernando dos Santos – *Do Ecumenismo Cristão ao Ecumenismo Universal*, nova edição, Lisboa, EUL, 2005

Noce, Augusto del – *I Caratteri Generali del Pensiero Politico*, Milão, Giuffrè, 1972

O Parlamento Europeu e a Constituição Europeia, Parlamento Europeu, Serviço de Publicações, s.d.

Olivas, Enrique (org.) – *Problemas de legitimación en el Estado social*, Madrid, Trotta, 1991

Osiander, Andreas – *The Interdependence of States and the Theory of Interstate Relations – An Enquire into the History of Political Thought*, in "Law and State", v. 53/54, Tuebingen, 1996

Pacchi, A. – *Introduzione a Hobbes*, Bari, Laterza, 1971

Pereira Menaut, A.C./Bronfman, A./Cancela Outeda, C./Hakansson, C. – *La Constitución Europea. Tratados Constitutivos y Jurisprudência, Santiago de Compostela*, Publicacións da Cátedra Jean Monnet, Universudade de Santiago de Compostela, 2000

Pereira Menaut, Antonio-Carlos – *Crecer en Constitucionalismo sin crecer en Estatismo. Una propuesta de Arquitectura Constitucional para la EU*, in "Temas de Integração". *A União Europeia. Os Caminhos depois de Nice*, 2.º semestre de 2001, 1.º semestre de 2002, n.º 12 e 13, pp. 105-129.

PEREIRA MENAUT, Antonio-Carlos/Rojo Salgado, Argimiro (coords.) – *Multiconstitucionalismo e Multigoberno*, Santiago de Compostela, Publicações da Cátedra Jean Monnet, Universidade de Santiago de Compostela/Universidade de Vigo, 2005

PEREIRA MENAUT, Antonio-Carlos, *et al.* (org.) – *La Constitución Europea. Tratados Constitutivos y Jurisprudência*, Santiago de Compostela, Cátedra Jean Monnet da Universidad de Santiago de Compostela, 2000

PEREIRA, José Esteves – *O Pensamento Político em Portugal no Século XVIII. António Ribeiro dos Santos*, Imprensa Nacional – Casa da Moeda, Lisboa, 1983

PIÇARRA, Nuno – conferência no Colóquio sobre a *Europa em Debate. Constituição Europeia*, Universidade Nova de Lisboa 2 de Junho 2005, inédita.

PINTO, Luzia Marques da Silva Cabral – *Os Limites do Poder Constituinte e a Legitimidade Material da Constituição*, Coimbra, Stvdia Ivridica, FDUC/ /Coimbra Editora, 1994

PIRES, Francisco Lucas – *Teoria da Constituição de 1976. A transição dualista*, Coimbra, ed. do autor, 1988

PIRES, Francisco Lucas – *A Política Social Comunitária como exemplo do Princípio da Subsidiariedade*, in "Revista de Direito e de Estudos Sociais", Coimbra, Almedina, Julho-Dezembro de 1991, ano XXXIII (VI da 2.ª série), n.os 3-4, pp. 239-259

PIRES, Francisco Lucas – *Introdução ao Direito Constitucional Europeu*, Coimbra, Almedina, 1997

PIRES, Francisco Lucas – *Soberania e Autonomia*, "Boletim da Faculdade de Direito", Coimbra, vol. XLIX, pp. 135-200, e vol. L, pp. 107-174.

PIZARRO, Noémia – *O Novo Constitucionalismo Europeu*, in "Brotéria", n.° 157 (2003), p. 435 ss.

PLONGERON, Bernard – *Théologie et Politique au siècle des Lumières* (1770- -1820), Genève, Droz, 1973

PORRAS NADALES, A. J. – *Introducción a una Teoría del Estado Postsocial*, Barcelona, PPU, 1988

PORTALIS, Jean-Etienne-Marie – *Discours et Rapports sur le Code Civil, precédés de L'Essai sur l'utilité de la Codification de Frédéric PORTALIS*, Centre de Philosophie Politique et Juridique, Université de Caen, Caen, 1989

QUADROS, Fausto de – *Direito Comunitário I. Programa, Conteúdo e Métodos do Ensino*, Coimbra, Almedina, 2000

QUADROS, Fausto de – *O Princípio da Subsidiariedade no Direito Comunitário após o Tratado da União Europeia*, Coimbra, Almedina, 1995

QUAGLIONI, D. – *I limiti della sovranità. Il pensiero di Jean Bodin nella cultura politica e giuridica dell'età moderna*, Pádua, Cedam, 1992

Bibliografia Citada 289

QUARISTSCH, H. – *Souveränität. Entsehung und Entwicklung des Begriffs in Frankreich und Deutschland vom 13. Jh. bis 1806*, Berlim, Duncker & Humblot, 1986

QUEIRÓ, Afonso – *Codificação*; *Código*, in "Verbo-Enciclopédia Luso-Brasileira de Cultura", vol. V, cols. 817-820

QUEIRÓ, Afonso Rodrigues – *Tratado*, in «Verbo – Enciclopédia Luso-Brasileira de Cultura», XVII, Lisboa/São Paulo, Verbo, 1975

REBELO, Marta – *Constituição e Legitimidade Social da União Europeia*, Coimbra, Almedina, 2005

ROBESPIERRE – «Sur les principes du gouvernement démocratique», in *Textes Choisis*, Paris, Classiques du Peuple/Éditions Sociales, 1974, p. 99.

ROCHA, Luiz Alberto G. S. – *Soberania na Antiguidade Clássica (Greco-Romana) – Auctoritas*, "Revista Direito Mackenzie", ano 4, n.º 2, São Paulo, 2003, pp. 141-151

ROCHE, Marie-Anne Frison – *Actualité de la pensée villeyenne*, conferência no Colloque International sur Michel Villey, Paris, Sorbonne, 22 Janeiro 2005, inédita.

SAAGE, Richard – "Aspekte postmoderner Aufklaerungskritik", *Das Ende der potitischen Utopie?,* Francoforte sobre o Meno, Suhrkamp, 1990

SALDANHA, Nelson – *Formação da Teoria Constitucional*, 2.ª ed., actualizada e ampliada, Rio de Janeiro/São Paulo Renovar, 2000

SANTOS, António de Almeida – "Globalização e Anti-globalizaçao", in *Picar de novo o porco que dorme*, Lisboa, Editorial Notícias, 2003

SANTOS, António de Almeida – "União Europeia: Projecto portador de Futuro ou Santa Casa da Misericórdia?", in *Civismo e Rebelião*, Mem Martins, Europa-América, 1995

SCHMITT, Carl – *Politische Theologie. Vier Kapitel zur Lehre der Souveränität*, reed., Berlin, Duncker und Humblot, 1985, trad. fr. de Jean-Louis Schlegel, Théologie Politique, Paris, Gallimard, 1988

SCHMITT, Carl – *Verfassungslehre*, trad. cast. de Francisco Ayala, *Teoría de la Constitución*, Madrid, Alianza, 1982.

SCHOUPPE, Jean-Pierre – *Le Réalisme juridique*, Bruxelles, E. Story-Scientia, 1987

SIDJANSKI, Dusan – *L'approche fédératif de l'union européenne ou la quête d'un fédéralisme*, Notre Europe, 2001, trad. port. de Teresa Braga, *Para um Federalismo Europeu. Uma Perspectiva Inédita sobre a União Europeia*, Estoril, Principia, 2001

SIDJANSKI, Dusan – *L'Avenir fédéraliste de l'Europe*, Paris, PUF, 1992, trad. port. de Maria Carvalho, *O Futuro Federalista da Europa*, Lisboa, Gradiva, 1996

SIEYES, Emmanuel – *Qu'est-ce que le Tiers Etat?*, ed. crit. de Edme Champion, *apud* http://visualiseur.bnf.fr/Visualiseur?Destination=Gallica&O=NUMM-89685, ed. electrónica, 1997

SIÈYES, Emmanuel – *Qu'est-ce que le Tiers Etat?*, n. ed., Paris, P.U.F., 1982
SIEYES, Emmanuel – *Reconnaissance et exposition raisonnée des droits de l'Homme et du Citoyen*, 20 e 21 de Julho de 1789, in FURET, François/ /HALEVI, Ran (textos estabelecidos, anotados... por) – *Orateurs de la Révolution française. I. Les Constituants*, Paris, Gallimard, La Pléiade, 1989
SILVA, António Delgado da – *Collecção da Legislação Portuguesa desde a última compilação das ordenações redigida pelo desembargador...* (Legislação de 1775 a 1790), Lisboa, 1828
SMITH, Anthony – *The National Identity*, trad. port. de Cláudia Brito, *A Identidade Nacional*, Lisboa, Gradiva, 1997
SOARES, Albino de Azevedo – *Lições de Direito Internacional Público*, Coimbra, Coimbra Editora, 1981
SOARES, Rogério Ehrhardt – *Direito Público e Sociedade Técnica*, Coimbra, Atlântida, 1969, p. 5
SOARES, Rogério Ehrhardt – *O Conceito Ocidental de Constituição*, in "Revista de Legislação e Jurisprudência", Coimbra, 1986, n.° 3743
SOUSA, José Pedro Galvão de – *Da Representação Política*, São Paulo, Saraiva, 1971
SOUSA, José Pedro Galvão de/GARCIA, Clovis Lema/CARVALHO, José Fraga Teixeira de – *Dicionário de Política*, São Paulo, T. A. Queiroz Editor, 1998
STAROBINSKI, Jean – *L'Invention de la Liberté, 1700-1789*, 2.ª ed., Genebra, Skira, 1987
TARELLO, Giovani – *Storia della Cultura Giuridica Moderna. Assolutismo e Codificazione del Diritto*, Bolonha, Il Mulino, 1976
TARELLO, Giovanni – *Cultura giuridica e politica del diritto*, Bologna, Il Mulino, 1988
TELES, Miguel Galvão – *O Problema da Continuidade da Ordem Jurídica e a Revolução Portuguesa*, in "Boletim do Ministério da Justiça", n.° 345, 1985
THIESSE, Anne-Marie – *La Création des identités nationales*. Europe XVIIIe-XXe siècle, Paris, Seuil, 1999
THOMAS, Yan – *Mommsen et 'l'Isolierung' du Droit (Rome, l'Allemagne et l'État)*, Paris, Diffusion de Boccard, 1984
VANDERLINDEN, Jacques – *Le Concept de code en Europe occidentale du XIIe au XIXe siècle. Essai de définition*, Bruxelles, Université Libre de Bruxelles, 1967
VARGA, Csaba – *Codification as a sócio-historical phenomenon*, Budapeste, Akadémiai Kiadò, 1991
VARGA, Csaba – *Utopias of rationality in the development of the idea of codification*, in «Rivista Internazionale di Filosofia del Diritto», 1978, 1, pp. 23 ss.
VIALATOUX, J. – *La Cité de Hobbes – Théorie de l'Etat totalitaire (Essai sur la conception naturaliste de la civilisation)*, Paris/Lyon, 1935.

VILLEY, Michel – *Abrégé de droit naturel classique*, in «Archives de Philosophie du Droit», VI, Paris, Sirey, 1961, pp. 25-72

VILLEY, Michel – *Critique de la pensée juridique moderne*, Paris, Dalloz, 1976

VILLEY, Michel – «De la Laïcité du droit selon saint Thomas», in *Leçons D'Histoire de la Philosophie du Droit*, Paris, Dalloz, 1962, p. 203 ss.

VILLEY, Michel – *Philosophie du Droit*, I. *Les fins du droit*, 3.ª ed., Paris, Dalloz, 1982

VILLEY, Michel – *Questions de St. Thomas sur le droit et la politique ou le bon usage des dialogues*, Paris, P.U.F., 1987

VINCENT, André – *Les Révolutions et le droit*, Paris, Librairie Générale de Droit et de Jurisprudence, 1974

WEILER, J. H. H. – *The Constitution of Europe*, Cambridge, Cambridge University Press, trad. it. de Francesca Martines, *La Costituzione dell'Europa*, Bolonha, Il Mulino, 2003

ÍNDICE ANALÍTICO

Introdução
Nem Penélope nem Pandora: Europa!
.... 9

Agradecimentos
.... 13

LIVRO I
CONSTITUIÇÃO EUROPEIA
Introdução e Grandes Linhas

PARTE I
Introdução Geral ao Direito Constitucional Europeu

Capítulo   I. *As "Duas" Constituições Europeias* 19

Capítulo   II. *Constituição Europeia Natural* 23

    1. Algumas das primeiras aflorações jurisprudenciais, políticas e dou-
trinais da ideia de que a Europa tem uma Constituição 23

    2. Em demanda da Constituição natural 24

Capítulo   III. *Da Constituição natural à Constituição formal* 25

    1. O processo de formalização/codificação no plano nacional............ 25

    2. Comparação do Processo de Formalização do Constitucionalismo
moderno com o da Constituição Europeia...................................... 26

Capítulo   IV. *A Constituição Europeia: Uma Mudança de Paradigma* 27

Capítulo   V. *Prospectivas*.. 29

294 O Novo Direito Constitucional Europeu

Capítulo	VI. *Procedimento Constituinte: brevíssima síntese*	31
Capítulo	VII. *Síntese das Dimensões Constitucionais*	35
Capítulo	VIII. *A Constituição*	37
Capítulo	IX. *As Instituições*	39
Capítulo	X. *A Democracia Europeia*	41
Capítulo	XI. *A Dialéctica União/Estados*	43
Capítulo	XII. *O Programa*	47
Capítulo	XIII. *Balanço e Prospectiva*	49

PARTE II

Grandes Linhas Constitucionais da Constituição Europeia

Capítulo	I. *Constituição Formal*	55
	1. Descrição	55
	2. Constituição formal – estrutura externa	55

Capítulo	II. *Constituição Simbólica*	57
	1. História e Mito	57
	2. Símbolos *stricto sensu*	58
	3. Mito e Simbolismo do Preâmbulo geral da Constituição Europeia....	58

Capítulo	III. *Constituição Axiológica*	61
	1. Essencialidade do axiológico na Constituição Europeia	61
	2. Constituição Axiológica: Os Valores (I-2.°)	62

Capítulo	IV. *Constituição Teleológica*	65
	1. Questões gerais (I-3.°); teleologia e axiologia	65
	2. A Dialéctica Fins/Meios (I-3.°)	65
	3. Tipologias (I-3.°)	66
	3.1. Fins supremos	66
	3.2. Fins instrumentais ou fins/meios	66
	3.2.1. *Espaço livre, seguro e justo e mercado livre, sem fronteiras internas* (n. 2)	66
	3.2.2. *Modelo económico, social e cultural* (n. 3)	66
	3.2.3. *Política Internacional* (n. 4)	67

Índice Analítico

Capítulo V. *Constituição Institucional* 69

1. Relações União/Estados – I-5.º 69
   1.1. Os Princípios 69
      1.1.1. *Princípio da Cooperação Leal*, art. I-5.º, 2 69
      1.1.2. *Igualdade perante a Constituição* 70
      1.1.3. *Identidade Nacional/Identidades Nacionais* 70
      1.1.4. *O Núcleo funcional estadual* 70
   1.2. Constituição Institucional – As Relações União/Estados – O Direito (I-6.º) 71

2. As Instituições da União 72
   2.1. Enunciação das Instituições da União (I-19.º, 1) 72
   2.2. Complexidade, Sentido, Limites e actuação institucionais (I--19.º, 1 e 2) 73
   2.3. O Parlamento Europeu (I-20.º) 74
      2.3.1. *Composição* 74
      2.3.2. *Poderes* (máx. I-20.º, 1) 74
   2.4. O Conselho Europeu (e o Presidente do Conselho Europeu).... 75
      2.4.1. *Composição e Funcionamento* (I-21.º, 2 a 4) 75
      2.4.2. *Poderes* (I-21.º, 1) 75
      2.4.3. *Presidente do Conselho Europeu* (I-22.º) 76
         a) *Independência e controlo* 76
         b) *Problema das competências na representação externa* 77
         c) *Competências* 77
   2.5. O Conselho de Ministros 77
      2.5.1. *Composição e Funcionamento* 77
      2.5.2. *Poderes* 79
   2.6. A Comissão Europeia 80
      2.6.1. *Composição: De Transição e Futura* 80
      2.6.2. *Legitimidade Mista Acrescida da Comissão* 81
      2.6.3. *O Presidente da Comissão, o Ministro dos Negócios Estrangeiros, Política Externa, Segurança e Defesa* 82
      2.6.4. *Fins e Poderes da Comissão Europeia* (I-26.º, 1-2) 84
   2.7. O Tribunal de Justiça da União Europeia (I-29.º) 85
      2.7.1. *Estrutura e Composição* 85
      2.7.2. *Fim, Poderes e Funções* 85

Capítulo VI. *Dimensão Funcional/Decisória da Constituição* 87

1. Os Princípios da "Vida Democrática da União" 87
   1.1. Princípio da Igualdade dos Cidadãos (I-45.º). Importância fundante da Cidadania Europeia 87

O Novo Direito Constitucional Europeu

1.2. Princípio da Democracia Representativa.................................. 88
1.3. Princípio da Democracia Participativa (I-47.°) 89
2. Repartição das Competências entre a União e os Estados 90
2.1. Princípios sobre as Competências da União Europeia 90
    2.1.1. Princípio da Atribuição (I, 11.°, 1) e Cláusula de Flexibilidade (I, 18.°)... 91
       a) *Princípio da Atribuição, aspecto da Subsidiariedade* ... 91
       b) *Cláusula de Flexibilidade e Reserva de Segurança* 91
    2.1.2. Princípio da Subsidiariedade... 92
       a) *Do Princípio da Subsidiariedade em geral e seus problemas de aplicação* 92
       b) *O Princípio da Subsidiariedade na Constituição Europeia* 93
    2.1.3. Princípio da Proporcionalidade...................................... 95
2.2. Competências 96
    2.2.1. Enumeração e Filosofia Implícita das Competências.... 96
    2.2.2. Dialéctica do *proprium* e do *commune* 98
    2.2.3. Enunciação das Competências 99
       a) *Competências Exclusivas da União Europeia* (I-13.°): 99
       b) *Competências de Apoio, Coordenação ou Complemento exercidas pela União Europeia* (I-17.°) 99
       c) *Coordenação e Orientação de Políticas dos Estados-Membros na União* (I, 15.°)... 100
       d) *Competências partilhadas entre a União e os Estados-Membros* (I-14.°) 100

Capítulo   VII. *Dimensão política*.. 103

Capítulo   VIII. *Constituição económica* 105

Capítulo   IX. *Dimensão jurídica* (máx. I-33.° a I-39.°)....................... 107

1. Princípio Fundante de Garantia do Direito.................................... 107

2. Relações entre o Direito da União e o Direito dos Estados-Membros 108

3. Actos Jurídicos... 111
3.1. Vantagens da nova sistematização e denominações................ 111
3.2. Enunciação e Classificações dos actos jurídicos europeus....... 111
3.3. Definições dos actos jurídicos europeus (I-33.°).................... 112
    3.3.1. *Lei Europeia*... 112
    3.3.2. *Lei-Quadro*.. 112
    3.3.3. *Regulamento Europeu*... 113

Índice Analítico

3.3.4. *Decisão Europeia*.. 113
3.3.5. *Recomendação e Parecer* 114
3.4. Procedimento legislativo (I-34.°).. 114
   3.4.1. *Abstenção imposta por submissão de projecto legislativo (I-33.°, 2)*.. 114
   3.4.2. *Procedimento Legislativo Ordinário (III-396.°)* 114
3.5. Procedimento Administrativo (I-35.° a I-37.°)...................... 118
   3.5.1. *Actos não legislativos (I-35.°)* 118
   3.5.2. *Regulamentos europeus delegados (I-36.°)*.................. 119
   3.5.3. *Actos de execução (I-37.°)*....................................... 119
3.6. Princípios Comuns dos Actos Jurídicos da União (I-38.°)....... 120
   3.6.1. *Princípio da Fundamentação dos Actos*...................... 120
   3.6.2. *Princípio da proporcionalidade* 120
3.7. Perfeição Procedimental dos Actos (I-39.°) 121

Capítulo   X. *Dimensão subjectiva*.. 123

1. Cidadãos, Instituições da União, Estados-Membros 123

2. A Personalidade Jurídica da União (I-7.°).................................. 123

3. A Cidadania Europeia (I-10.°)... 124

4. Os Direitos Fundamentais.. 125

5. Os Estados-Membros (máx. I-58.°-I-60.°)................................. 129
   5.1. Requisitos e procedimento de adesão à União (I-58.°) 129
      a) *Requisitos (I-58.°,1)* 129
      b) *Procedimento (I-58.°, 2)*.. 129
   5.2. Suspensão de certos direitos dos Estados-Membros (I-59.°) 130
   5.3. Saída voluntária da União... 130

Capítulo   XI. *Dimensão espacial*... 133

Capítulo   XII. *Dimensão temporal* 135

1. Vocação intemporal da União Europeia..................................... 135

2. Ratificação do Tratado e entrada em vigor da Constituição 135

3. Revisão Constitucional 136
   a) *Procedimento ordinário de revisão (IV-443.°)*...................... 136
   b) *Procedimento simplificado de revisão (IV-444.°)* 137
   c) *Pequeno Balanço e Prospectiva*....................................... 138

298   *O Novo Direito Constitucional Europeu*

PARTE III
O Velho, o Novo e o Futuro na/da Constituição Europeia

Capítulo   I. *Novidade formal e Continuidade substancial da Constituição Europeia* 141

Capítulo   II. *Continuidade e Novidade nas Instituições* 143

Capítulo   III. *Tentativas de Renovação e Aprofundamento da Democracia Europeia* 145

Capítulo   IV. *Aprofundamento da Dialéctica União/Estados* 147

Capítulo   V. *Clarificação, Ambiguidade ou Síntese do Programa político?* 149

Capítulo   VI. *Balanço e Prospectiva depois dos "não"* 151

LIVRO II
**CONSTITUIÇÃO EUROPEIA:
REFORMA OU REVOLUÇÃO?**

PARTE I
Constituição Europeia: Um Novo Paradigma Juspolítico

Introdução 157

TÍTULO I
Da Constituição em Geral
Contextualização Jurídica da Constituição Europeia Codificada

Capítulo   I. *Ponto de Arquimedes: Conceito de Constituição* 165

Capítulo   II. *Metáfora e Paradigmas Constitucionais Implícitos* 167

Capítulo   III. *Pluralidade das formas de Constituição* 169

Capítulo   IV. *Constituições e Climas políticos: Causalidade ou Continuidade* 173

Capítulo   V. *A Constituição e o Estado* 177

Capítulo   VI. *Pluriconstitucionalismo e Convivência Constitucional* 181

Índice Analítico 299

TÍTULO II
Perspectivas Constitucionais
Argumentos sobre a Nova Constituição Europeia

Capítulo   I.   *Tratado Constitucional?* 185

Capítulo   II.   *Requisitos da Constituição Moderna* 189

Capítulo   III.   *Poder Constituinte* 191

Capítulo   IV.   *Carta Constitucional* 199

Capítulo   V.   *Representação* 201

Capítulo   VI.   *Aprovação Intergovernamental* 203

TÍTULO III
Falsos Problemas na Nova Constituição Europeia

Capítulo   I.   *Complexidade e Vulgarização* 207

Capítulo   II.   *Constitucionalização do Cristianismo e de Deus?* 209

Capítulo   III.   *Raízes Europeias* 213

Capítulo   IV.   *A "Solução linguística final"* 215

Capítulo   V.   *Federalismo(s)* 217

Capítulo   VI.   *Soberania(s)* 221

TÍTULO IV
Revolução e Institucionalização
Princípios, Problemas e Processo de Legitimação

Capítulo   I.   *Princípio da Subsidiariedade* 231

Capítulo   II.   *Hierarquia das Normas ou Outras Soluções* 233

Capítulo   III.   *Harmonizar as Constituições* 237

Capítulo   IV.   *Tecnocracia e Discurso Epistemológico* 239

Capítulo   V.   *Democracia Directa e Democracia Representativa* 241

Capítulo   VI.   *O Referendo: Instituto de Democracia Directa* 243

Capítulo   VII.   *Constitucionalidade do Referendo* 245

Capítulo   VIII.   *Consensualidade Política do Referendo* 247

Capítulo   IX.   *As Soluções e o Futuro* 249

PARTE II
CONSTITUIÇÃO EUROPEIA
E TEORIA DA CONSTITUIÇÃO

Capítulo   I. Verfremdungseffekt *teórico* 255

Capítulo   II. *Constituição Europeia e Teoria da Constituição* 257

  1. As duas teorias constitucionais clássicas 257

  2. A lição da *Declaração dos Direitos do Homem e do Cidadão* Francesa. Requisitos constitucionais modernos 258

  3. Constituição Europeia, Constituição natural e Constituição codificada   262

  4. Constituição Europeia e Poder Constituinte 265

  5. Constituição Europeia: Tratado ou Constituição? 269

Capítulo   III. *Da Ruptura à Abertura do Sistema Teórico Constitucional*   275

Bibliografia Citada 279